本书由陕西高等教育教学改革研究项目"管理类专业大学生'知识—
与实践"和陕西省研究生教育综合改革研究与实践项目"地方工科行业
'融合培养模式"联合资助出版

管理类本科专业
"知识—认知—能力"
一体化人才培养方法与实践

邹绍辉 蔡璐璐 罗立升 ◎ 著

知识产权出版社
全国百佳图书出版单位
—北京—

图书在版编目（CIP）数据

管理类本科专业"知识—认知—能力"一体化人才培养方法与实践/邹绍辉，蔡璐璐，罗立升著. —北京：知识产权出版社，2021.10
ISBN 978-7-5130-7713-2

Ⅰ.①管… Ⅱ.①邹… ②蔡… ③罗… Ⅲ.①高等学校—管理学—人才培养—研究—中国 Ⅳ.①C93

中国版本图书馆 CIP 数据核字（2021）第 182604 号

内容提要

本书采用规范分析和案例研究相结合的方法，对管理类本科专业"知识—认知—能力"一体化人才培养方法进行研究。本书具体内容包括：新文科建设背景下管理教育使命，优秀管理者潜在素质构成，管理者胜任力模型，管理类本科专业学生知识体系、认知体系、能力体系，以及三位一体培养路径、方法和体系等内容，并对上述内容在西安科技大学物流管理、会计学、信息管理与信息系统等专业的实践运用经验进行总结。本书的研究成果和实践经验有利于助推我国管理类本科专业人才培养高质量发展。

本书可供高等院校物流管理、会计学、信息管理与信息系统、大数据管理与应用等专业师生参考，也可供管理教育从业人员参阅。

责任编辑：荆成恭	责任校对：潘凤越
封面设计：臧 磊	责任印制：孙婷婷

管理类本科专业"知识—认知—能力"一体化人才培养方法与实践
邹绍辉　蔡璐璐　罗立升　著

出版发行：知识产权出版社 有限责任公司	网　　址：http://www.ipph.cn
社　　址：北京市海淀区气象路 50 号院	邮　　编：100081
责编电话：010-82000860 转 8341	责编邮箱：jcggxj219@163.com
发行电话：010-82000860 转 8101/8102	发行传真：010-82000893/82005070/82000270
印　　刷：北京九州迅驰传媒文化有限公司	经　　销：各大网上书店、新华书店及相关专业书店
开　　本：720mm×1000mm 1/16	印　　张：20.75
版　　次：2021 年 10 月第 1 版	印　　次：2021 年 10 月第 1 次印刷
字　　数：310 千字	定　　价：99.00 元

ISBN 978-7-5130-7713-2

出版权专有　侵权必究
如有印装质量问题，本社负责调换。

前　言

　　我国经济社会发展以及"两个一百年"目标的实现离不开管理作用的发挥，管理和科学技术一样，也是一种生产力。国民经济和社会发展依赖管理水平的提升，而一流的管理类本科专业学生培养质量是管理作用发挥的根本保障。未来的管理类本科专业学生不仅需要较高的素养和一定的专业知识，还需要具备扎实和系统的行业知识，以及较强的整合连接、创造、想象、批判质疑、开拓进取、管理和领导等能力。否则"纸上谈兵""不懂企业""眼高手低"式管理类本科专业毕业生既会给"大学不应办管理类本科专业"以借口，又会深度割裂"产学研政用社"，更会极大削弱管理对国民经济和社会发展的价值。

　　认知是指人们获得知识或应用知识的过程，它包括感觉、知觉、记忆、思维、想象和语言等，是人类的高级心理过程。认知不等于能力。根据认知行为学"CAB"理论，即认知（Cognition）—意识（Awareness）—行为（Behavior），管理者在知识的基础上对知识进行整合、分解、连接、嫁接、抽象、综合、批判、创造、想象等加工后形成的判断是做出高质量决策和形成管理能力（高效执行）的基础。就管理类本科专业学生人才培养而言，知识学习是"复印机"，是初级心理过程，重在理解与记忆；认知提升是"搅拌机"，是高级心理活动，重在思维与建构；能力培养是"转换器"，是高效输出与执行过程，重在效率和效果。因此，知识学习是基础，认知提升是桥梁，能力培养是目标。知识到能力的转化，必须借助认知这一环节，立足"世界—国家—区域"，对接"行业—专业—创业"。然而，当前管理类本科专业学生培养在"知识—认知—能力"方面却没有实现一体化，重知识和能力，轻认知环节，其中最严重的就是不重视思维训练，更谈不上把思维训练深度融入课堂教学、教材建设、实习实践中。因此，对管理类本科专业学生进行"知识—认知—能力"一体化培养刻不容缓。

本书的研究成果有以下五个方面：

第一，系统研究认知的内涵和体系，认为认知是在知识的基础上由情景、思维、阅历协同驱动去认识和理解事务的过程，其结果是一个综合和精准的判断，认知体系包括认知驱动、认知过程、认知水平、认知困境、认知跃层等；第二，重新设计了主要管理类本科专业学生能力体系，并在能力体系和认知体系相结合的基础上，重新架构管理类本科专业学生的课程体系；第三，构建"培养面向决策的管理类本科专业学生知识点体系、认知体系和能力体系"的教师胜任力模型；第四，设计"一站式"课堂教学体系和一体化培养路径，跟随"知识—认知—能力"一体化培养路径研发"知识—认知—能力"一体化培养方法；第五，探讨管理类本科专业学生"知识—认知—能力"一体化培养机制和模式。

全书由邹绍辉指导、统稿并撰写主要内容，蔡璐璐撰写相关章节；罗立升主要撰写第 1 章、第 2 章以及物流管理本科专业学生素能体系部分内容，该部分约 11 万字；硕士研究生廖喆承担第 1 章的辅助撰写工作，约 1.2 万字；博士研究生张甜，以及硕士研究生郭转、吕俊峰、崔雪源、王卜琪、张婧、王馨雨、朱菲、崔梦娴、高毓晨承担校稿工作。

2021 年 6 月

CONTENTS

目 录

第1章 高等教育远景 ……………………………………… 1
  1.1 高等教育体系 ……………………………………… 1
    1.1.1 学历层次 ……………………………………… 1
    1.1.2 方式类别 ……………………………………… 15
  1.2 我国高等教育发展 ………………………………… 18
    1.2.1 发展历程 ……………………………………… 18
    1.2.2 发展趋势 ……………………………………… 22
    1.2.3 发展规划 ……………………………………… 26
  1.3 新文科建设 ………………………………………… 30
    1.3.1 新文科本质内涵 ……………………………… 30
    1.3.2 新文科建设方向 ……………………………… 33

第2章 管理教育使命 ……………………………………… 37
  2.1 管理类学科与本科专业 …………………………… 37
    2.1.1 管理类学科 …………………………………… 37
    2.1.2 管理类本科专业 ……………………………… 41
  2.2 管理者潜在素质 …………………………………… 43
    2.2.1 先进的管理理念 ……………………………… 43
    2.2.2 突出的认知水平 ……………………………… 47
    2.2.3 优秀的行为习惯 ……………………………… 48
  2.3 管理者胜任力模型 ………………………………… 50
    2.3.1 物流管理胜任力模型 ………………………… 50
    2.3.2 CFO 胜任力模型 ……………………………… 57

2.3.3　CIO 胜任力模型 ……………………………………… 59
　　　2.3.4　CDO 胜任力模型 ……………………………………… 62
　2.4　管理教育缺口 ……………………………………………………… 65
　　　2.4.1　一体化路径 …………………………………………… 65
　　　2.4.2　六大"缺口" ………………………………………… 67

第3章　知识、认知与能力体系 …………………………………………… 70
　3.1　知识体系 …………………………………………………………… 70
　　　3.1.1　非专业知识 …………………………………………… 70
　　　3.1.2　专业教育 ……………………………………………… 72
　3.2　认知体系 …………………………………………………………… 90
　　　3.2.1　认知内涵 ……………………………………………… 90
　　　3.2.2　三位一体 ……………………………………………… 95
　　　3.2.3　认知模型 ……………………………………………… 105
　3.3　能力体系 …………………………………………………………… 111
　　　3.3.1　基本素养 ……………………………………………… 111
　　　3.3.2　基础能力 ……………………………………………… 113
　　　3.3.3　专业能力 ……………………………………………… 114

第4章　"知识—认知—能力"一体化培养路径 ………………………… 125
　4.1　教师胜任力模型 …………………………………………………… 125
　　　4.1.1　教师胜任力 …………………………………………… 125
　　　4.1.2　胜任力谱系 …………………………………………… 133
　4.2　教学体系 …………………………………………………………… 137
　　　4.2.1　X1N 教材体系 ………………………………………… 137
　　　4.2.2　教学规范 ……………………………………………… 140
　　　4.2.3　实习体系 ……………………………………………… 143
　4.3　一体化培养流程与标准 …………………………………………… 147
　　　4.3.1　"一站式"课堂 ……………………………………… 147
　　　4.3.2　一体化培养标准 ……………………………………… 150

第5章　"知识—认知—能力"一体化培养方法 ………………………… 151
　5.1　教学组合方法 ……………………………………………………… 151

- 5.1.1 案例教学 ... 151
- 5.1.2 项目式教学 ... 154
- 5.2 衔接方式与管控体系 ... 155
  - 5.2.1 衔接方式 ... 155
  - 5.2.2 管控体系 ... 158
- 5.3 学习规律 ... 159
  - 5.3.1 学习金字塔 ... 159
  - 5.3.2 整理学习法 ... 162
  - 5.3.3 框架学习法 ... 164

第6章 "知识—认知—能力"一体化培养体系 ... 169
- 6.1 体系构成 ... 169
  - 6.1.1 未来商学院 ... 169
  - 6.1.2 一体化体系 ... 172
  - 6.1.3 创新之处 ... 174
- 6.2 培养机制 ... 176
  - 6.2.1 激励机制 ... 176
  - 6.2.2 评价机制 ... 177
- 6.3 模式运用 ... 179
  - 6.3.1 体系文件 ... 179
  - 6.3.2 运用举措 ... 181

附录一 管理类本科专业学生非专业知识学习一览表 ... 183
附录二 物流管理本科专业学生素能体系 ... 217
- M-Ⅰ 基础素养 ... 217
- M-Ⅱ 基础能力 ... 231
- M-Ⅲ 专业学习 ... 252
- M-Ⅳ 专业工具 ... 260
- M-Ⅴ 专业技能 ... 295
- M-Ⅵ 专业集成 ... 304
- M-Ⅶ 创新创业 ... 311

参考文献 ... 323

第1章 高等教育远景

目前，我国已建成世界上规模最大的高等教育体系，我国高等教育已经进入普及化时代。在普及化教育时代，高等教育具有选拔性，也存在精英教育需求，更具有育人性。进入普及化阶段的高等教育具有多样化、学习化、个性化、现代化、信息化、国际化等特征。对管理类本科专业而言，育人性更加注重培养学生在新文科背景下创新性思维、家国情怀、中国特色商业与管理思想等知识、认知和能力。

1.1 高等教育体系

1.1.1 学历层次

1.1.1.1 学历层次类别

高等学校是指大学、独立设置的学院和高等专科学校，其中包括高等职业学校和成人高等学校。高等教育是指在完成高级中等教育基础上由高等学校实施的教育，分为普通高等教育和职业高等教育。高等教育包括学历教育和非学历教育。高等学历教育分为专科教育、本科教育和研究生教育，主要包括普通专科（高职、高专）、本科（含专升本）、硕士研究生、博士研究生四个层次。2021年3月1日，教育部发布了2020年全国教育事业统计主要结果：2020年，全国共有普通高校 2738 所，其中本科院校 1270 所（含本科层次职业学校 21 所❶），高职（专科）院校 1468 所。2020 年，全国普通本专科共招生 967.45 万人，在校生 3285.29 万人；招收研究生 110.66 万人，在学研究生 313.96 万人。2020 年，全国成人本专科共招收 363.76 万人，在校生 777.29 万人；全国网络本专科共招收 277.91 万人❷，在校生 846.45 万人。2020 年，全国普通高等学校共有专任教师 183.3 万人。

高等学历教育有相应的学业标准，如表 1-1 所示。

表 1-1 高等学历教育学业标准

学历教育层次	学业标准
专科教育	应当使学生掌握本专业必备的基础理论、专门知识，具有从事本专业实际工作的基本技能和初步能力
本科教育	应当使学生比较系统地掌握本学科、本专业必需的基础理论、基本知识，掌握本专业必要的基本技能、基本方法和相关知识，具有从事本专业实际工作和研究工作的初步能力
硕士研究生教育	应当使学生掌握本学科坚实的基础理论、系统的专业知识，掌握相应的技能、方法和相关知识，具有从事本专业实际工作和科学研究工作的能力
博士研究生教育	应当使学生掌握本学科坚实宽广的基础理论、系统深入的专业知识、相应的技能和方法，具有独立从事本学科创造性科学研究工作和实际工作的能力

---

❶ 泉州职业技术大学、南昌职业大学、江西软件职业技术大学、山东外国语职业技术大学、山东工程职业技术大学、山东外事职业技术大学、河南科技职业大学、广东工商职业技术大学、广州科技职业技术大学、广西城市职业大学、海南科技职业大学、重庆机电职业技术大学、成都艺术职业大学、西安信息职业大学、西安汽车职业大学、辽宁理工职业大学、运城职业技术大学、浙江广厦建设职业技术大学、南京工业职业技术大学、新疆天山职业技术大学、上海中侨职业技术大学等。

❷ 自 1999 年以来，教育部批准了 67 所普通高等学校和中央广播电视大学开展现代远程教育试点工作，允许上述 68 所试点单位开展网络教学工作，通过现代通信网络，开展学历教育和非学历教育。对达到本科、专科毕业要求的学生，学校按照国家有关规定颁发高等教育学历证书，其学历证书经电子注册后，国家予以承认。

《现代职业教育体系建设规划（2014—2020年）》明确提出："在办好现有专科层次高等职业（专科）学校的基础上，发展应用技术类型高校，培养本科层次职业人才；应用技术类型高等学校是高等教育体系的重要组成部分，与其他普通本科学校具有平等地位；高等职业教育规模占高等教育的一半以上，本科层次职业教育达到一定规模；建立以提升职业能力为导向的专业学位研究生培养模式；根据高等学校设置制度规定，将符合条件的技师学院纳入高等学校序列。"国务院2019年1月印发的《国家职业教育改革实施方案》明确指出，职业教育与普通教育是两种不同教育类型，具有同等重要地位。国务院总理李克强2021年3月24日主持召开国务院常务会议，会议通过《中华人民共和国职业教育法（修订草案）》，该修订草案对产教融合和校企合作、支持社会力量举办职业学校、促进职业教育与普通教育学业成果融通互认等做了相应规定。该修订草案用"职业高等学校"代替"高等职业学校"，意味着职业高等教育将与普通高等教育"平起平坐"，未来接受职业高等教育的学生不只拥有大专，也将可以拥有本科或研究生学历。在我国，专业学位研究生教育是培养高层次应用型专门人才的主渠道。自1991年开始实行专业学位教育制度以来，我国逐步构建了具有中国特色的高层次应用型专门人才培养体系。2020年9月30日，国务院学位委员会、教育部印发的《专业学位研究生教育发展方案（2020—2025）》提出：到2025年，以国家重大战略、关键领域和社会重大需求为重点，增设一批硕士、博士专业学位类别，将硕士专业学位研究生招生规模扩大到硕士研究生招生总规模的三分之二左右，大幅增加博士专业学位研究生招生数量，进一步创新专业学位研究生培养模式。综上所述，我国目前的教育体系如图1-1所示。

大学、独立设置的学院主要实施本科及本科以上教育，高等专科学校实施专科教育；经国务院教育行政部门批准，科学研究机构可以承担研究生教育的任务；学习形式为普通全日制（本专科教育阶段）、全日制或非全日制（研究生教育阶段）。其他高等教育机构实施非学历高等教育。非学历高等教育主要包括研究生课程进修班、自考助学班、普通预科班、进修及培训等。我国的研究生教育分为学历教育和

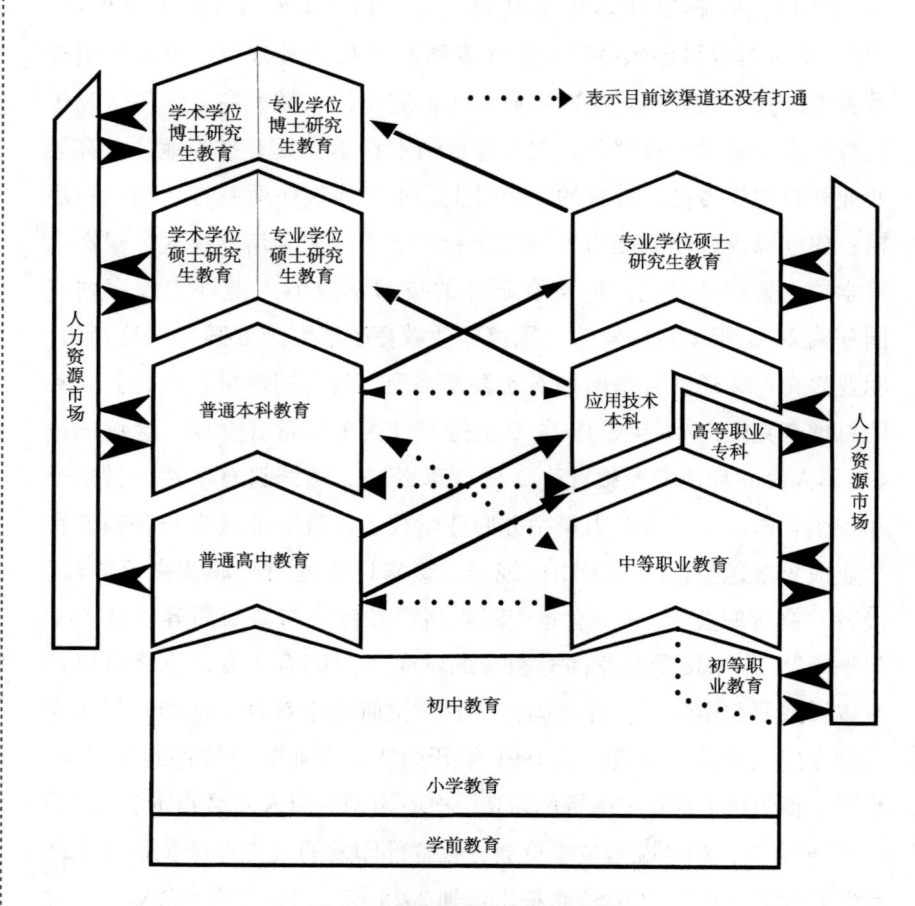

图 1-1 我国目前的教育体系

非学历教育两种。研究生学历教育招生由教育部高校学生司负责，非学历教育由国务院学位委员会办公室负责。研究生学历教育，考生必须参加国家统一组织的研究生入学考试，包括应届本科毕业生的推荐免试和部分高等学校经教育部批准自行组织的单独入学考试，被录取后获得研究生学籍；毕业时可获得硕士毕业证书和硕士学位证书。非学历研究生教育，学生不参加国家统一组织的硕士生入学考试，没有学籍；学生参加"研究生课程进修班"学习，按教学计划修完课程，并通过国家统一组织的同等学历人员申请硕士学位外语水平和学科综合水平全国统一考试，获得申请学位的资格，再通过硕士论文答辩，可获得学位证书，但是没有研究生毕业证书，也不享受国家规定的研究生学历教育待遇。

1.1.1.2 高等学校类型

高等学校分类发展是必要的，其难点主要在于分类标准的选择、指标体系的构建、数据的可得性等方面❶。新中国成立以来，我国每次高等教育改革都涉及高等学校分类体系的设计，我国高等学校的发展从来都是在稳健的分类政策指导下实现的。从1952年的院系调整到2017年的"双一流"建设❷，高等学校分类发展的教育政策导向贯穿其中，其差别只是政府干预的手段不同，已由直接的政府管制向有条件的政府调控转变。2017年1月，经国务院批准同意，教育部、财政部、国家发展和改革委员会印发《统筹推进世界一流大学和一流学科建设实施办法（暂行）》；9月21日，教育部、财政部、国家发展和改革委员会联合发布《关于公布世界一流大学和一流学科建设高校及建设学科名单的通知》，正式公布世界一流大学和世界一流学科建设高校及建设学科名单，首批"双一流"建设高校共计137所，其中世界一流大学建设高校42所（A类36所，B类6所），世界一流学科建设高校95所；双一流建设学科共计465个（其中高校自主确定的学科44个）。我国世界一流大学和一流学科建设情况如表1-2所示（由于中国石油大学、中国地质大学、中国矿业大学分别在北京、武汉、东营、徐州办学，故表中所列院校名称共有140个）。"双一流"建设已确定了2020年、2030年和本世纪中叶的阶段性总体目标。中共中央办公厅、国务院办公厅颁布了《加快推进教育现代化实施方案（2018—2022年）》，要求研究中国特色"双一流"建设的综合评价体系。

---

❶ 雷家彬，沈红. 中国高等学校分类方法的反思与建构［J］. 高等教育研究，2012，33（9）：73.

❷ 世界一流大学和一流学科（First - class universities and disciplines of the world），简称"双一流"。建设世界一流大学和一流学科，是中共中央、国务院做出的重大战略决策，也是中国高等教育领域继"211工程""985工程"之后的又一国家战略，有利于提升中国高等教育综合实力和国际竞争力，为实现"两个一百年"奋斗目标和实现中华民族伟大复兴的中国梦提供有力支撑。

表1-2 我国世界一流大学和一流学科建设情况

省份	一流大学建设高校	一流学科建设高校	数量
北京	北京大学	北京交通大学	
	中国人民大学	北京工业大学	
	清华大学	北京科技大学	
	北京航空航天大学	北京化工大学	
	北京理工大学	北京邮电大学	
	中国农业大学	北京林业大学	
	北京师范大学	北京协和医学院	
	中央民族大学	北京中医药大学	
		首都师范大学	
		北京外国语大学	
		中国传媒大学	
		中央财经大学	
		对外经济贸易大学	33所
		外交学院	
		中国人民公安大学	
		北京体育大学	
		中央音乐学院	
		中国音乐学院	
		中央美术学院	
		中央戏剧学院	
		中国政法大学	
		中国科学院大学	
		中国石油大学（北京）	
		中国地质大学（北京）	
		中国矿业大学（北京）	

续表

省份	一流大学建设高校	一流学科建设高校	数量
江苏	南京大学	苏州大学	15所
	东南大学	南京航空航天大学	
		南京理工大学	
		中国矿业大学	
		南京邮电大学	
		河海大学	
		江南大学	
		南京林业大学	
		南京信息工程大学	
		南京农业大学	
		南京中医药大学	
		中国药科大学	
		南京师范大学	
上海	复旦大学	华东理工大学	14所
	同济大学	东华大学	
	上海交通大学	上海海洋大学	
	华东师范大学	上海中医药大学	
		上海外国语大学	
		上海财经大学	
		上海体育学院	
		上海音乐学院	
		上海大学	
		中国人民解放军海军军医大学	
四川	四川大学	西南交通大学	8所
	电子科技大学	西南石油大学	
		成都理工大学	
		四川农业大学	
		成都中医药大学	
		西南财经大学	

续表

省份	一流大学建设高校	一流学科建设高校	数量
陕西	西安交通大学	西北大学	8所
	西北工业大学	西安电子科技大学	
	西北农林科技大学	长安大学	
		陕西师范大学	
		中国人民解放军空军军医大学	
湖北	武汉大学	中国地质大学（武汉）	7所
	华中科技大学	武汉理工大学	
		华中农业大学	
		华中师范大学	
		中南财经政法大学	
天津	南开大学	天津工业大学	5所
	天津大学	天津医科大学	
		天津中医药大学	
广东	中山大学	暨南大学	5所
	华南理工大学	广州中医药大学	
		华南师范大学	
辽宁	大连理工大学	辽宁大学	4所
	东北大学	大连海事大学	
黑龙江	哈尔滨工业大学	哈尔滨工程大学	4所
		东北农业大学	
		东北林业大学	
湖南	中南大学	湖南师范大学	4所
	中国人民解放军国防科技大学		
	湖南大学		
山东	山东大学	中国石油大学（东营）	3所
	中国海洋大学		
吉林	吉林大学	延边大学	3所
		东北师范大学	
安徽	中国科学技术大学	安徽大学	3所
		合肥工业大学	

续表

省份	一流大学建设高校	一流学科建设高校	数量
浙江	浙江大学	宁波大学	3所
		中国美术学院	
重庆	重庆大学	西南大学	2所
福建	厦门大学	福州大学	2所
河南	郑州大学	河南大学	2所
新疆	新疆大学	石河子大学	2所
河北		华北电力大学	2所
		河北工业大学	
云南	云南大学		1所
甘肃	兰州大学		1所
山西		太原理工大学	1所
江西		南昌大学	1所
海南		海南大学	1所
贵州		贵州大学	1所
青海		青海大学	1所
宁夏		宁夏大学	1所
内蒙古		内蒙古大学	1所
广西		广西大学	1所
西藏		西藏大学	1所

但是,"211工程""985工程""双一流"等行政式的、"圈层式"❶的高等学校分类很难说是依据学术性的分类研究而得到的"定

---

❶ 例如,煤炭高校包括中国矿业大学、阜新矿业学院(今辽宁工程技术大学)、山东矿业学院(今山东科技大学)、西安矿业学院(今西安科技大学)、焦作矿业学院(今河南理工大学)、山西矿业学院(并入太原理工大学)、淮南矿业学院(今安徽理工大学)、华北煤炭医学院(组建河北联合大学,今华北理工大学)、河北煤炭建筑工程学院(组建河北工程大学)、中国煤炭经济学院(今山东工商学院)、湘潭矿业学院(组建湖南科技大学)、黑龙江矿业学院(今黑龙江科技大学)、淮北煤炭师范学院(今淮北师范大学)、鸡西煤炭医学高等专科学校(并入哈尔滨医科大学)、北京工业职业技术学院等共15所;"两电一邮"高校包括电子科技大学、西安电子科技大学、北京邮电大学;建筑"老八校"包括清华大学、同济大学、东南大学、天津大学、华南理工大学、重庆大学、哈尔滨工业大学、西安建筑科技大学;等等。

位标杆"。实践表明，通过学术性的分类设计指导我国高等教育的发展一直是个未解的多元方程，或者是多解的线性规划，却面临着演变为行政资源分配依据的巨大风险。"双一流"建设力图撕开教育垄断格局，这让部分双非学校也将有机会获得更多的教育资源。但是，"强校越强、弱校越弱"的马太效应，让"梦想照进现实"依然任重道远。从表 1-2 可知，"211 工程"和"985 工程"高校大多进入了"双一流"建设名单，而那几所全国重点高校，在一流学科建设名单里也属于"土豪"级别。很多时候，在一轮接一轮的高校发展质量提升过程中，没有入围的高校奋起直追，争取入围或者参照入围高校大搞各类建设，其人才培养初衷在"奋步疾行"中变成"时暗时明"，却忽视了自身的定位和基础，回过头来，依然还得不断问"我是谁"。

新中国成立 70 多年来，我国高校分类发展经历了院校类型分化期、院校垂直分层期、院校功能同质化发展期以及分层与分化协同发展期四个阶段❶。国家教育发展研究中心将中国高等学校分为四种类型，主要包括研究型大学、教学研究型大学、教学型大学、高等专科学校和高等职业学校。鉴于国家职业教育的重要性，上述分类仍然没有把职业高等教育和普通高等教育按同等地位加以考量。2017 年 1 月 25 日，教育部发布《教育部关于"十三五"时期高等学校设置工作的意见》（教发〔2017〕3 号）提出，探索构建高等教育分类体系，以人才培养定位为基础，我国高等教育总体上可分为以下三大类型：研究型高等学校、应用型高等学校、职业技能型高等学校。但是，《教育部关于"十三五"时期高等学校设置工作的意见》也提出"高等职业学校原则上不升格为本科学校，不与本科学校合并"。

笔者邹绍辉 2014 年在美国留学期间，曾到访过罗斯-霍曼理工学院（Rose - Hulman Institute of Technology），该学院成立于 1874 年，至今已有 140 多年历史。学校位于美国印第

---

❶ 廖苑伶，周海涛. 新中国成立 70 年来高校分类发展的历程、逻辑与展望 [J]. 现代教育管理，2020（9）：46-52.

安纳州的特雷霍特（Terre Haute）小镇，距离美国中西部中心城市芝加哥约 4 小时车程，校园占地 200 英亩，是一所私立非营利性的 4 年制本科层次工程类专业学院。罗斯-霍曼理工学院在中国鲜为人知，但在美国和世界工程教育界享有极高声誉，仅略次于麻省理工和加州理工。与综合类大学不同，罗斯-霍曼理工学院全校只设一个学院——工程学院，主要开设工程、数学和科学类专业，这也是学校无法参加综合类大学排名的最重要原因。当然，为了让学生同时发展人文社科方面的兴趣，以获得更加全面的本科教育，罗斯-霍曼理工学院专门设立了人文与社会科学系（Department of Humanities & Social Sciences）。在这里，常见的人文和艺术类课程都能找到。罗斯-霍曼理工学院将自身定位为美国本科层次工程、数学和科学教育的领袖。它的办学使命是在一对一的个性化关注和支持的环境中为学生提供世界上最佳的本科层次工程、数学和科学教育。罗斯-霍曼理工学院根据不同课程的需要，采取多种形式的教学方法，包括课堂讲授法、实验教学法、项目教学法、研讨班、实地考察和参观、实习计划等。传授各学科基本原理和概念的课程大都采用课堂讲授法，专业课程则通常采用实验教学法和项目教学法。罗斯-霍曼理工学院教育优势之一就是注重培养学生将课堂上所学的理论知识和技能在现实工作环境中加以应用的能力。学院不仅为学生介绍诸多校外工业、企业和研究所的暑期实习和合作教育机会，还成立了拥有约 3252 平方米设施场地的创业中心（Rose-Hulman Ventures）。

在我国，合理确定大学办学定位非常重要。一是为了保持制造业世界第一大国地位需要更多"中国工匠"的支撑。总体而言，我国已形成相对完整的人才培养体系，人才培养规模居世界首位，人力资本积累雄厚，支撑着我国世界制造业第一大国地位，但人才培养与世界制造业先进国家相比差距仍然较大，高技能人才总量不足，结构问题突出，人才断档现象严重，培养质量与效益不高。2020 年 9 月 30 日，国务院学位委员会、教育部印发《专业学位研究生教育发展方案（2020—2025）》。该方案提出，到2025年，以国家重大战略、关键领域和社会重大需求为重点，增设一批硕士、博士专业学位类别，将硕士专业学位研究生招生规模扩大到硕士研究生招生总规模的三分之二左右，大幅增加博士专业学位研究生招生数量，进一步创新专业学位研究生培养模式。二是"应用型"本科院校是国家工匠的摇篮。我国现有高校2738所，本科院校占据半壁江山。不得不说，高校数量越来越多的同时，本科毕业生找工作也变得越来越困难。推动部分本科院校向应用型转变，有利于构建健康有序的教育体系，也有利于培养不同层次的人才，从而满足社会发展需要。2014年2月，国家做出了"引导部分普通本科高校向应用技术型高校转型"的战略部署。教育部等三部门出台的《关于引导部分地方普通本科高校向应用型转变的指导意见》（教发〔2015〕7号）明确提出了转型改革的主要任务和配套措施。三是应用创新人才也是创新型人才的重要组成部分。知识应用是国家创新体系的重要一环。国家创新体系的内涵十分广泛，它不同于传统观念中对创新的认识。中国科学院《迎接知识经济时代，建设国家创新体系》的报告认为，国家创新体系包括知识创新系统、技术创新系统、知识传播系统和知识应用系统四大部分。因此，国家创新体系不仅仅关注研究和开发，还关注新知识、新技术的推广和应用。知识生产和知识传播都是大学的职责，知识应用要靠大学培养的人才，特别是应用型技术人才。所以，不论研究型大学还是应用技术型大学，都是国家创新体系的重要组成部分。站在国家创新体系的角度来看，创新能力不仅体现在技术水平提升了多少，或者产生了多少新的技术，更在于新技术在生产部门的转移、扩散和应用，这才是一个国家保持经济快速增长，不断增强国际竞争力的关键。因此，不能简单地认为应用型大学就不承担创新型人才的培养责任❶。

---

❶ 在我国传统受教育模式中，作为工匠艺人的师徒教育与读书人的"学而优则仕"的求学道路向来有着极大的差别，这是当今的职业技术教育与学术教育不能被社会同等看待的根源。加上一些复杂的主观或客观因素，比如望子成龙、独生子女政策、农业社会转型等，造成了当下职业教育不受人青睐的状况。

联合国教科文组织的"国际教育标准分类"是基于各国教育体系的全球性的分类体系。《国际教育标准分类法》是收集和发布国家和全球教育统计数据的一个工具。这一框架被不断更新,以更好地捕捉世界教育系统的新进展。2011 版《国际教育标准分类法》于 2011 年11 月由联合国教科文组织大会第 36 届会议通过,简称为 ISCED(2011)。ISCED(2011)重新定义了高等教育,搭建了完整的职业教育体系。在 ISCED(2011)中,"高等教育(Tertiary education ISCED levels 5–8)"有了新的定义:"高等教育建立在中等教育之上,在专业化的教育学科领域提供学习活动。它是高度复杂和高度专业化的学习。高等教育包括通常所理解的学术教育,但由于它还包括了高级职业或专业教育,因此比学术教育更广泛。"这个定义明确了"高级职业或专业教育"和"学术教育"有着同样的地位。

卡内基高等教育分类法是描述美国高等教育机构多样性的框架,由卡内基教学促进基金会主席克拉克·科尔领导制定。该分类充分体现了美国高等教育多元化发展的特征且符合美国教育发展规律,因此成为美国乃至世界教育领域最具权威的高校分类标准。2015 版卡内基高等教育机构分类法最显著的变化是基本分类的改变。在基本分类中,对于授予副学士学位机构的分类标准,由 2010 年根据公立/私立、学校规模、办学所在地等因素确定的 14 类,改变为根据课程定位(过渡、职业和技术、混合)和主流学生类型(传统、非传统、混合)确定的 9 类。卡内基高等教育分类法对我国建立具有中国特色的高等教育分类方法和体系有一定借鉴意义。

为了实现 2035 高等教育现代化目标,科学合理地对我国高等院校进行分层分类将有助于提升高校参与分类发展的内生性动力。综合已有研究和当前高等教育现状,笔者提出一种高等学校分类框架,如图 1–2 所示。

根据党的十八届三中全会提出的"促进高校办出特色争创一流"的政策基点,党中央、国务院发布的《中国教育现代化 2035》确定了"分类建设一批世界一流高等学校,建立完善的高等学校分类发展政策体系,引导高等学校科学定位、特色发展"等一系列要求。因

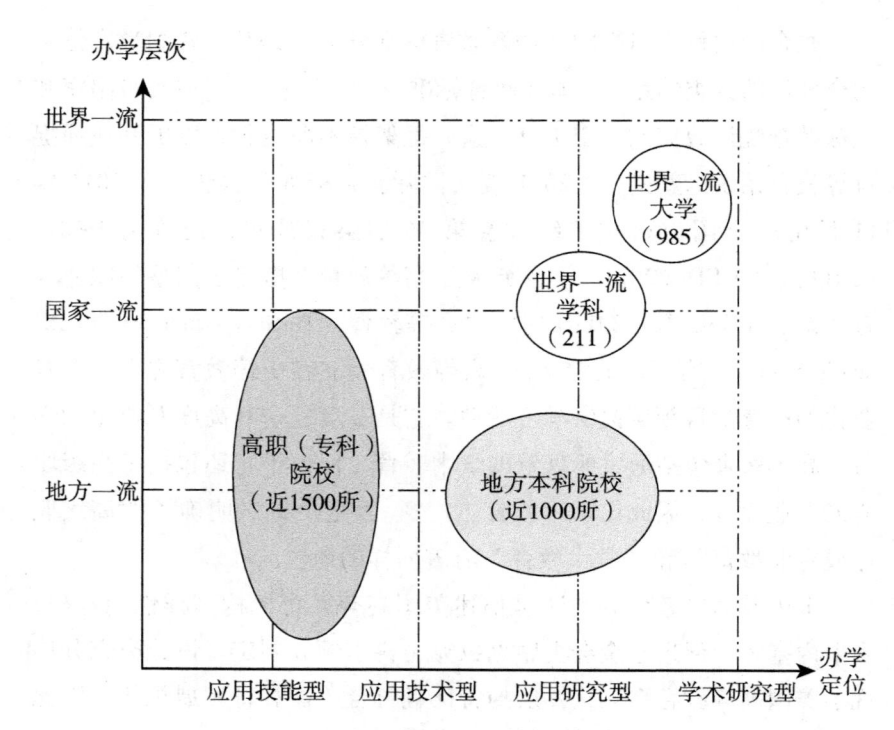

图 1-2 高等学校分类框架

此，全国现有的普通高校和成人高校，都可以在不同层次、不同领域争创世界、全国、区域以及学科专业领域的一流水平，优化与新发展格局相适应的教育结构、学科专业结构、人才培养结构，形成各具特色化、区域化、差异化的人才培养体系。近年来，国家正在推进两项重要举措，一是中共中央办公厅、国务院办公厅印发的《加快推进教育现代化实施方案（2018—2022 年)》，要求建设一流本科教育，深入实施"六卓越一拔尖"计划 2.0，实施一流专业建设"双万计划"；二是国务院印发的《国家职业教育改革实施方案》要求到 2022 年建设 50 所高水平高等职业学校和 150 个骨干专业（群）（简称"双高计划"）。这两项举措都充分体现了党和国家的宏观决策意图，必将发挥重要的导向作用。也就是说，地方高等院校特别是地方行业特色高校完全可以走特色化、区域化、差异化之路，把自身建成与罗斯-霍曼理工学院一样的世界一流高等学校。

1.1.2 方式类别

1.1.2.1 普通高等教育

《中华人民共和国高等教育法》明确高等教育包括学历教育和非学历教育，高等学历教育分为专科教育、本科教育和研究生教育。普通高等教育、成人高等教育、高等教育自学考试是我国高等教育体系的三种形式，主管机构均为中华人民共和国教育部。

普通高等教育指主要招收高中毕业生进行全日制学习的本专科学历教育或通过全国硕士研究生统一招生考试招收的全日制或非全日制普通研究生的研究生学历教育。普通高等学校指按照国家规定的设置标准和审批程序批准举办的，本专科阶段通过全国普通高等学校统一招生考试（高考）招收普通高中毕业生为主要培养对象，实施高等教育的公办本科大学、独立学院、民办高校和职业技术学院、高等专科学校。根据高考录取批次的不同，本科也分一本、二本、三本，但它们同属于一个层次和等级（本科教育层次）。同时本科又分为"重点本科高校"（"世界一流大学和一流学科"建设高校）与"普通本科高校"。"重点本科高校"与"普通本科高校"只是侧重不同，无本质差别，前者注重理论研究，后者注重应用研究。

1.1.2.2 应用型高等教育

发展应用型高等教育是中国高等教育改革发展的必然趋势。在新时代，我国发展应用型大学、应用型人才培养同样要强调复合型和通用性、政府政策引导和学校治理结构完善。应用型高等教育不排斥学科建设，提升经济可行性及通道灵活性可以增加应用型人才培养的社会吸引力。不求所有但求所用是师资建设的重要趋势。党的十九大提出要实现高等教育内涵式发展。深化产教融合、产学研结合、校企合作是高等教育，特别是应用型高等教育发展的必由之路。

在应用型高等教育实践中，美国采取市场主导模式，普通高校注重通用知识技能教育和产学研结合，社区学院提供满足社区多样化需求、支付得起的高等教育；德国采取政府主导的分类模式，积极进行政策引导，发展应用型大学；法国采取国家色彩浓厚的精英型、应用型教育，通才和实用教育相结合。

在我国，从 2010 年开始至今，部分普通本科高校在政策引导下进行了向应用型转变的探索。

2010 年，《国家中长期教育改革和发展规划纲要（2010—2020年)》激励了更多高校投身于应用型高等教育。

2012 年，又一轮本科教学工作合格评估启动，为地方本科高校科学定位指明了方向。

2013 年 1 月，教育部启动"应用技术大学改革试点战略研究"工作，促进地方本科高校向应用技术大学（学院）转变。

2013 年 6 月，天津职业技术师范大学、黄淮学院等 35 所高校发起成立了"应用技术大学（学院）联盟"。

2014 年 1 月，教育部地方本科高校转型发展座谈会在驻马店召开。

2014 年 2 月，国务院常务会议部署加快构建现代职业教育体系，引导一批普通本科高校向应用技术型转变。

2014 年 4 月，首届"产教融合发展战略国际论坛"在驻马店开幕，178 所高校共商"转型发展"和"建设中国特色应用技术大学"，发布了《驻马店共识》。

2015 年，教育部、国家发改委、财政部共同印发《关于引导部分地方普通本科高校向应用型转变的指导意见》。

2017 年，《教育部关于"十三五"时期高等学校设置工作的意见》提出将我国高等教育以人才培养定位为基础，分为研究型、应用型和职业技能型三类。研究型高等学校主要以培养学术研究的创新型人才为主，开展理论研究与创新，学位授予层次覆盖学士、硕士和博士，且研究生培养占较大比重。应用型高等学校主要培养服务经济社会发展的本科以上层次的应用型人才，并开展经济社会发展与科技应用等方面的研究。职业技能型高等学校主要培养生产、管理、服务一线的专科层次的技能型人才，并积极开展或参与技术服务及技能应用型改革与创新。

2019年，《国务院关于印发国家职业教育改革实施方案的通知》提出，到2022年，一大批普通本科高等学校向应用型转变，建设50所高水平高等职业学校和150个骨干专业（群）。

1.1.2.3　成人高等教育

成人高等教育属国民教育系列，是高等教育的重要组成部分，国家承认学历，参加全国招生统一考试，各省、自治区、直辖市统一组织录取。成人高等学历教育分为三种：专科起点升本科（简称专升本）、高中起点升本科（简称高起本）、高中起点升高职（高专）（简称高职、高专）。成人高等教育（成人高考）的授课方式大体有脱产（全日制）、业余及函授三种形式，考生应根据自身的情况选择适合自己的学习形式。

参加成人高等教育学习的学生通过所有的理论课（包括实践环节）考试、完成专（本）科阶段实践课程和达到毕业鉴定要求，由各高等院校和教育部颁发国家承认学历的专（本）科毕业证书。学生本科毕业可申请学士学位，其获得的学位与其他国家承认的大学专（本）毕业证书具有同等效力。

1.1.2.4　其他高等教育

（1）高等教育自学考试

高等继续教育需要通过高等教育自学考试。高等教育自学考试是对自学者进行的以学历考试为主的高等教育国家考试，是个人自学、社会助学和国家考试相结合的高等教育形式，是中国社会主义高等教育体系的重要组成部分。其任务是通过国家考试促进广泛的个人自学和社会助学活动，推进在职专业教育和大学后继续教育，造就和选拔德才兼备的专门人才，提高全民族的思想道德、科学文化素质，适应社会主义现代化建设的需要。

（2）电大开放教育

电大开放教育是相对于封闭教育而言的一种教育形式，基本特征为：以学生和学习为中心，取消和突破对学习者的限制和障碍。比如开放教育对入学者的年龄、职业、地区、学习资历等方面没有太多的限制，凡有志向学习者，具备一定文化基础的，不需参加入学考试，均可以申请入学；学生对课程选择和媒体使用有一定的自主权，在学习方式、学习进度、时间和地点等方面也可以由学生根据需要决定；在教学上采用多种媒体教材和现代信息技术手段；等等。

（3）远程网络教育

远程网络教育是一种新兴的教育模式，全国有教育部批准具备招生资格的试点网校 68 所。远程网络教育和传统教学方式不同，主要通过远程教育实施教学，学生点击网上课件（或是光盘课件）完成课程的学习，通过电子邮件或发帖子的方式向教师提交作业或即时交流，另有一些学习通过集中面授进行。

1.2 我国高等教育发展

1.2.1 发展历程

1.2.1.1 党的十八大以前的高等教育发展

新中国成立之初，百废待兴。4 亿多人口中有八成是文盲，人均受教育年限 1.6 年。1949 年，我国仅有高等学校 205 所，高等教育毛入学率仅为 0.26%，全部在校生不足 12 万人，其中工科在校生只有 3 万人。1952 年，教育部根据"以培养工业建设人才和师资为重点，发展专门学院，整顿和加强综合大学"的方针，在全国范围内进行高等学校院系调整工作。依据当时我国经济建设对专门人才的急需，借鉴苏联发展高等教育为经济建设快速培养对口人才的经验，历时 6 年调整，到 1957 年时，全国共有高等学校 229 所，其中综合大学 17 所、工业院校 44 所、师范院校 58 所。基本上改变了新中国成立前高等教育文重工轻、师范缺乏的状况，顺应了中共中央关于高等教育"要很好地配合国民经济发展的需要，特别要配合工业建设的需要"的要求，为国家培养了一大批经济建设所急需的专门人才，对新中国的工业化建设起到了巨大的推动作用。

"文革"十年，新中国成立后逐步建立的全国普通高等学校统一招生制度被彻底否定，全社会没有了学习知识的动力，国家发展出现了严重的人才断档。1977年10月，国务院批转的教育部《关于一九七七年高等学校招生工作的意见》发布。文件规定，凡是工人、农民、上山下乡和回乡知识青年、复员军人、干部和应届毕业生，符合条件均可报考。招生办法是自愿报名，统一考试。1978年，全国报考青年总数又激增至615万人，共有40.2万名新生考入大学，越来越多的人命运就此改变。1980年2月12日第五届全国人大常委会第十三次会议上，《中华人民共和国学位条例》被最终审议通过，确定了我国设学士、硕士、博士级学位，并在学位分级、各级学位的学术标准、严格审定学位授予单位等方面做了规定。这一制度的建立，对我国独立培养、选拔专门人才，特别是高层次专门人才起了重要作用。然而，作为为国家经济社会发展输送高素质人才的主渠道，直到1998年我国高等院校在校学生人数只有780万人，高等教育毛入学率仅为9.8%，远远不能满足人民群众接受高等教育的需求和国家经济社会发展对人才的需求。高校扩招是民心所向，势在必行。1998年全国高校的招生人数为108万，1999年招生159万人，比1998年增加了51万人，增幅达47.2%；到2002年，我国普通高校招生320万人，高等教育毛入学率已达到15%，正式进入大众化阶段。此后，这一数字仍大幅度增长，2010年达到26.5%，2020年达到54.4%，高等教育向普及化阶段快速迈进。

2000年，教育部印发《关于实施"新世纪高等教育教学改革工程"的通知》，启动"新世纪高等教育教学改革工程"；2007年，教育部、财政部印发关于实施《高等学校本科教学质量与教学改革工程项目管理暂行办法》的通知，"高等学校本科教学质量与教学改革工程"启动；2011年，"本科教学工程"实施意见正式发布。制定人才培养标准、推进专业综合改革、推进优质资源建设共享、强化实践教学、提高教师教学能力等系列提质工程的实施，是我国高等教育由精英教育向大众化教育转型、由外延式发展模式向内涵式发展模式转型、由传统的计划管理向现代的教育治理转型的关键举措，这些举措推动了我国高等教育质量大幅跃升。

1.2.1.2 党的十八大以来的高等教育发展

2012年11月15日，十八届中共中央政治局常委与中外记者见面，新当选的中共中央总书记习近平用10个"更"诠释人民对美好生活的期盼，10个"更"中，"教育"居首。"人民期盼更好的教育"，我们的教育改革发展必须回应人民对更高质量、更加公平教育的关切和期待，满足人民日益增长的美好教育的需要。

党的十八大以来，随着一批标志性、引领性改革举措的颁布和实施，我国高等教育发展走上了快车道。

2014年8月，习近平总书记主持中央全面深化改革领导小组第四次会议时强调，考试招生制度是国家基本教育制度。总体上看，我国考试招生制度符合国情，同时也存在一些问题。必须通过深化改革，促进教育公平，提高人才选拔水平，适应培养德智体美劳全面发展的社会主义建设者和接班人的要求。2014年9月，《国务院关于深化考试招生制度改革的实施意见》发布，吹响了自1977年恢复高考以来力度最大的一轮高考改革号角，分类考试、综合评价、多元录取，破除"一考定终身""唯分数论"，从育分到育人，着眼于人的终身发展。2014年，上海、浙江率先实行了新高考；2017年，北京、天津、山东、海南4个省份也启动了高考改革；2019年，作为全国第三批启动高考综合改革试点的8个省份，河北、辽宁、江苏、福建、湖北、湖南、广东、重庆发布本省份实施方案……已基本形成学生选考、高校选科和国家选才的模式。2014年5月，习近平总书记在北京大学考察时强调，"人生的扣子从一开始就要扣好""办好中国的世界一流大学，必须有中国特色""我们要认真吸收世界上先进的办学治学经验，更要遵循教育规律，扎根中国大地办大学"……这些重要思想和论述成为今后我国高等教育办学的基本遵循。

2015年，国务院印发《统筹推进世界一流大学和一流学科建设总体方案》：到2020年，若干所大学和一批学科进入世界一流行列，若干学科进入世界一流学科前列……到本世纪中叶，一流大学和一流学科的数量和实力进入世界前列，基本建成高等教育强国。2017年，《统筹推进世界一流大学和一流学科建设实施办法（暂行）》发布。

培养什么样的人、如何培养人以及为谁培养人是教育的根本问题。作为党和国家思想政治工作的重要一端和前沿阵地，高校思想政治工作承载着学习研究宣传马克思主义，培养中国特色社会主义合格建设者和可靠接班人的重大任务。2016年12月，全国高校思想政治工作会议召开，习近平总书记在会上强调，要坚持把立德树人作为中心环节，把思想政治工作贯穿教育教学全过程，实现全程育人、全方位育人，努力开创我国高等教育事业发展新局面。全国高校思想政治工作会议召开以来，高校思想政治工作成效显著：高校师生思想状况主流积极向上，对党的领导衷心拥护，对以习近平同志为核心的党中央充分信赖，对"四个全面"战略布局高度认同，对中国特色社会主义的道路自信、理论自信、制度自信和文化自信更加坚定，对实现中华民族伟大复兴中国梦充满信心。

2018年6月21日，教育部召开改革开放40年来首次全国高等学校本科教育工作会议，吹响了建设一流本科教育的集结号。7月，教育部印发《关于加快建设高水平本科教育 全面提高人才培养能力的意见》，被称为"新时代高教40条"，确立了未来5年建设高水平本科教育的阶段性目标和到2035年的总体目标，并推出了"六卓越一拔尖"计划2.0版本。在基础研究领域，《高等学校基础研究珠峰计划》出炉，布局建设脑科学、量子信息等7个前沿科学中心，以大团队、大平台、大科学计划，推动我国高校基础研究向高峰挺进。未来，中国高等教育将通过大力发展新工科、新医科、新农科、新文科，形成覆盖全部学科门类的中国特色、世界水平的一流本科专业集群。

2020年7月29日，全国研究生教育质量会议在北京召开，这次会议是教育系统落实党的十八届四中全会精神的一次重要会议，也是自1978年恢复研究生教育以来，首次召开全国研究生教育会议。中共中央总书记、国家主席、中央军委主席习近平就研究生教育工作做出重要指示，指出中国特色社会主义进入新时代，即将在决胜全面建成小康社会、决战脱贫攻坚的基础上迈向建设社会主义现代化国家新征程，党和国家事业发展迫切需要培养造就大批德才兼备的高层次人才。习近平强调，研究生教育在培养创新人才、提高创新能力、服务经济社会发展、推进国家治理体系和治理能力现代化方面具有重要作用。各级党委和政府要高度重视研究生教育，推动研究生教育适应党和国家事业发展需要，坚持"四为"方针，瞄准科技前沿和关键领域，深入推进学科专业调整，提升导师队伍水平，完善人才培养体系，加快培养国家急需的高层次人才，为坚持和发展中国特色社会主义、实现中华民族伟大复兴的中国梦做出贡献。中共中央政治局常委、国务院总理李克强做出批示，指出研究生教育肩负着高层次人才培养和创新创造的重要使命，是国家发展、社会进步的重要基石。改革开放以来，我国研究生教育实现了历史性跨越，培养了一批又一批优秀人才，为党和国家事业发展做出了突出贡献。要坚持以习近平新时代中国特色社会主义思想为指导，认真贯彻党中央、国务院决策部署，面向国家经济社会发展主战场、人民群众需求和世界科技发展等最前沿，培养适应多领域需要的人才。深化研究生培养模式改革，进一步优化考试招生制度、学科课程设置，促进科教融合和产教融合，加强国际合作，着力增强研究生实践能力、创新能力，为建设社会主义现代化强国提供更坚实的人才支撑。

1.2.2 发展趋势

1.2.2.1 专业导向变为综合导向

比尔·盖茨、乔布斯、巴菲特、拉里佩奇、贝佐斯……这些白手起家的成功企业家每天都坚持学习，他们都是那种在学习不同领域知识的同时，把能力整合成一套技能组并成为各自领域前1%的人。根据比尔·盖茨自己的估计，他坚持每周读一本书长达 52 年，其中许多书与软件和业务无关。整个职业生涯中，他每年安排两周时间作为阅读假期。华伦·巴菲特认为他成功的秘诀是："每天读 500 页。这就是学习知识的方法。知识需要积累，就像复利（Compound Interest）一样。"

我们的教育系统建立在一个将知识分为不同学科——数学、文学、历史、科学的模型上。从幼儿园开始，我们得到的信息就是，这些学科最好是单独学习。我们甚至将这些学科进一步分解成更小的学习领域，例如经济学分解为微观经济学和宏观经济学。这种分解领域并分别教学的模式被称为还原论。

还原论（Reductionism）是一种哲学思想，认为复杂的系统、事物、现象可以将其化解为各部分之组合来加以理解和描述。20 世纪 60 年代以前，西方科学研究的方法，从机械到人体解剖的研究，基本是按照笛卡尔的方法论即还原论进行的，对西方近代科学的飞速发展起了相当大的促进作用。笛卡尔还认为世界就像一台机器，一台极其精密的机器，这台机器可以通过被拆散而被理解，研究完这些部件后，再将它们拼在一起，可以更好地看到一个完整的全景。

生物学家詹姆斯·祖尔在他的《改变大脑的艺术》一书中论述道："通常我们不具有连接一个学科与另一个科学的神经网络。尤其是如果我们已经学习了将知识分解为数学、语言、科学和社会科学等部分的标准课程之后，学科知识是分别建立起来的。"因为我们受到的教育不包括寻求所有知识的共同根源，所以我们看不到学科的关联性。这说明还原论存在着固有缺陷。

在物流管理人才培养中，根据物流活动的分类，我们把课程通常分为现代物流学、仓储管理、运输管理、配送管理、物流系统规划与设计、供应链管理、物流系统工程、采购学、专业外语、国际货运代理、物流信息技术与应用、物流园区、物流标准化、物流安全管理、物流经济与政策等。

然而，在工作中，我们的学术研究面对的是具体问题，这些具体问题的解决是需要集成创新能力的。随着全球科技的高速发展，竞争日趋激烈，创新已成为人才教育的重点，拥有集成创新的能力和素质已成为不可或缺的一环。集成创新能力是把各个已有的知识和技术单项有机地组合起来、融会贯通，构成一种新产品或经营管理方式，创造出新的经济增长点。

1.2.2.2　知识导向变为能力导向

"知识为基础""知识就是力量""知识可以改变命运"，这些观念根深蒂固地存在于每一个教育者心中，也经常成为家长或教师说服孩子好好读书的理由。由"知识目标导向"模式培养出来的教师更不会轻易放弃"传承知识"的重任，"以人为本"被误解成"培养学生掌握更多更深的知识"。

在此观念的影响下，教育者经常将过多、过滥、过深的知识灌输给学生，死记硬背、重复操练也成为学生的主要学习行为，没有互动、缺乏理解的学习过程必然导致"高负低效"的课堂。在这类课堂上，学生被看成一个接受知识的容器，教师则成为知识的传授者，满堂灌、一言堂成为课堂的基本形式。

笔者邹绍辉在近年的研究生指导中，就发现很多考分很高的研究生，实际上只会"学习"。现在，一些研究生三年里都在忙于考各种各样的证，一旦导师让他们做点小课题，写点什么材料，拿出来的东西，实在不敢恭维。本科生阶段和研究生阶段最大的区别在于本科阶段定位是"学习"，而研究生阶段定位在于"研究"。而很多研究生最缺乏两种能力：一是问题分析能力，如何提出一个有价值和创新性的问题，如何对问题进行深入分析，如何找到解决问题的突破口；二是批判和质疑能力，在知识碎片化和信息爆炸时代，人们忙于阅读和保存最新的知识，已经没有时间来进行深度思考，很多研究生也不愿意去思考了。现在很多教师，特别是不能带博士生的导师，已经不愿意带研究生了，他们最大的一个体会就是"现在很多的研究生什么也干不了"。这就说明，我们的本科教育出了很大的问题，我们的本科教育过于注重知识的传承，严重忽视学生能力的培养。

中共中央印发的《关于深化人才发展体制机制改革的意见》明确指出：突出经济社会发展需求导向，建立高校学科专业、类型、层次和区域布局动态调整机制；注重人才创新意识和创新能力培养，探索建立以创新创业为导向的人才培养机制，完善产学研用结合的协同育人模式。教育部、国家发展和改革委员会、财政部联合发布的《关于引导部分地方普通本科高校向应用型转变的指导意见》，要求以社会经济发展和产业技术进步驱动课程改革，整合相关的专业基础课、主干课、核心课、专业技能应用和实验实践课，更加专注培养学习者的技术技能和创新创业能力。《国务院关于印发〈统筹推进世界一流大学和一流学科建设总体方案〉的通知》（国发〔2015〕64号），要求加强创新创业教育，大力推进个性化培养，全面提升学生的综合素质、国际视野、科学精神和创业意识、创造能力。

1.2.2.3 成绩导向变为认知导向

党的十九大做出"加快一流大学和一流学科建设，实现高等教育内涵式发展"战略部署。坚持立德树人、服务国家战略是对我国高等教育的时代呼唤，更是我国高等教育的历史使命。新时代下的高校工作应以此为方向。教育的目的是在一定程度上最大限度地挖掘人的潜能，让人既勇于实践，又可以获得物质上的回报。要让人们能够掌控所学的知识，而不是沦落为知识的奴隶，要时刻抓紧接受教育的机会提升个人素质、勇气和灵感。大学生是国家最宝贵的人力资源，是国家的希望和未来。陈佳琦等通过研究发现大学生认知能力与非认知能力密切相关❶。需要说明的是，此处的认知能力被界定为语言、阅读、写作以及计算、逻辑等方面的能力。这和笔者将要界定的认知能力正好相反，对于何为认知，本书后文将加以详细界定。实际上，相对于陈旧的教材，以知识学习为主的非认知能力给大学生带来的影响要远远低于认知能力的培养❷。例如，大学生健康积极的自我认知是职业生涯规划教育顺利开展的重要前提和基本保障，加强和完善大学生自我认知对大学生职业生涯规划教育具有重要意义。

---

❶ 陈佳琦，郭涛，张培培，黄杨丹. 大学生认知能力与非认知能力的关系研究——以安徽财经大学为例［J］. 经济管理文摘，2020（14）：165 – 166，168.

❷ 雷敏. 大学生社会认知能力培养路径探究［J］. 青年与社会，2020（20）：141 – 142.

大学生虽然已是成年人，但是由于一直封闭在学校和家庭，缺乏认知社会的思维和能力，导致他们在踏入社会时容易茫然和受挫。因此，培养大学生社会认知思维和能力，是大学生个人、高校、家庭、社会都必须重视的课题。大学生社会认知的形成受到个体、家庭、学校、社会环境等多个因素的影响，所以对大学生社会认知的培养需要从多方面进行。大学生在大学受教育期间，学生个人和他们的家庭都对他们的成长寄予了希望，与此同时，社会也期望大学生能够肩负起更多的社会责任。因此，一味地强调知识的学习是远远不够的。

未来的管理类本科专业学生不仅需要较高的素养和一定的专业知识，还需要具备扎实和系统的行业知识，以及较强的整合连接、创造、想象、批判质疑、开拓进取、管理和领导等能力，即认知水平提升是区别管理类本科专业学生人才培养与其他专业人才培养的关键。否则"纸上谈兵""不懂企业""眼高手低"式管理类本科专业毕业生既会给"大学不应办管理类本科专业"以借口，又会深度割裂"产学研政用社"，更会极大削弱管理对国民经济和社会发展的价值。

1.2.3 发展规划

1.2.3.1 中国教育现代化2035

党的十八大以来，以习近平同志为核心的党中央坚定不移实施科教兴国战略和人才强国战略，坚持优先发展教育，大力推进教育领域综合改革，持续加大教育投入，加速推进教育现代化，教育总体发展水平进入世界中上行列，取得了全方位、开创性的历史性成就。党的十九大明确提出建设教育强国是中华民族伟大复兴的基础工程，必须把教育事业放在优先位置，深化教育改革，加快教育现代化，办好人民满意的教育。习近平总书记多次对教育工作做出指示批示，强调要发展具有中国特色、世界水平的现代教育，为建设教育强国指明了方向。2018年9月10日，党中央召开全国教育大会，习近平总书记在大会上发表重要讲话，系统回答了关于教育现代化的重大理论和实践问题，对加快教育现代化、建设教育强国、办好人民满意的教育做出了全面部署，向全党全国全社会发出了加快教育现代化的动员令，为新时代教育提供了根本遵循。李克强总理在讲话中强调，要准确把握教育事业发展面临的新形势新任务，全面落实教育优先发展战略，以教育现代化支撑国家现代化。

中国特色社会主义进入新时代，教育的基础性、先导性、全局性地位和作用更加凸显。加快向创新型国家迈进，建设现代化经济体系，建设富强民主文明和谐美丽的社会主义现代化强国，实现中华民族伟大复兴的中国梦，满足人民美好生活需要，必须加快教育现代化，把我国建设成为教育强国。从全球来看，当前新一轮科技革命和产业革命正在孕育兴起，重大科技创新正在引领社会生产新变革，互联网、人工智能等新技术的发展正在不断重塑教育形态，知识获取方式和传授方式、教和学的关系正在发生深刻变革。人民群众对教育的需求更为多样，对更高质量、更加公平、更具个性的教育需求也更为迫切。我国高等教育必须抓住机遇，超前布局，以更高远的历史站位、更宽广的国际视野、更深邃的战略眼光对加快推进教育现代化、建设教育强国做出战略部署和总体设计，推动我国教育不断朝着更高质量、更有效率、更加公平、更可持续的方向前进。

《中国教育现代化2035》是我国第一个以教育现代化为主题的中长期战略规划，是新时代推进教育现代化、建设教育强国的纲领性文件，定位于全局性、战略性、指导性，与以往的教育中长期规划相比，时间跨度更长，重在目标导向，服从新时代中国特色社会主义建设总体战略安排，从"两个一百年"奋斗目标和国家现代化全局出发，在总结改革开放以来特别是党的十八大以来教育改革发展成就和经验基础上，面向未来描绘教育发展图景，系统勾画我国教育现代化的战略愿景，明确教育现代化的战略目标、战略任务和实施路径。

1.2.3.2　建设高质量本科教育

党的十九届五中全会审议通过的《中共中央关于制定国民经济和

社会发展第十四个五年规划和二〇三五年远景目标的建议》，将"高等教育进入普及化阶段"作为决胜全面建成小康社会的标志性成就之一，并从多个方位对"十四五"时期高等教育提出更高要求，充分显示了新中国成立以来特别是改革开放以来教育普及达到的新水平，进一步明确了新发展阶段高等教育提高质量的着力点。

推进高等教育分类管理和高等学校综合改革，构建更加多元的高等教育体系，高等教育毛入学率提高到60%。分类建设一流大学和一流学科，支持发展高水平研究型大学。建设高质量本科教育，推进部分普通本科高校向应用型转变。建立学科专业动态调整机制和特色发展引导机制，增强高校学科设置针对性，推进基础学科高层次人才培养模式改革，加快培养理工农医类专业紧缺人才。加强研究生培养管理，提升研究生教育质量，稳步扩大专业学位研究生规模。优化区域高等教育资源布局，推进中西部地区高等教育振兴。

支持高水平工科大学举办职业技术师范专业，建立高等学校、职业学校与行业企业联合培养"双师型"教师机制。

推进高水平大学开放教育资源，完善注册学习和弹性学习制度，畅通不同类型学习成果的互认和转换渠道。

——摘自《中华人民共和国国民经济和社会发展第十四个五年规划和2035年远景目标纲要》

国家教育咨询委员会秘书长、教育部教育发展研究中心原主任张力认为，高学历人才总量供不应求已成为历史，高等教育系统进入、输出、服务的质量标准正在趋于多样化。

第一，高等教育系统的进入质量标准正在多元化、多样化。在国家政策层面，中等职业教育后的通道已经向上延伸，既有专科高等职业教育，也有应用技术本科，还有专业型学位硕士、博士研究生。中高等职业技术院校和研究生教育的分类招考扩大了覆盖面，有条件的高校将试行宽进严出模式，不仅适应应届高中阶段毕业生升学需求，而且容纳不同年龄和职业的从业人员进修深造，准入尺度和运行方式都将形成新的质量执行标准。按照习近平总书记确定的"构建衔接沟通各级各类教育、认可多种学习成果的终身学习'立交桥'"的重要方向，高等教育系统将在完善服务全民终身学习的资源平台、畅通枢纽环节链接上进行不懈的探索实践。

第二，高等教育系统的输出质量标准也在显著更新。根据党和国家的部署，以质量提升为核心的高等教育内涵式发展，是加快教育现代化的必由之路。与此同时，质量将不再由高校独家说了算，而是更加注意同经济社会发展实际需求对接，更加注重与职业技术教育、继续教育融合协调发展。提高高等教育质量，不仅要求高校遵循教育规律，按照德智体美劳全面培养体系整体设计，精准定位核心素养、质量标准、评估模式，优化学科专业布局，同时还要健全高校理事会等治理制度，强化与行业企业等社会需求方协商，确定和调整质量标准，形成人才培养动态适应经济社会发展的有效机制，积极促进就业创业，打造供需双方都认可的质量标准升级版。

第三，高等教育系统的服务质量标准还在不断拓展。在中国特色社会主义教育制度下，我国高等教育担负着提高人才培养质量、提升科学研究水平、增强社会服务能力、传承创新中华文化、增进对外合作交流等多方面重要使命，在坚持马克思主义在意识形态领域的指导地位、弘扬践行社会主义核心价值观方面发挥重要的基地作用。根据《中共中央关于制定国民经济和社会发展第十四个五年规划和二〇三五年远景目标的建议》关于"推进科研院所、高校、企业科研力量优化配置和资源共享""推进产学研深度融合""提高国家文化软实力"等系列政策导向，高校还要聚焦国家战略需要，在释放基础研究和科技创新潜力、参与关键核心技术攻关、服务区域发展战略、建设中国特色新型智库、参与文化事业产业等方面做出更大贡献。这些都日益成为衡量高等教育质量的参照系。

1.3 新文科建设

1.3.1 新文科本质内涵

1.3.1.1 新文科本质

2019年4月29日,教育部、中央政法委、科技部等13个部门在天津联合启动"六卓越一拔尖"计划2.0,全面推进新工科、新医科、新农科、新文科建设,旨在切实提高高校服务经济社会发展能力。同时,将2019年定为新文科建设启动年,"新文科"因此成为当下高等教育发展中需要认真思考与探索的问题。文科又称人文社会科学,包括人文科学的文学、历史、哲学、艺术和社会科学的法学、教育学、经济学、管理学八大学科门类,我国通常概之为哲学社会科学。新文科对传统文科发展的桎梏和瓶颈提出了根本的方向和改革的要求,与新工科、新医科、新农科四驱并进、同步发力,共同推动我国高等教育发展。

2020年11月3日,由教育部新文科建设工作组主办的新文科建设工作会议在山东大学(威海)召开。会议研究了新时代中国高等文科教育创新发展举措,发布了《新文科建设宣言》,对新文科建设做出了全面部署。文科教育是培养自信心、自豪感、自主性,产生影响力、感召力、塑造力,形成国家民族文化自觉的主战场主阵地主渠道。高等教育是兴国强国的"战略重器",服务国家经济社会高质量发展,根本上要求高等教育率先实现创新发展。文科占学科门类的三分之二,占专业种类和在校学生数的半壁江山。一个国家的发展水平,既取决于自然科学发展水平,也取决于哲学社会科学发展水平。哲学社会科学发展水平反映着一个民族的思维能力、精神品格和文明素质,关系到社会的繁荣与和谐。新时代,把握中华民族伟大复兴的战略全局，提升国家文化软实力，促进文化大繁荣，增强国家综合国力，新文科建设责无旁贷。

新科技和产业革命浪潮奔腾而至，社会问题日益综合化复杂化，应对新变化、解决复杂问题亟须跨学科专业的知识整合，推动融合发展是新文科建设的必然选择。进一步打破学科专业壁垒，推动文科专业之间深度融通、文科与理工农医交叉融合，融入现代信息技术赋能文科教育，实现自我的革故鼎新，新文科建设势在必行。

1.3.1.2 新文科内涵

新文科是在一定程度上反映、呈现和包含中国经验中国材料中国数据的文科，具有三大特征——中国特色、学科融合、问题导向。

第一是中国特色。2021年5月31日下午，中共中央政治局就加强我国国际传播能力建设进行第三十次集体学习，中共中央总书记习近平主持学习并发表重要讲话。习近平总书记在主持学习时强调，讲好中国故事，传播好中国声音，展示真实、立体、全面的中国，是加强我国国际传播能力建设的重要任务。我国现代的高等教育与知识体系是20世纪伴随着中国的现代化从西方植入的，无论是学科体系，还是知识话语，都源自西学。由于自然科学的对象是一致的，因此这样的西学植入具有它的普遍性与有效性；但对于文科而言，由于观察与研究的对象是在历史中演化而成的各具特殊性的人类社群，因此形成的知识话语与系统便自然具有相对性[1]。在创造知识方面，我们面临着巨大的挑战。改革开放40多年，中国经济的发展取得了举世瞩目的成就，但我们还没能很好地从学术上讲好中国故事，没能很好地从中国经济管理的实践中发展出对经济管理学科有突出影响的学术成果。正因如此，新文科建设责任重大。新文科建设的内涵主要应该围绕中国现代化进程的认识来展开[2]。在关于人类知识的增量生产上，中国无论是人口、地域、经济总量，还是制度、文化、历史，其所提供的远非一个

---

[1] 陈凡，何俊. 新文科：本质、内涵和建设思路[J]. 杭州师范大学学报（社会科学版），2020，42（1）：7-11.

[2] 摘自白重恩2018年8月23日在清华经管学院行政换届宣布会上的讲话。

国家现代化的认识价值，而几乎是一个文明形态的重新认识。这种认识一旦确立，便不只是具有中国性质的地方性知识，而是与源自西方的知识相映照的具有普遍意义的知识。在这一过程中，管理类专业培养的就是利用中国数据、中国经验讲好中国故事的接班人。

第二是学科融合。人文科学是研究人类精神文化现象的科学，是人类精神文化活动所形成的知识体系和关于人类生存意义的体验与思考。社会科学是研究人类社会现象的科学，通过对人类社会结构、变化和动因的研究，把握和探索社会本质和发展规律。目前，我国的学科门类为：哲学、经济学、法学、教育学、文学、历史学、理学、工学、农学、医学、军事学、管理学、艺术学、交叉学科❶。19世纪下半叶到20世纪中叶，美国高校设置了大量新的学科专业，原有的一些学科专业也进一步细分。美国国家教育统计中心（NCES）于1980年研究开发了"Classification of Instructional Programs"（CIP），NCES先后发布了CIP1985、1990、2000、2010和2020五个修订版，现有48个学科群。人类系统化了的知识主要是以学科专业的形式出现的，但对于知识的划分却是人为的产物。划分学科专业是高等教育发展的逻辑规律，但如果划分不当或过度强化细化，也可能会带来学术活动内容的支离破碎，可能形成"学科壁垒"。现在，我们已经进入产业发展史上的信息化时代，更强调学科联合、学科融合整合，现在的新趋势不是"联合""融合""整合"的问题，而是出现了一些全新的带有交叉性质的学科，如物理化学、生物物理、生物化学等。

第三是问题导向。学科存在的终极根据是为了解决问题。譬如说研究乡村社会的转型，或研究一个村落的变迁，这是经济学的问题？还是政治学的问题？抑或是法学的问题、人类学的问题、历史学的问题？什么都不是。反过来说也一样，它什么都是：既是经济学问题，也是政治学问题，也是法学问题，也是人类学问题，也是历史学问

---

❶ 交叉学科将成为我国第14个学科门类，下设"集成电路科学与工程"和"国家安全学"两个一级学科。

题，甚至是农学问题，是气象学问题，等等，因此任何一个重大问题的解决都需要多学科的协同。研究现代化问题，对应的是什么学科？研究城镇化问题，对应的是什么学科？研究中国道路，对应的是什么学科？❶ 因此，"重问题轻学科"，可能将是新文科的核心追求。

1.3.2 新文科建设方向

1.3.2.1 "四新"对比分析

高等教育发展大势，应从教育内部和外部两个层面来把握。从教育外部看，我国正处在"三个百年"的历史交汇点，即我国"两个一百年"奋斗目标以及"世界百年未有之大变局"，都对高等教育提出了更高的要求。从教育内部看，高等教育正掀起一场"质量革命"，新工科、新医科、新农科、新文科（简称"四新"）建设是高等教育"质量革命"的四梁八柱、主要内容和基本载体。大力发展新工科、新医科、新农科和新文科，2019 年就已经写入了中央文件，主要的目的是要推动形成覆盖全部学科门类的中国特色、世界水平的一流本科专业集群。

在新工科方面，我国已经认定了 612 个新工科的研究与实践项目，成立了新工科教育国际联盟，"一带一路"工程教育国际联盟，启动实施了新工科建设的"十百万"计划，这个计划就是推动各地各高校加快构建大数据、智能制造、机器人等十个新兴领域的专业课程体系，建设 100 门新工科课程资源库或者在线开放课程，开展面向至少 1 万名新工科教师的师资培训。

新医科方面，主要是适应新一轮科技革命和产业变革的要求，提出了从治疗为主到兼具预防治疗、康养的生命健康全周期医学的新理念，开设了精准医学、转化医学、智能医学等新专业，批准了 74 家高校附属医院为首批国家临床教学培训示范中心。

在新农科建设方面，重点是以现代科学技术改造提升现有的涉农

---

❶ 王学典. 何谓"新文科"？[N]. 中华读书报，2020-06-03（005）.

专业，并且要布局适应新产业、新业态发展需要的新型的涉农专业。围绕乡村振兴战略和生态文明建设，推进课程体系、实践教学、协同育人等方面的改革，为乡村振兴发展提供更强有力的人才支撑。

在新文科建设方面，主要是适应新时代哲学社会科学发展的新要求，推进哲学社会科学与新一轮科技革命和产业变革交叉融合。培养具有新时代中国特色、中国风格、中国气派的社会主义文化意识，培养优秀的社会科学家。通过推动新文科的建设，形成有中国特色的哲学社会科学的学派。

"四新"中，新文科地位特殊的原因是其思维培养与其他三新的显著不同之处。文科特别强调"发散性思维"的培养，而其他三新主要可归为"收敛性思维"的培养。发散性思维是原创性的重要来源，新文科必须保持文科的发散性思维特征，不能因为强调学科交叉而丢失了文科培养的本质。所谓收敛性思维，强调的是要从大量信息中，总结出一般性的规律。然后回答为什么是这样的，应该怎么样。收敛性思维是一种逻辑性很强的思维方式。以新工科为例，工科的人才培养目标是有解决复杂工程问题的能力。强调复杂工程，就是因为要考虑的要素很多，要理解各要素相互之间的关系和作用规律，给出最佳的解决方案。新医科同样如此，医生眼中看到的是患者的一些症状，要从这些症状和检测结果，分析判断可能的病因，再进一步进行检测，最终确定病因并给出治疗方案。而发散性思维，是在毫无限制的情形下，自由想象，形成新的、美的创作作品。真正的原创，都是"无中生有"的，是没有现成的东西可借鉴、可参考的。

1.3.2.2 新文科育人方向

"不忘本来，吸收外来，面向未来。"新文科中不仅要有优秀的传统文化，还必须要有新时代的创新。新文科要构建高等文科教育新格局、新理念、新定位、新体系、新模式，为推动人类命运共同体构建贡献中国智慧、中国方案、中国力量。

在新格局方面，必须首先要解决为谁培养人的问题。学术界的内外形势，现在均已发生深刻而巨大的变动，不管是否自觉和自愿，当下哲学社会科学的每个学科都在重建与现实的联系、与政治的联系、与意识形态的联系。过去那种去政治化、去意识形态化、去现实化的做法是需要纠正的。毛主席在 1964 年说过,"帝国主义说,对于我们的第一代、第二代没有希望,第三代、第四代怎么样,有希望。帝国主义的话讲的灵不灵?我不希望它灵,但也可能灵"。毛主席讲,思想文化阵地,我们不去占领,敌人就会去占领。正确的思想不去占领,错误的思想就会去占领;马克思主义、无产阶级的思想不去占领,各种非马克思主义、非无产阶级的思想甚至反马克思主义的思想就会占领。文科学生常常表现出思维活跃和追求自由。思想可自由,行为守底线。这个底线就是新文科只能培养新时代中国特色社会主义的接班人。

在新理念方面,要坚持以"文"会"理"。要解决经济社会问题,显然不能依靠单一学科,必须多学科协同。于是,在多学科交叉边缘上出现了新兴的文科研究领域和研究方式。新文科的提出,正是寄希望于文科的内部融通、文理交叉来研究、认识和解决学科本身、人和社会中的复杂问题。新文科建设不能一味趋新,新文科既不是理科化的文科,也不是哲学化的文学或者文学化的哲学。在文理融通的过程中,不能遮蔽"文"的本质;文理交汇后,须更加重视和凸显"文"的特质。

在新定位方面,把出思想作为新文科建设的最高标准。文科具有特殊性,文科能铸就一所大学的灵魂,它一直守护着大学的精神、文化和价值。要建设世界一流大学,离不开建设世界一流的文科,广大文科学者肩负使命。出思想,重要的是出什么样的思想。应该是能流传后世的思想,是影响人类思考方式的思想。要出这样的思想,不能短视,不能功利,至少要有百年的气度和耐心;要有功成不必在我、今人栽树后人乘凉的心态。有了思想,就会衍生理念,而管理恰恰是理念驱动的,相关内容将在后续章节加以阐述。

在新体系方面,要坚持一校一策。新文科人才培养,传统上就没有固化的标准培养流程,并且在课程体系中,前后课程的逻辑关系、递进关系也不如理工科那么清晰。即便同一所学校,不同教师上同一门课，其内容、方法也会很不一样。标准化的培养是文科的大忌，现代信息技术、新教学模式和手段用于文科生培养，也要个案分析。新文科人才培养，关键还在于需要一所学校多学科教师的协同作战，让理工的学生有人文素养，让文科的学生有现代科学技术的素养。

  在新模式方面，要走出"弱专业、强认知和能力"的新路子。专业教育，今后将是研究生教育的重点，而基本素养教育将作为本科教育的重点。我国进入新发展阶段后，社会对人文、社会科学人才的能力素养的要求与二三十年前相比有了很大的变化。即便是文科生，如果没有数据思维、科学思维的基本能力，已经无法应对当下学科发展的新局面。例如，金融科技，涉及金融学、法学、计算机科学、管理科学等方方面面。时代发展至今，文科毕业生的去向，不仅仅是公务员或者教育文化单位，还包括新媒体、融媒体等新兴行业，以及一些互联网行业等，也都吸引了大量的文科毕业生。这对人才培养的质量，提出了更高要求。甚至出现一种倾向，除了一些专业性很强的岗位，或者是专业性很强的学科，文科类毕业生就业时再谈专业对口似乎并不是那么重要了。二三十年后，社会对于文科毕业生的素养和能力的要求与现在相比，又会有很大的不同。这意味着传统变化不大的文科人才培养的模式会有很大的变化。正因如此，本书才首次提出管理类专业学生人才培养要坚持"知识—认知—能力"一体化。

第 2 章 管理教育使命

我国经济社会发展以及"两个一百年"目标的实现离不开管理作用的发挥,管理和科学技术一样,也是一种生产力,国民经济社会的发展依赖管理水平的提升。一流的管理类本科专业高质量人才培养是管理作用发挥的根本保障。随着中国全球地位的显著提升,以及中国经济与世界经济的融合日益加深,全球管理教育的重心也正在向中国转移。中国管理教育模式也将逐步走向世界,一流高等教育急需一流管理教育模式。

2.1 管理类学科与本科专业

2.1.1 管理类学科

学科门类（Fields of Disciplines of Conferring Academic Degrees）是对具有一定关联学科的归类,是授予学位的学科类别。2011 年 3 月,国务院学位委员会和教育部颁布修订的《学位授予和人才培养学科目录（2011 年）》,规定我国的学科门类分为哲学、经济学、法学、教育学、文学、历史学、理学、工学、农学、医学、军事学、管理学、艺术学,共计 13 个学科门类。2021 年 1 月,国务院学位委员会、教育部印发通知,新设置"交叉学科"门类,成为中国第 14 个学科门类。交叉学科是指不同学科之间相互交叉、融合、渗透而出现的新兴学科。交叉学科可以是自然科学与人文社会科学之间的交叉而形成的新兴学科，也可以是自然科学和人文社会科学内部不同分支学科的交叉而形成的新兴学科，还可以是技术科学和人文社会科学内部不同分支学科的交叉而形成的新兴学科。近代科学发展特别是科学上的重大发现，国计民生中的重大社会问题的解决，等等，常常涉及不同学科之间的相互交叉和相互渗透。不同于《学位授予和人才培养学科目录》的14个学位学科门类，另一种版本是《中华人民共和国国家标准学科分类与代码》的5个学术门类（A 自然科学，代码为110～190；B 农业科学，代码为210～240；C 医药科学，代码为310～360；D 工程与技术科学，代码为410～630；E 人文与社会科学，代码为710～910）。二者分类目的、依据有很大区别；前者用于高校学位授予与人才培养，后者用于国家宏观管理和科技统计。

目前我国高校的管理类本科专业的人才培养模式可归纳为三种：一种是以南京大学、武汉大学等综合性大学为主的"宽口径、厚基础型"模式；一种是以华南理工大学、武汉理工大学等理工院校为主的"实践技能型"模式；还有一种是以上海财经大学、西南财经大学等财经类院校为主的"专业核心型"模式。从国家启动"双一流"建设以来，我国管理类本科专业学生培养呈现以下趋势：一是融合式教学方法（OMO）逐步得到广泛认可（杨桂松等，2018）[1]；二是注重"学科—专业"一体化发展，学科建设与专业建设同步进行（谢矜，王有强，2018）[2]；三是通识教育和专业教育协同发展（席西民，2019）[3]；四是越来越重视核心素养和专业技能培养，越来越面向市场和产业发展（乔鹏亮，2019）[4]；五是强调服务地方经济社会发展。在管理教育日益重要的趋势下，我国管理类本科专业学生人才培养质

---

[1] 杨桂松，梁昕昕，何杏宇，周亦敏. 对混合式在线智慧教学方法的研究与思考[J]. 教育探索，2018（3）：112-116.

[2] 谢矜，王有强. 清华大学公共管理学院的人才培养模式探索[J]. 中国大学教学，2018（7）：42-49.

[3] 席西民. 努力实现高水平的中外合作办学[N]. 江苏教育报，2019-07-26（003）.

[4] 乔鹏亮. 地方本科院校管理类专业转型发展研究[J]. 物流工程与管理，2019，41（7）：195-196，199.

量也"逆向"呈现严重问题：学生普遍建立不起企业的概念，记忆和背诵了一堆"理论知识"，普遍缺乏分析和质疑能力，等等。面对困境，一些新的模式和理念得以提出，如"新商科、新文科"（吴岩，2018）❶，能力驱动（张新香，2014）❷，"大类招生、分流培养"（李姣姣、陈莉，2014）❸，等等，如表2-1所示。

在新技术、新商业模式、新经济驱动下，各种教育理念、模式、方法的强力介入和快速赋能让管理类本科专业学生更容易陷入"综合迷失"困境——不知学什么、所学有何用、能力练哪般。目前，管理类本科专业学生人才培养的课程体系是完整的，不同的学校因人才定位不同，课程体系也存在差异，但基于课程体系的知识点体系却普遍存在"重复讲授、侧重点不突出、前沿匮乏"等现象；尽管都强调能力导向，但是具体要培养哪些能力却说不清，即缺乏基于目标导向的能力体系，该体系应该体现未来商业情景对管理人才的需求，既具有体系架构上的通用性，又兼具具体内容的差异性。"学生中心"❹"教师为组织者"❺"体验远好于说教"❻等教育教学理念已经取得广泛共识。在众多体验式教学方法中，案例教学是一种主要的教学方法，但教学案例在"前端"和"后端"都存在缺陷，即如果学生没有提前学习相应知识点就无法深入分析案例，不进行相应应用又终归"纸上得来终觉浅"。另外，在融合式教育场景下，OMO、MOOC、微课、

---

❶ 吴岩. 新时代高等教育面临新形势 [J]. 中国校外教育，2018（3）：4-5.

❷ 张新香. 能力结构模型驱动的信息管理与信息系统专业人才培养模式研究——基于10余所高校的调研分析 [J]. 图书馆学研究，2014（6）：6-11.

❸ 李姣姣，陈莉. "大类招生、分流培养"运行机制的困境和对策——以工商管理类专业为例 [J]. 黑龙江高教研究，2014（8）：81-83.

❹ 白旭. 基于学生为中心的应用型大学育人理念的变革探索 [J]. 产业与科技论坛，2021，20（9）：183-184；李强，周昌静，许伟伟，王梦简，刘兆增，孙治谦，王振波. 以学生为中心的线上线下混合式教学模式设计 [J]. 化工高等教育，2021，38（2）：34-39；郑祥江，张强，谢鸿全，王生伟. 以学生为中心的大学课堂教学改革策略研究 [J]. 西南科技大学学报（哲学社会科学版），2021，38（2）：89-95.

❺ 周成平. 教师：学生学习的组织者和管理者——新时代教师角色定位讨论之十 [J]. 教育界，2018（6）：1.

❻ 郑锐洪. 任务驱动体验式教学模式的过程控制及启示 [J]. 高教论坛，2015（5）：36-39；吕翠华. 旅游管理专业体验式教学模式的探索——以旅行社管理课程为例 [J]. 教育现代化，2016，3（26）：211-212，215.

翻转课堂等新方法也各有不足。因此，管理类本科专业学生人才培养缺乏一种有效集成各种教学方法优点的方法。

表2-1 相关学术会议形成的构想、研判和观点

时间	会议名称	核心构想、研判和观点	提出者
2019年9月	2019年教育部高等学校工商管理类专业教学指导委员会专业建设与课程建设工作会议	要回归本质，要做好"双万工程"，充分发挥学者的指导作用，为人才培养、专业建设提供创新思路	席酉民
2019年6月	"预见未来·聚焦2035"高等教育论坛	在强化素养教育的基础上，未来的人才培养会向两端发展。一端是培养专业精英为目标的培养体系；另一端是在现代科技基础上，通过整合和创新，开拓新行业或者培养引领新行业发展的行业精英。这些行业精英既要拥有专业知识，又要具备行业知识，还拥有出色的整合能力、创造性以及管理与实操能力	席酉民
2018年10月	天津大学管理与经济学部"新时代·新商科"主旨论坛	"一个定位：面向未来；两个目标：立德、树人；三个工作：教学、科研、服务；四个思路：价值整合、学科整合、虚实整合、生态整合"的"新商科"建设构想	霍宝锋
2018年12月	2018—2022年教育部高等学校管理科学与工程类专业教学指导委员会第一次全体会议暨成立大会	一是加快理论体系创新，加快构建中国特色话语体系，形成理论体系，用中国理论解释中国现象、解决中国问题、指导中国实践。二是深化专业改革，提升文科专业的内涵建设质量，建设新兴的文科专业。三是文科教育要来一场课堂革命，淘汰"水课"，打造"金课"，推动教学内容、课程体系、方法手段、实践教学的改革。着力打造线下、线上、混合式、虚拟仿真、社会实践等"金课"，让文科的教育教学理念、内容、手段、方法、学生考查标准等发生一连串的变化，以提高文科教育质量	吴岩

综上所述，一是现行的管理类本科专业学生人才培养在提升大学生认知水平上还没有引起足够的重视，特别是在许多地方工科高校，这些高校重视新工科人才培养，在新文科教学改革上重视和投入都不够；二是教育、科研和产业等多方已经共同意识到：管理类本科专业学生人才培养缺乏认知训练体系，缺乏如何教会学生通过知识点加工获得对事物间联系进行深入剖析和对事理进行深刻洞察的方法与技巧，即如何思考、如何质疑、如何创新；三是现在的管理类本科专业教学改革偏重局部，或方法或实验或教材，缺集成、缺贯通、缺嵌入，没有将管理类本科专业学生"知识—认知—能力"人才培养整合在一起，只有实行"一站式"培养，才能有效杜绝"综合迷失"困境。

2.1.2 管理类本科专业

《学位授予和人才培养学科目录（2011年）》是根据国务院学位委员会、教育部印发《学位授予和人才培养学科目录设置与管理办法》（学位〔2009〕10号）的规定，将学科目录分为学科门类、一级学科（本科教育中称为"专业类"）和二级学科（本科专业目录中为"专业"）。《授予博士、硕士学位和培养研究生的学科、专业目录》是国务院学位委员会学科评议组审核授予学位的学科、专业范围划分的依据。教育部2020年度公务员考录职位要求：本科专业分类参见《普通高等学校本科专业目录》；研究生专业分类参见《学位授予和人才培养学科目录》。职位专业要求为学科门类的，即该门类所包含的专业和一级学科均符合要求；专业要求为一级学科的，即该一级学科所包含的二级学科均符合要求。截至2021年年底，管理学门类下设专业类9个，63种专业，如表2-2所示。

表 2-2　管理学门类下设专业

一级学科	本科学士"专业类"	本科学士"专业"
1201 管理科学与工程	1201 管理科学与工程类（11）	120101 管理科学，120102 信息管理与信息系统，120103 工程管理，120104 房地产开发与管理，120105 工程造价，120106TK 保密管理，120107T 邮政管理，120108T 大数据管理与应用，120109T 工程审计，120110T 计算金融，120111T 应急管理
1202 工商管理	1202 工商管理类（16）	120201K 工商管理，120202 市场营销，120203K 会计学，120204 财务管理，120205 国际商务，120206 人力资源管理，120207 审计学，120208 资产评估，120209 物业管理，120210 文化产业管理，120211T 劳动关系，120212T 体育经济与管理，120213T 财务会计教育，120214T 市场营销教育，120215T 零售业管理，120216T 创业管理
1203 农林经济管理	1203 农业经济管理类（2）	120301 农林经济管理，120302 农村区域发展
1204 公共管理	1204 公共管理类（17）	120401 公共事业管理，120402 行政管理，120403 劳动与社会保障，120404 土地资源管理，120405 城市管理，120406TK 海关管理，120407T 交通管理，120408T 海事管理，120409T 公共关系学，120410T 健康服务与管理，120411TK 海警后勤管理，120412T 医疗产品管理，120413T 医疗保险，120414T 养老服务管理，120415TK 海关检验检疫安全，120416TK 海外安全管理，120417T 自然资源登记与管理
1205 图书情报与档案管理	1205 图书情报与档案管理类（3）	120501 图书馆学，120502 档案学，120503 信息资源管理
1202 工商管理	1206 物流管理与工程类（4）	120601 物流管理，120602 物流工程，120603T 采购管理，120604T 供应链管理

续表

一级学科	本科学士"专业类"	本科学士"专业"
1201 管理科学与工程	1207 工业工程类（3）	120701 工业工程，120702T 标准化工程，120703T 质量管理工程
	1208 电子商务类（3）	120801 电子商务，120802T 电子商务及法律，120803T 跨境电子商务
1202 工商管理	1209 旅游管理类（4）	120901K 旅游管理，120902 酒店管理，120903 会展经济与管理，120904T 旅游管理与服务教育

2.2 管理者潜在素质

2.2.1 先进的管理理念

理念来源于思想，思想的重要性在前文已经论述。迄今为止，在人类社会活动中，还没有发现比思想更有力量的东西。很多人都认为，统治这个世界可以用武力，其实不然，真正能长久地统治人类的是思想。人类文明史表明，人类社会的每一次重大变革，人类文明的每一步重大前行，都离不开先进思想的引领和驱动，正如德国著名诗人海涅所说：思想走在行动之前，就像闪电走在雷鸣之前一样。所有人类历史上的圣贤哲人，之所以被后人所怀念，是因为他们的思想智慧能给后人以启迪，像暗夜里的灯塔，照亮人类前行的道路。

事实上，人类的发展壮大，就是其思想的发展壮大；人类的成熟，就是其思想的成熟；人类的胜利，其实也就是其思想上的胜利。离开思想，人类将软弱无力；没有思想，人类也肯定早已衰退或者灭亡。然而，人类思想的发展也不是一帆风顺的，而是经过千难万险、千折百回、千锤百炼，才逐步积累经验、总结教训、概括提升、走向成熟。在这个进程中,一个个伟大的思想家和一代代普普通通的人,都以他们的勤劳和智慧发挥了重要作用。

人类的思想,从本质上说,是由一个个具体的人的思想组成的,它不可能脱离具体的人的思想而产生、而存在、而发展,而是和一个个活生生的人的思想相联系、相融合、相促进的。每个人的思想,无论是非对错、无论幼稚成熟,最终都将汇聚到人类思想的大海里,成为人类思想的一分子、一滴水、一缕烟、一微尘、一个细胞,且会对人类思想的形成发展,产生这样或那样的作用。

人因思想而伟大,国因思想而强盛。思想作为人类对自身和外部世界生存价值和生命意义进行深度思考和不懈探究的精神产物,标志着一个民族对自身认识所达到的高度,体现着一个民族心智发育和理性成熟的程度。一个人可以没有理论思维和思想活动,但一个民族如果丢弃了先进思想和科学理论,就会迷失方向、误入歧途、走向灾难。20世纪50年代以来,中国社会面貌的沧桑巨变,正是科学的思想理论带来的巨变,如图2-1所示。

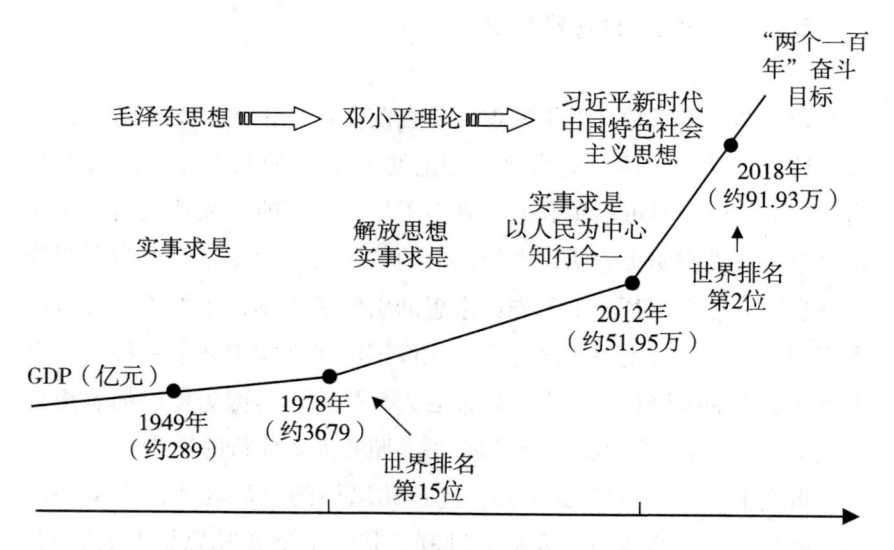

图2-1 中国社会巨变与指导思想

管理理念是一种总的指导原则,是强大的思想武器。稻盛和夫指出,企业经营理念是企业与员工的一种契约,经营理念将经营者的信念渗透至企业内部，在员工中相互共享价值，在企业内部营造一种一体感，也就是员工的经营者意识，公司上下产生相互之间的信赖。它确立了企业的主导价值观，决定着企业经营的价值取向和精神追求，是企业生存的灵魂。"理念"，顾名思义，即理性的概念。"管理理念"即管理在理性方面的概念。管理理念是管理理论的构成部分，是先于管理理论的；管理理念受管理实践的影响，更重要的是理念的创新直接导致管理理论和实践上的创新，管理理念是高度浓缩的管理思想。管理理念、管理理论与管理实践的关系，如图2-2所示。

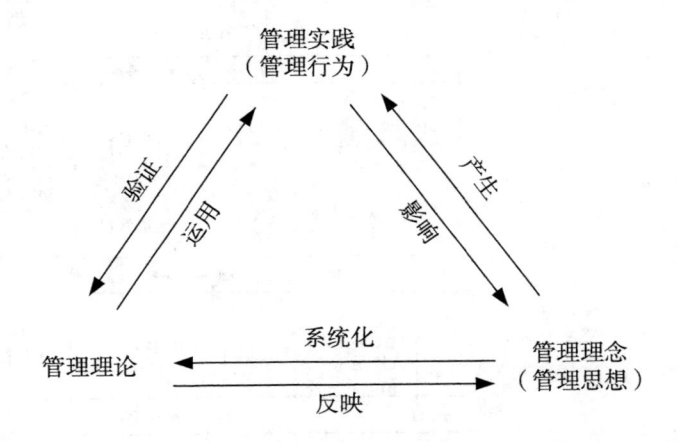

图2-2　管理理念、管理理论与管理实践的关系

管理思想史的发展过程可以划分为早期管理思想、古典管理理论、行为科学理论、现代管理理论、当代管理思想、东西方管理思想互动与融合、21世纪管理思想。21世纪是多变的世纪，变是永恒的真理。任何已有的和常规的管理模式最后都将被创新的管理模式所取代，管理创新是管理的主旋律。这种趋势表现为：一是全方位创新，包括战略创新、制度创新、组织创新、观念创新和市场创新等方面，把创新渗透于整个管理过程之中；二是整个组织中的每个人都是创新者，因而组织为此要创造一个适合于每个人都可以创新的环境和机制；三是企业和员工个性化。每个阶段的具有代表性的管理理念，如图2-3所示。

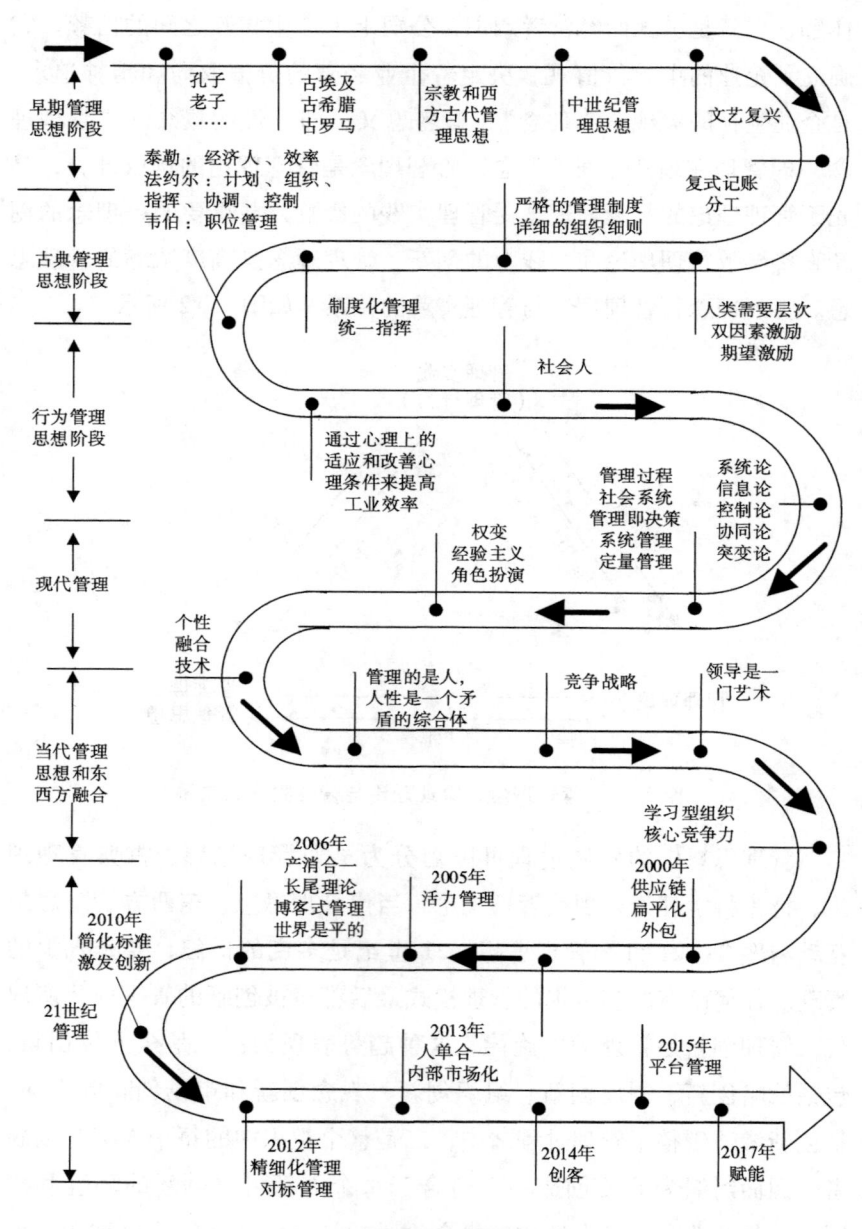

图 2-3 管理理念演变图谱

2.2.2 突出的认知水平

管理即决策（Simon，1941）。研究表明，无论是管理者、群体和组织，决策质量不仅取决于决策者所拥有的知识，更取决于决策者的认知（荣鹏飞等，2019；王超发、孙静春，2019）❶。西北工业大学王震教授的研究团队组织了人类行为认知与决策的实验，相关成果发表在 2018 年 8 月的 *Nature Communications* 上，并提出：探索人脑，发现感知认知机制，进而解决推理决策过程，实现自我意识，将是未来研究的重要方向❷。

面对数字时代和各种新技术的挑战，"反思教育""重塑教学""再定义大学"的呼声一直不绝于耳。未来已来，人类社会已经进入第四次产业革命，大量颠覆性技术正在或即将改变人类的学习、工作和生活方式，转变社会的运行形态，使得人类认知和生存的范式革命成为可能。2016 年世界经济论坛发布了主题为"未来工作"的报告，罗列了 2020 年人应具备的十大能力，即复杂问题解决能力、批判性思维能力、创造力、人员管理能力、与他人协作能力、情商力、判断力和决策力、服务导向能力、谈判力、认知灵活力。时代的变革和对人的能力需求加剧了现行教育体系转型的紧迫性。人要想站在人工智能和机器人的肩膀上驾驭未来，仅拥有丰富的知识和各种新技能是远远不够的，提升其创新精神、智慧和领导力才是关键。换言之，在新的时代环境下，人的心智升级与完善是至关重要的。对学校教育来说，除借助各种现代技术帮助学生奠定必要的知识基础外，还要帮助

---

❶ 荣鹏飞，苏勇，张岚. CEO 变革型领导、高管团队认知决策行为与企业决策绩效——团队氛围的调节效应 [J]. 复旦学报（社会科学版），2019，61（3）：167-177；王超发，孙静春. 基于决策者认知水平和完全信息竞争博弈的 R&D 项目投资决策研究 [J]. 管理工程学报，2019（4）：1-8.

❷ ZHEN W, JUSUP M, LEI S, et al. Exploiting a cognitive bias promotes cooperation in social dilemma experiments [J]. Nature Communications, 2018, 9 (1): 2954-2961.

他们学会学习，培养他们在复杂的不确定环境中的认知和生存能力❶。

2.2.3　优秀的行为习惯

动机是由一种目标或对象所引导、激发和维持的个体活动的内在心理过程或内部动力，是人类大部分行为的基础。动机为名词，在作为动词时则多称作"激励"。在组织行为学中，动机主要是指激发人的行为的心理过程。通过激发和鼓励，使人们产生一种内在驱动力，进而朝着所期望的目标前进。

动机是驱使人从事各种活动的内部原因。动机有外部动机和内部动机之分。外部动机指的是个体在外界的要求或压力的作用下所产生的动机，内部动机则是指由个体的内在需要所引起的动机。马斯洛的动机研究主要集中在内部动机即由基本需要引起的动机上。马斯洛之前，动机问题已成为心理学研究的一个重要领域。自达尔文生物进化论提出后，心理学家如詹姆斯、麦独孤、弗洛伊德等试图以本能论来阐释人类行为的动机，为动机心理学领域积累了不少事实材料和研究成果。

动机与行为的关系比较复杂：同一行为可能有不同的动机；相似或相同的动机可能引起不同的行为；在同一个体身上，行为动机也可能多种多样。尽管影响管理成功的因素很多，但是"管理动机"是最重要的前因变量之一，无论是用来评价个体对管理者角色的自我认知，还是用来评价管理者职业化程度的高低，管理动机对管理者的成功和管理人才的选拔都有重要意义。

尽管还没有实证研究支持管理者的行为与其管理绩效存在高度相关关系，但是来自企业实践的经验表明，管理者拥有以下行为习惯将

---

❶ 席酉民．未来教育的核心：心智营造［J］．高等教育研究，2020，41（4）：9-13．

会提高管理者的绩效。史蒂芬·柯维❶（Stephen R Covey）在其代表作《高效能人士的七个习惯》中提出了七个习惯，分别是主动积极、以终为始、要事第一、双赢思维、知彼解己、统合综效和不断更新。主动积极——以"个人愿景"为主的原则，在主动积极的人的价值观里，尽管也会有不满和愤怒，但他们没有抱怨，这源于他们以自己的视角由内而外地看待世界，始终遵循着自觉、良知、发挥想象力和自主意志的个性，选择创造自己的人生；以终为始——以"自我领导"为主的原则，强调的是在行动之前，首先要认清方向❷；要事第一——以"自我管理"为主的原则，个人与组织都要把着重点放在要事之上，次要的事不必摆在第一位，要事也不能放在第二位；双赢思维——以"人际领导"为主的原则，柯维分析道，在人际交往哲学中有六种交往模式：利人利己（双赢）、两败俱伤（输/输）、损人利己（赢/输）、独善其身（赢）、舍己为人（输/赢）、好聚好散（无交易）。而只有利人利己的模式可以实现利益最大化，并且能够产生持续性的合作与惠顾；知彼解己——以"移情沟通"为主的原则，首先去了解对方，然后争取让对方了解自己；统合综效——以"创造性合作"为主的原则，如果一位具有相当聪明才智的人跟我意见不合，那么对方的主张必定有我尚未体会的奥妙，值得加以了解；不断更新——以"平衡的自我提升"为主的原则，很多时候，工作本身并不能带来经济上的安全感，而只有具备了良好的思考、学习、创造与适应的能力和习惯，才能使人立于不败之地。

---

❶ 史蒂芬·柯维（1932—2012），著名的管理学大师。曾被美国《时代周刊》誉为"思想巨匠""人类潜能的导师"，并入选"影响美国历史进程的25位人物"。柯维的代表作《高效能人士的七个习惯》自出版以来，高居美国畅销书排行榜长达七年，在全球以32种语言发行共超过一亿册；2002年，《福布斯》将其评为有史以来最具影响力的十大管理类书籍之一；2003年4月，其俄文版在莫斯科上市，时任总统普京对媒体发表感慨说："俄罗斯应该出现这样伟大的思想家"，普京建议俄罗斯公民阅读这本书。

❷ 在《写给儿子的38封信》中，洛克菲勒就曾语重心长地告诫他的儿子："要时刻记住你的目的，看清你现在的处境，合理分配好你所能利用的资源。"

2.3 管理者胜任力模型

2.3.1 物流管理胜任力模型

商业技能是物流管理人才必须具有的与商业直接或间接相关的知识，例如企业各功能领域知识以及经济学、心理学和社会学等学科知识；物流技能是物流管理人才必须具备的、与各物流领域相关的知识。这两类技能要求物流管理人员具有相关知识，可以通过设置相应的教学课程以及实验课程进行训练和培养。管理技能与个人特征相关，很难通过相关教学课程以及实验课程直接培养，需要通过更全面的实践教学体系进行系统培养和训练。

根据调查回收结果的研究表明，三大类物流技能按照重要程度排序为管理技能、物流技能和商业技能。传统管理技能中最重要的技能是计划、组织、领导、控制、协调，传统物流技能中最重要的技能是交通和运输管理、库存控制、仓储、订单处理，而在传统商业技能中，运输和物流、一般商业管理、人力资源管理、信息系统和战略管理最重要。商业物流管理（BLM）模型的内容如表2-3所示。

表2-3 商业物流管理（BLM）模型

技能种类	技能具体构成	重要程度
	（1）运输与物流，（2）一般商业管理，（3）商业道德	很重要
商业技能	（4）信息系统，（5）战略管理，（6）会计和成本控制，（7）商业写作，（8）财务管理，（9）人力资源管理，（10）劳动关系，（11）微观经济学，（12）运筹学，（13）采购学，（14）组织心理学，（15）制造，（16）计算机科学，（17）商业统计，（18）销售学，（19）工业工程，（20）宏观经济学，（21）商业和政府，（22）商业法	中等重要

续表

技能种类	技能具体构成	重要程度
商业技能	（23）公共关系，（24）商业和社会，（25）土木工程，（26）工业社会学，（27）国际商业，（28）商业史，（29）经济地理，（30）保险，（31）演讲，（32）城市和区域规划，（33）外语	较不重要
物流技能	（1）交通运输管理，（2）客户服务，（3）仓储学，（4）库存，（5）材料处理，（6）运输法规，（7）制造计划	很重要
	（8）配送通信，（9）订单处理，（10）设施场所，（11）需求预测，（12）采购和购买，（13）部门支持，（14）人事变动，（15）包装，（16）国际物流，（17）回收物流处理，（18）废物处理	中等重要
管理技能	（1）个人诚实，（2）促动能力，（3）计划能力，（4）组织能力，（5）自身动力，（6）管理控制，（7）有效的口头表达，（8）监督能力，（9）解决问题的能力，（10）自信，（11）责任心，（12）时间管理能力，（13）谈判能力，（14）应变能力，（15）人际关系，（16）有效的书面表达，（17）说服能力，（18）全局观，（19）倾听能力，（20）培训下属能力，（21）热情，（22）分析推理能力，（23）操作知识，（24）肯定别人，（25）个人修养	很重要
	（26）个人着装习惯，（27）展示政治家风度的能力，（28）能够识别环境机会和威胁，（29）定量专门知识，（30）个性，（31）计算机专门知识	中等重要
	（32）外语专门知识	较不重要

  调查结果表明管理技能在物流高级经理中的重要性，物流经理首先是管理者，然后才是物流人才。欧洲物流协会（The European Logistics Association，ELA）于2004年发布了供应链/物流管理能力标准（见表2-4），这一标准形成了欧洲物流认证管理委员会（European Certification Board for Logistics，ECBL）对物流从业人员进行物流职业资格认证的基础。ELA为物流从业人员提供了一套三个级别的物流职

业资格认证体系，分别为运营经理（Supervisory/Operational Level）、高级经理（Senior Level）和战略专家（Strategic Level），并为每个级别设定了严格的培训及考核标准。

表2-4 ELA的能力标准

级别	学员类别	能力要求	目标能力
战略专家	·在物流领域具有丰富管理经验的高级战略型经理人、高级咨询顾问 ·对公司物流负有责任的企业高级管理人员	·精通专业基础理论并掌握复杂的操作技能，有处理不可预知的各种意外情况的能力 ·负责公司的人力、物力和资金来源	·掌握物流战略和工作流程、物流网络之间的关系、物流在整个商务领域中的位置与角色 ·在物流战略方面有着专业知识和技能 ·在他/她的职责范围内确定并优化详细的最佳物流战略方案
高级经理	·负责物流网络中的计划编制、协调管理、指导控制等不同工作范畴的高级经理或顾问 ·以高级管理人员为目标发展的物流职业人才	·在广泛的工作领域中掌握专业技能和知识，能胜任多样的、复杂的、非程序化的工作 ·拥有突出的个人自制力及责任感，通常要负责管理及监督他人的工作	·掌握物流战略和工作流程、物流网络之间的关系 ·拥有在监督管理工作流程及项目运营方面的专业知识和技能 ·在他/她的职责范围内确定并优化详细的最佳物流处理方案
运营经理	·操作流水线上的监督管理人员 ·第一线的管理人员	·在广泛的工作领域中掌握专业技能和知识，有时需要处理一些多样的、复杂的、非程序化的工作 ·能管理和指导他人	·理解物流战略和工作流程、物流网络之间的关系（一般知识） ·拥有专业操作技能和知识 ·在职责范围内能提出最优化操作方案

如图2-4所示，在运营经理的能力层面，包括基础供应链概念和核心管理技能两个必修模块，以及在库存管理、仓储管理、生产计

划、采购管理和运输管理五个功能模块中选择两个模块；在高级经理的能力层面，包括基础供应链概念、核心管理技能和供应链与网络管理三个必修模块，以及在库存管理、仓储管理、生产计划、采购管理和运输管理五个功能模块中选择三个模块；在战略专家的能力层面，包括基础供应链概念、核心管理技能、供应链与网络管理、创新与变革的领导能力、供应链策略和商业策略六个必修模块。

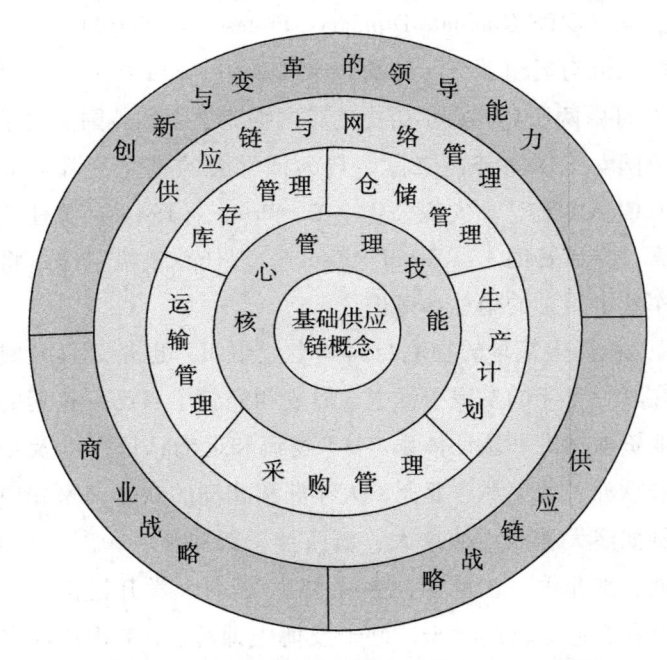

图 2-4　ELA 物流职业资格认证体系的一般模型

英国皇家采购与供应学会（Chartered Institute of Purchasing and Supply，CIPS）已有 80 多年的历史，现有世界各地的会员约 6.5 万人，是欧洲最大的采购与供应专业组织，也是国际上海外学员最多、学员规模发展最快的专业组织。CIPS 是目前世界上领先的专业采购与供应机构，是国际采购与供应链行业的研究与职业教育认证中心。由于 CIPS 对世界采购与供应行业的专业贡献，英国女王在 1992 年授予该学会皇家宪章。CIPS 采购与供应职业道德标准已经成为国际通用的行业标准，被世界上 100 多个国家和地区所采用。CIPS 注册采购与供应经理认证是该学会在其 80 多年的历史进程中对采购和供应专业发展贡献的结晶。该认证系统完善，注重实际技能的培养与评估；其标准来自行业实践，并为行业发展服务。

CIPS 认证分为四级：一级（Level1）CIPS 采购与供应证书（CIPS Certificate）；二级（Level2）CIPS 采购与供应高级证书（CIPS Advanced Certificate）；三级（Level3）CIPS 采购与供应文凭（CIPS Graduate Diploma：Foundation Stage）；四级（Level4）CIPS 采购与供应高级文凭（CIPS Graduate Diploma：Professional Stage）。

英国物流与运输学会（Institute of Logistics and Transport，ILT）于1999 年 6 月由两所具有百年历史的英国物流学会和英国交通学会合并而成。英国女王伊丽莎白二世亲自为该学会的成立签署了皇家令状（ROYAL CHARTER）。安妮公主（The Princess Royal）曾任该学会的名誉主席，皇家赞助人（Royal Patron）。现任总裁格兰休尔将军曾任英军三军负责后勤的副总参谋长。

ILT 是世界上最早的物流与运输专业组织，也是最具权威的组织之一。在其近百年的发展历程中，形成和完善了自己一整套的物流和运输职业资质标准和认证体系。ILT 物流和运输认证标准及相应的培训课程被欧洲、北美洲、亚洲、大洋洲和非洲的众多国家和地区广泛采用，例如澳大利亚、加拿大、新西兰、新加坡、印度、马来西亚、中国香港、南非等。在英国，更有 35 所著名大学开设由 ILT 批准的有关物流和交通运输的学士、硕士及博士课程。ILT 物流证书还得到了其他国际专业组织和著名学府的广泛承认，如国际物流学会、欧洲物流认证委员会等，英国物流与运输专业著名大学如 ASTON 大学承认 ILT 证书作为其硕士学位学分。

ILT 物流职业资质证书是由 ILT 设计的一整套系统的物流专业人员资质证书体系，分为四级：一级：物流人员基础证书；二级：物流部门经理证书；三级：物流运营经理证书；四级：物流战略经理证书。ILT 证书的认证标准是基于各个级别的物流专业管理人员所应具有的能力模型设计的，其认证考试也是从两个方面对考生进行考核，即专业知识和实际工作能力。

西安科技大学管理学院从 2001 年开始招收、培养物流管理的高职专科学生，多年来，积累了丰富的培养经验、办学经验。2013年7月西安科技大学向陕西省教育厅、教育部提交物流管理专业"普通高等学校本科专业设置申请表"，专业代码"120601"，所属学科门类及专业类"管理学—物流管理与工程"，学位授予门类"管理学"，修业年限"四年"；经陕西省教育厅审批，并报国家教育部批准备案，2014年4月16日，陕西省教育厅下发了《关于公布我省本科（2013年度）和高职高专（2014年度）专业设置结果的通知》（陕教高〔2014〕3号），公布了《教育部关于公布2013年度普通高等学校本科专业备案或审批结果的通知》（教高〔2014〕1号）。西安科技大学物流管理本科专业正式成立，并于2014年9月开始正式招生。

本专业办学可溯源到20世纪50年代留苏研究生黄树模教授1965年创立的管理学科，1978年设立物资采购质量管理方向，1984年在矿业系统工程硕士点下设立井下机车运输调度优化方向，2001年设立物流管理专科专业，2002年在企业管理硕士点下设物流与供应链管理方向，2004年在博士点"资源经济与管理"下成立煤炭物流研究团队，2008年引入电商物流改造物流管理专科专业，2010年引入信息管理改造物流管理专科专业，2014年设立物流管理本科专业，2017年成为西安科技大学首个"应用型转型"试点专业，2018年成为学校"专业综合改革"试点专业，2019年成立能源物流研究所，2019年成为西安科技大学首个海外名校异地实时课程全英语授课专业，2020年全面转向智慧物流。整个专业发展过程如图2-5所示。

对于大部分本科院校，其定位在于培养高级应用型人才。根据笔者提出的"高等学校分类框架"，西安科技大学物流管理专业被定位为应用研究型专业。2017年，西安科技大学首次将本专业定位为"应用型转型"试点专业，并进行项目资助以推动本专业转型发展。回到物流管理专业学生培养上，如何体现"应用型"和"高级"呢？笔者认为就是培养具有"高素能"的物流管理专业大学生。素能即素养和能力。综合各项研究成果、大量访谈和调研以及已有的教学实践，笔者认为物流管理专业大学生的"素能"主要包括以下七个方面（见图2-6）：一是基本素养，包括认知、格局、思维、理念、核心

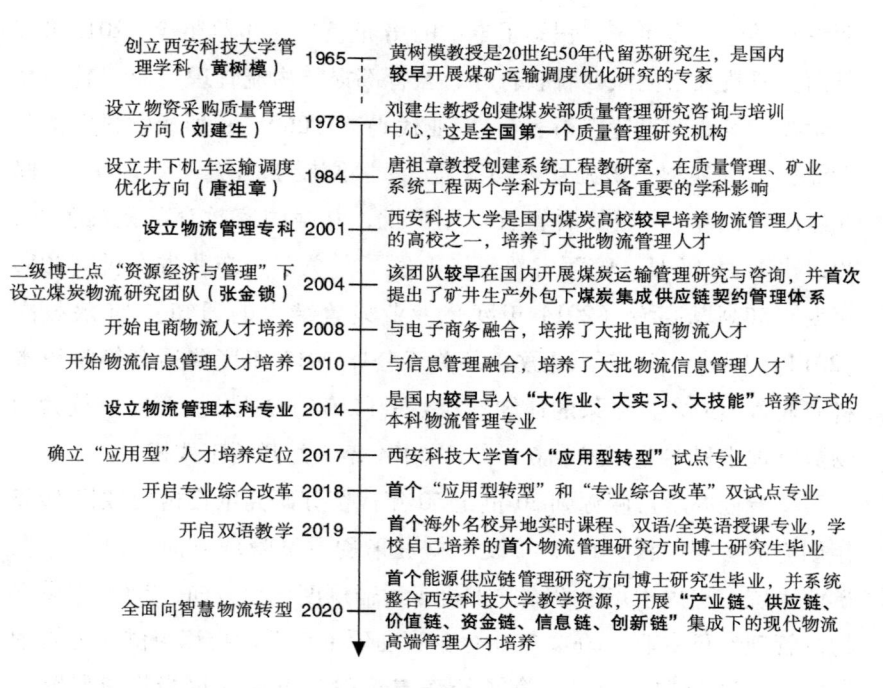

创立西安科技大学管理学科（黄树模）	1965	黄树模教授是20世纪50年代留苏研究生，是国内**较早**开展煤炭运输调度优化研究的专家
设立物资采购质量管理方向（刘建生）	1978	刘建生教授创建煤炭部质量管理研究咨询与培训中心，这是**全国第一个**质量管理研究机构
设立井下机车运输调度优化方向（唐祖章）	1984	唐祖章教授创建系统工程教研室，在质量管理、矿业系统工程两个学科方向上具备重要的学科影响
设立物流管理专科	2001	西安科技大学是国内煤炭高校**较早**培养物流管理人才的高校之一，培养了大批物流管理人才
二级博士点"资源经济与管理"下设立煤炭物流研究团队（张金锁）	2004	该团队**较早**在国内开展煤炭运输管理研究与咨询，并首次提出了矿井生产外包下**煤炭集成供应链契约管理体系**
开始电商物流人才培养	2008	与电子商务融合，培养了大批电商物流人才
开始物流信息管理人才培养	2010	与信息管理融合，培养了大批物流信息管理人才
设立物流管理本科专业	2014	是国内**较早**导入**"大作业、大实习、大技能"**培养方式的本科物流管理专业
确立"应用型"人才培养定位	2017	西安科大大学首个**"应用型转型"**试点专业
开启专业综合改革	2018	首个**"应用型转型"**和**"专业综合改革"**双试点专业
开启双语教学	2019	首个海外名校异地实时课程、双语/全英语授课专业，学校自己培养的首个物流管理研究方向博士研究生毕业
全面向智慧物流转型	2020	首个能源供应链管理研究方向博士研究生毕业，并系统整合西安科技大学教学资源，开展**"产业链、供应链、价值链、资金链、信息链、创新链"**集成下的现代物流高端管理人才培养

图 2-5　物流管理专业渊源与发展

价值观、商务礼仪、职业素养、为人处事等；二是基础能力，包括沟通、写作、分析、谈判、演说、交际、共情、自我管理等方面的能力；三是专业知识学习能力，表现为学生能否在老师的指导下或利用互联网、新媒体等进行自主学习的能力，专业知识掌握的速度、深度和宽度，以及快速学习能力、深度学习能力等；四是专业工具应用能力，即能够准确运用本专业所涉及的软件和方法，如 ERP 软件、CRM 软件、FlexSim 软件、AutoMod 软件、SCOR 方法、ABC 方法等；五是专业操作技能，物流管理中有很多实际操作的工作，如装卸设备、上下架设备、包装设备、运输设备和信息采集设备，这些设备的操作和使用是物流从业人员必须具备的基本技能；六是专业思维，专业思维指的是有效从事物流管理专业活动所应有的思维和研究能力，核心是以问题为导向的综合集成能力，表现为运用专业知识解决专业问题的效率和效果，其结果是专业解决方案和学术创新成果；七是专业创业能力，即运用专业知识和专业技能从事物流及其相关领域创业的能力。总体上，我们要培养的和企业需要的正是具备以上 7 种 "素能" 的学生，即 "2 基础 + 5 专业" 型物流管理专业大学生。

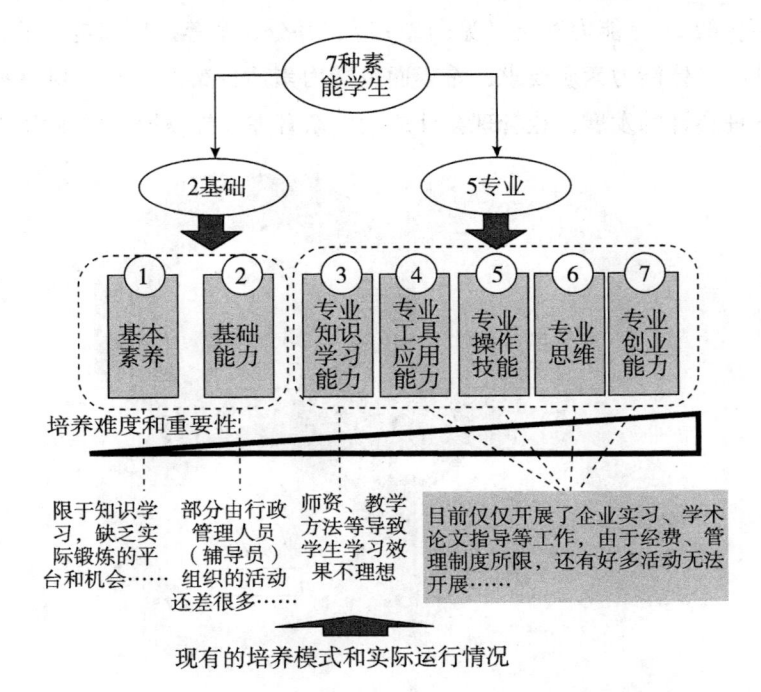

图 2-6　打造具备 7 种 "素能" 的物流管理应用型高级人才

2.3.2　CFO 胜任力模型

首席财务官（Chief Financial Officer，CFO）胜任力模型可以依据管理会计胜任力模型确定。

美国管理会计师协会（The Institute of Management Accountants，IMA）是全球领先的国际管理会计师组织，推动管理会计行业的发展至今已有百年历史。IMA 成立于 1919 年，致力于开展研究 "美国注册管理会计师"（CMA）认证、继续教育、社交网络以及倡导最高职业道德等方式为企业内部的会计和财务专业人士提供发展的平台，拥有遍布全球 265 个分会，超过 10 万名会员。

结合当前国际管理会计人才需求现状和百年来管理会计人才培养

57

的经验，IMA 于 2016 年 11 月 8 日正式发布了《管理会计能力素质框架》，从规划及报告、财务决策、信息技术、业务运营和领导力建设 5 个模块的 28 个能力素质（见图 2-7），并分 5 个等级详细定义了管理会计的具体能力素质要求，希望通过能力素质框架的发布，更好地促进管理会计的发展，让管理会计成为创新管理和提质增效的主力军。

图 2-7　美国管理会计师协会（IMA）管理会计能力素质框架

管理会计能力素质认证课程（Management Accounting Competency Certificate，MACC）是以 IMA 管理会计能力素质框架为基础，以管理会计能力素质提升工程为指导，以 MACC 专家顾问委员会中美各界管理会计专家的研究理念为依托，适用于企业转型及财务人士能力素质转型提升的普适性认证课程。

2012 年年初，由皇家特许管理会计师公会（CIMA）与美国注册会计师协会（AICPA）共同推出全球特许管理会计师（CGMA），旨在提升管理会计职业的全球影响力。作为两会合作的一项基础成果，2014 年 4 月，CIMA 和 AICPA 联合发布了《全球特许管理会计能力框架（CGMA Competency Framework）》（简称《CGMA 管理会计能力框架》）。《CGMA 管理会计能力框架》对管理会计人才提出了全面的能力标准及要求。它以道德、诚信和专业精神为基础，构建了全球特许管理会计师的四方面职业技能：技术技能、商业技能、人际技能和领导技能，并基于此重新构建了 CIMA 管理会计职业资格框架及考试大纲。

CGMA 管理会计能力框架由四个知识领域构成：全球管理技术技能、商业技能、人际技能和领导技能（见图 2-8）。

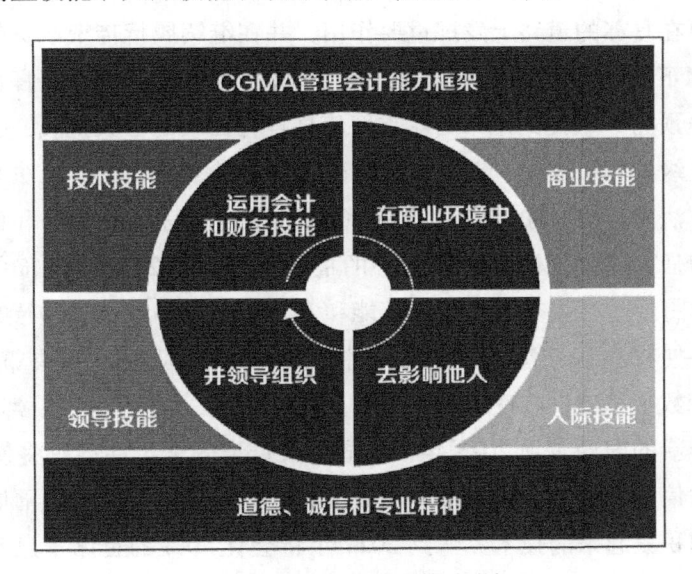

图 2-8 CGMA 管理会计能力框架

2.3.3 CIO 胜任力模型

"信息化"这个术语最早于 20 世纪 60 年代出现在日本。20 世纪 90 年代，我国开始广泛使用"信息化"术语，先后提出了"信息化带动工业化，工业化促进信息化""信息化与工业化融合""信息化与工业化深度融合"等战略，并于 2008 年组建了工业和信息化部。信息化由此成为一个极其流行的术语，并衍生出企业信息化、制造业信息化、政务信息化、农业信息化等诸多术语，企业也逐渐将计算机中心更名为信息中心、信息技术部（IT 部）、信息化部或者信息管理部，而越来越多的企业也早已开始设立首席信息官（Chief Information Officer，CIO）岗位。首席信息官又称信息主管，是负责一个企业信息技术和系统所有领域的高级员工。

随着新冠肺炎疫情的蔓延，首席信息官面临着前所未有的挑战。对于许多企业领导者而言，企业已经不可能再恢复到以前的状态，同时他们还要自上而下地思考企业需要从事的业务以及业务的运行方式。作为支持企业现代化的数字基础设施的主要负责人，首席信息官必须要在复苏的道路上发挥重要作用，并在继续履行传统职责的同时寻找"下一个新常态"。《IDC 展望：2021 年全球首席信息官日常工作事项预测》中提到未来 5 年首席信息官将面临的十大挑战：①对于不断升级的网络攻击、动荡、贸易摩擦和突然崩溃，由于无法找到恰当的方法来应对，2021 年将有 30% 的首席信息官无法维护和保持原有的信任，而这恰恰是客户信心的根基；②到 2022 年，65% 的首席信息官将通过数据分析、人工智能和安全架构对一线员工进行数字赋能，并使其在快速变化的环境中提高生产力、适应性和决策能力；③随着数字基础设施逐渐发展为业务操作系统，以及业务连续性被重新赋予新的内涵，到 2023 年，新冠肺炎疫情等全球性危机将使 75% 的首席信息官成为业务决策中不可或缺的重要成员；④在新冠肺炎疫情期间积累起来的技术欠账到 2023 年将会让 70% 的首席信息官感到头疼，并引发业务压力、IT 敏捷性下降和被迫向云端迁移等负面影响；⑤由首席信息官领导的"逆境中心"到 2023 年在 65% 的企业中将成为永久性机构，其重点是利用数字基础设施和灵活的资金针对不同情况建立弹性；⑥为了支持安全的分布式工作环境，到 2024 年变革管理将成为当务之急，50% 的首席信息官将加快机器人化和自动化的步伐；⑦75% 的首席信息官到 2024 年将承担起新的管理职责，其中包括运营健康状态、福利和员工位置数据的管理；⑧为了感知、学习和预测不断变化的客户行为，80% 的首席信息官到 2025 年将与企业重要流程线（LOB）主管共同部署智能功能，以实现独特的客户体验，从而提高客户的参与度和忠诚度；⑨60% 的首席信息官到 2025 年将部署低代码/无代码工具，以提高 IT 和业务生产力，帮助 LOB 开发人员应对无法预测的需求，以及在边缘进行创新；⑩65% 的首席信息官到 2025 年将部署具有互操作性、灵活性、可伸缩性、可移植性和及时性等优点的生态系统、应用程序和基础设施控制系统❶。

2014年11月,工业和信息化部组织编制了《企业首席信息官制度建设指南》。通过制定指南,引导企业逐步建设和完善首席信息官制度,并将CIO定为考量"两化融合"成效的指标之一。2015年5月,上海首席信息官联盟宣告成立。中国东方航空、上海临港集团、上海锦江国际集团、上海百联集团等在沪央企、国企近400家重点企业的信息管理者成为上海首席信息官联盟首批成员。2017年3月25日,由上海首席信息官联盟、浙江省企业信息化促进会、安徽省首席信息官协会联合主办的长三角CIO高峰论坛在上海成功召开。本次会议主题聚焦数字化时代新技术新趋势、升级转型发展中CIO执行力和领导力进行深入探讨和交流。上海首席信息官联盟秘书长徐龙章在会上发布了长三角首席信息官胜任力模型。该模型从战略、创新、管理、执行、技能五个层面出发对CIO应具备的能力进行了梳理。John Edwards和陈琳华认为,成功的CIO必须具备以下7项业务技能:企业家思维、强大的领导能力、以消费者为中心、财务敏锐度、战略思维、技术专家思维、强大的业务沟通能力❷。

2018年10月25日,工业和信息化部信息化和软件服务业司就《企业首席信息官制度建设指南》(修订版)进行了宣贯。此次《企业首席信息官制度建设指南》的修订是根据新时代新特点,结合CIO和CIO工作者具体实践经验进行总结提炼完成的,从产业发展趋势研判、责任分工、CIO任务、职责、素质要求、任期待遇等方面进行了较为全面的修订。CIO作为推动工业化和信息化深入融合的领军人物,在两化融合中起着至关重要的作用。此次《企业首席信息官制度建设指南》的修订有利于明确企业首席信息官在数字经济时代中的重要作用,提升企业信息化管理水平,促进信息技术和各项业务的融合,建设高水平的经营管理人才队伍,优化制造业人才发展环境,对

---

❶ SERGE FINDLING,陈琳华. 未来5年首席信息官将面临的十大挑战[N]. 计算机世界,2021-01-25(003).

❷ JOHN EDWARDS,陈琳华. 成功CIO必须具备的7项业务技能[N]. 计算机世界,2021-05-03(003).

推动两化深度融合，加快制造强国和网络强国的建设进程，具有重要意义。

根据《企业首席信息官制度建设指南》（修订版），首席信息官应当具备的核心能力和素质，如表2-5所示。

表2-5 首席信息官的能力和素质

种类	具体描述
战略思维与规划能力	对信息化工作进行全局的战略规划和布局、配置企业内外部资源、制定发展目标和工作计划的能力
领导力与执行能力	建立工作团队、指挥和带领团队成员围绕信息化战略目标开展工作、实现信息化发展目标的能力
信息技术创新应用能力	善于利用最新信息技术、提供具有经济价值和社会价值新思想以推动业务创新的能力
对行业的深刻理解和对信息技术的洞察力	深刻理解所在行业的业务、了解信息技术发展趋势并对其带来的机遇和风险做出准确判断的能力
沟通与统筹协调能力	与各方面人士交换意见并获得支持、整合企业内外部资源、协调各方面的关系以促成合作的能力

2.3.4 CDO胜任力模型

近年来，全球迅速涌现数字化（Digitization 或 Digitalization）大潮，数字化转型（Digital Transformation）日益受到企业的关注，国内外知名企业纷纷设立首席数字官（Chief Digital Officer, CDO）。长期以来，对于企业的 IT 部门究竟是成本中心还是利润中心有很多争论。信息化应用相对成功的企业，可以间接地从企业业务增长中核算出一定效益。但是，信息系统属于使能技术，信息化建设取得实效，可以为企业创新发展、提升盈利能力奠定基础，但信息化建设的成效并不能直接转化为企业的盈利。

在如今的海量大数据时代,数据科学家是一个炙手可热的职位。他们善于应用 AI 算法进行数据建模,洞察出海量数据中存在的规律。同样,如果说企业的 CIO 的主要职责是主导企业内部的信息化建设,确保企业少走弯路,真正取得实效,那么首席数字官的主要职责则是帮助企业谋划如何应用各种新兴数字化技术来变革营销、服务模式与相关业务流程,打通企业从订单到交付,从交付到回款的价值创造过程,基于集成的数字化平台支撑企业的业务创新与变革。因此,如果说 CIO 的目光主要是向内,那么 CDO 则要内外兼修,了解有哪些新兴技术可以为企业所用,根据企业的发展战略和业务拓展需求来确定数字化转型策略。

聂钰等通过调查研究,认为 CDO 应具备以下 5 个角色的能力[1],具体内容如图 2-9 所示。

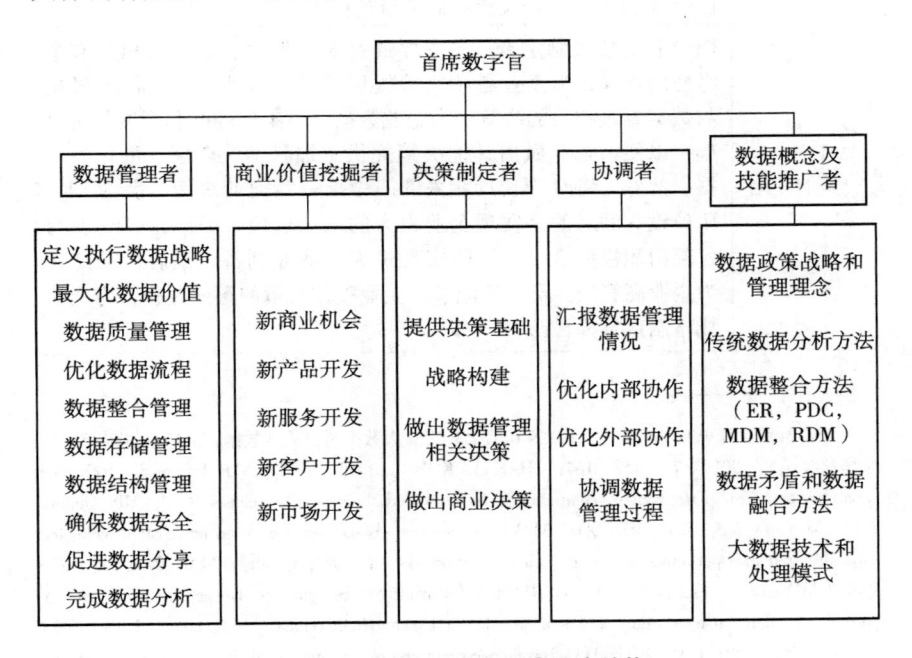

图 2-9 CDO 角色及职责层次结构

---

[1] 聂钰,肖忠东,冯泰文,JOHN R TALBURT. 大数据时代首席数据官的角色与职责 [J]. 中国科技论坛, 2019 (7): 157-164.

相应地，上述角色的具体胜任力要求如表 2-6 所示❶。

表 2-6　CDO 角色对应的胜任力要求

角色	具体胜任力要求
数据管理者	CDO 作为数据管理者，需要对数据进行各类管理工作。其中，数据流程、数据整合、数据存储、数据结构、数据安全、数据共享及数据分析等职责要求 CDO 仍需掌握传统的数据管理方法，而数据战略、数据价值和数据质量等职责要求 CDO 更注重与大数据时代的数据管理理念相结合，改进传统数据管理方法，以适应时代要求
商业价值挖掘者	CDO 作为商业价值挖掘者，要洞悉商业机会，发现商业价值，为企业带来更多利润，这是企业对 CDO 的要求和设立 CDO 职位的重要目的。CDO 将数据视为资产，从中挖掘新的商业机会，探索客户新的需求，开发新的产品，创造新的服务或服务模式，或者为企业寻找并定位新的客户群、开发新的市场等，这些都是 CDO 可以为企业带来更多商业价值的方面
决策制定者	CDO 作为决策制定者，首先要通过对数据的分析，得出具有参考性的建议，为企业各项决策提供基础。另外，CDO 需要做出与数据管理相关的决策，为企业数据管理工作的顺利开展奠定基础，以便为企业做出其他决策提供更加科学、合理、量化的依据。此外，CDO 要协助相关部门做出一些商业决策，因为 CDO 职位设立的目的是实现企业更大的商业价值，因此，CDO 要与各部门积极配合，尽可能实现最大化商业利益。最后，CDO 作为企业高管的一员，还应参与企业整体决策的形成过程，为企业战略制定发挥自己的作用

---

❶ 聂钰，肖忠东，冯泰文，JOHN R TALBURT. 大数据时代首席数据官的角色与职责 [J]. 中国科技论坛，2019（7）：157-164；CHAE H，KOH C E，PRYBUTOK V R. Information technology capability and firm performance: contradictory findings and their possible causes [J]. MIS Quality, 2014, 38 (1): 305-326; BHARADWAJ A S. A resource-based perspective on information technology capability and firm performance: an empirical investigation [J]. MIS Quality, 2000, 24 (1): 169-196; CARMELI A, FRIEDMAN Y, TISHLER A. Cultivating a resilient top management team: the importance of relational connections and strategic decision comprehensiveness [J]. Safety science, 2013, 51 (1): 148-159; HAMBRICK D C. Top management groups: a conceptual integration and reconsideration of the "team" label [J]. Research in organizational behavior, 1994, 16: 171-214; YOHANNES T H, AYAKO A B, MUSYOKI D. The impact of top management team demographic characteristics on firm performance: a case of marketing and social research association (MSRA) firms in Kenya [J]. International journal of management sciences, 2016, 7 (2): 44-61; GOMEZ-CABRERO D, ABUGESSAISA I, MAIER D, et al. Data integration in the era of omics: current and future challenges [J]. BMC systems biology, 2014, 8 (Suppl 2): 1-10.

续表

角色	具体胜任力要求
协调者	CDO作为协调者，要依据数据管理结果形成周期性或即时性报告，并根据需要及时向行业、企业、内外部相关部门等进行汇报说明。另外，CDO需要在数据收集、存储、分析、反馈过程中对企业内部各部门进行协调，与高层管理团队其他成员通力合作，使各部门严密配合，形成高效的数据管理系统。并且，CDO也应与外部同行业或跨行业的各商业组织进行协作，互通有无，共同促进行业的发展。而作为协调者，CDO不可忽视的工作还包括监视整个数据处理过程，控制数据流的各个重要环节
数据概念及技能推广者	CDO作为数据概念及技能推广者，要让全员认识到数据在当今时代的重要性。CDO要向其他部门和岗位的员工讲述数据战略、数据管理理念，让他们了解与数据管理相关的理论和思想。同时，向其他员工介绍传统的和大数据时代的数据管理方法，使企业全员了解数据管理的关键点、基本方法和原理，便于数据管理工作更好开展

2.4 管理教育缺口

2.4.1 一体化路径

知识是人们在社会实践中获得的认识和经验，是能力获得的基础。知识的作用：一是作为专门人才必须具备一定的基础知识和专业知识；二是知识可以用于训练思维，是培养思维力的元素或媒介。所以，高校的专业设置应该着力构建结构化的知识体系，对知识的选择主要考虑以上两个因素。基础知识、专业知识和方法论知识搭配的结构化程度越高，越有助于学生成为高级专门人才。如果没有一定的知识储备，掌握再多的方法论和思维工具都是无用的，因为"巧妇难为无米之炊"。即便你认知能力再强，没有知识量，也是枉然！只有如饥似渴、如饮甘霖地学习知识，并加以消化、吸收，同时储备在你的大脑里作为后盾，才能让你的认知维度逐步提升！为什么我们经常说一个人眼界浅，没见识。真的是他智商低，愚笨？其实都不是。除去占比微乎其微的大脑发育不良的先天病理性的案例，绝大部分中国人个体间的智商差异很小。眼界浅，就是知识储备量少，接触的信息量少。知识匮乏，没见过世面。所以认知维度才上不去。

知识的碎片化就像钢筋、水泥、砖头、玻璃这些建筑材料，如果没有建筑师把它们按照一定的使用功能和审美原则建构起来，把这些节点关联起来，这些钢筋水泥是无用的，是废物一堆。但是建筑师用建筑框架把它们关联起来，有一定的功能了，就实现了这些建筑材料的价值。其实，我们现在教育当中缺少的就是对这个问题的思考，"知识就是力量"，如果这个知识只是讲知识点的话，那么在电视上"一站到底""开心辞典"等节目中的"选手"知识很丰富，但是这些人的知识最后能形成改变社会的力量吗？显然不会，因为这些都是碎片化的知识，只是"知道"知识。让知识成为力量，只有把零散的知识关联起来，成为知识体系，才有可能变成认识世界和改造世界的力量。也就是拥有知识的同时还必须提升自己的认知水平。认知是在表象、概念基础上进行分析、综合、判断、推理等认知活动的过程，是人类具有心智的心理活动形式，也是高等教育人才培养的最高境界。思维力是人类一种特有的精神活动本领，可以渗透到各种能力中，如学习能力、发现和解决问题能力、创新能力等，是能力培养、开发的主要标志。当代大学生知识体系存在的缺点有：看重专业知识，基础知识薄弱，知识面狭窄，文理分割严重，局限于某一专业领域，缺少一些必要的基础理论、知识修养；片面重视外语、计算机等实用技能性知识，热衷于过级考证，忽视了其他专业知识的学习和基础的打造；知识体系内部缺乏有机联系，知识庞杂、松散、相互孤立、死板、僵化，缺少系统性和有机联系性；知识的陈旧速率高，信息封闭，知识吸纳力不足，知识更新慢；等等。

能力一定体现在具体行动中，是完成某项任务的身体操作或心智活动的习惯性反应。能力需要实际训练，仅有理论知识是不行的，能力永远都不是学来的。高级专门人才需要有专业能力，进一步可推广为《高等教育法》所指的实践能力，这些都需要在专业实践和社会实践中锻炼和培养。除能力之外的素质要素主要体现在"做人"上，而知识、能力主要体现在"做事"上。因此，从人的社会化角度看，能力是谋生和发展的基础，而发展得好不好，与社会责任感等"做人"素养方面的素质因素密切相关。

根据认知行为学"CAB"理论，即认知（Cognition）—意识（Awareness）—行为（Behavior），管理者在知识的基础上对知识进行整合、分解、连接、嫁接、抽象、综合、批判、创造、想象等加工后形成的格局、战略与判断是做出高质量决策和形成管理能力（执行行为）的基础。就管理类本科专业学生培养而言，知识学习是"复印机"，是初级心理过程，重在理解与记忆；认知提升是"搅拌机"，是高级心理活动，重在思维与重构；能力培养是"转换器"，是高效输出与执行过程，重在效率和效果。因此，知识学习是基础，认知提升是桥梁，能力培养是目标。知识到能力的转化，必须借助认知这一环节，立足"世界—国家—区域"，对接"行业—专业—创业"。然而，当前管理类本科专业学生培养在"知识—认知—能力"方面却没有实现一体化，重知识和能力，轻认知环节，其中最严重的就是不重视思维训练，更谈不上把思维训练深度融入课堂教学、教材建设、实习实践中去。

2.4.2 六大"缺口"

为什么在现实的教学改革进程中，课程越设越多，课时越来越多，学生的课业负担越来越重，包括基础教育，问题就在于我们没有教学生如何建构知识体系，没有教学生如何进行"结构设计"，而是把大量的时间和精力花费在不断"搬砖""搬运建筑材料"上，最后的结果就是拥有一堆没有"关联"的杂乱无章的知识点。在建筑上浪费的仅仅是建筑材料，而在教育上浪费的是大量宝贵的人力资源和学生的青春年华。

实际上，管理类本科专业学生培养的整个过程理应是一个学而思、思而践、践而悟、悟而行的螺旋式上升、循环往复的过程，但是管理类本科专业学生的培养目前却存在诸多"缺口"（见图2-10）：一是"学而不思"，教师经常将过多、过旧、过深的知识灌输给学生，学生大多死记硬背，缺乏批判和质疑；二是"教而不思"，教师"教"与"研"常常不统一，多采取"多看看几本教材、综合综合上上课、课后做自己的课题和论文"模式，把教材讲完讲好就不错了，没有时间和精力引导学生进行认知训练；三是"学中不干"，校内实践基本上是通过电脑软件来实现，真正的动手模拟实训相对较少，校外实践多限于集体参观，学生充当旁观者的角色，难以真正操作企业的实际业务；四是"干中不学"，学生实践多为就实践而实践，不善于发现问题和提出问题，也没有和学术创新、创业结合起来；五是"思而不干"，学生表面上把某知识点搞明白了，可一讲就不懂、一用就不会、一练就不行，学生动手能力差；六是"干中不悟"，学生很少"边实践、边感悟、边探索、边总结"，一般不会通过意识的火花和生动的实践把外部普遍规律内化为个人独有的理念，不善于总结，也缺乏交流的平台，事实上优秀的管理者和企业家常常具有独特的经营管理理念，而在大学阶段养成"勤悟"的习惯对于管理类本科专业学生毕业后管理才能的发挥是至关重要的。

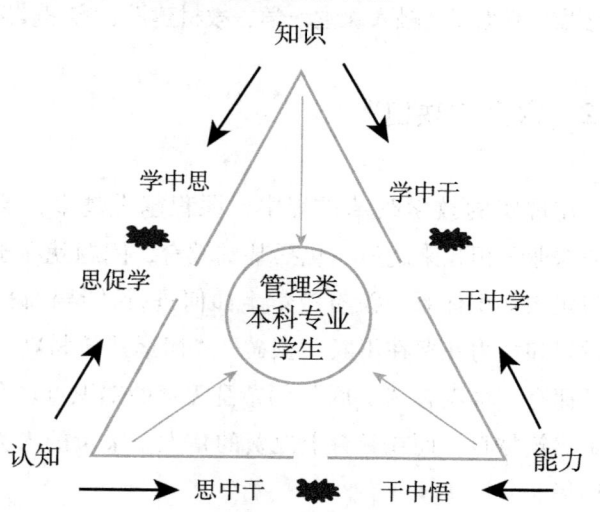

图2-10 管理类本科专业学生培养"知识—认知—能力"缺口

知识、认知、能力三足鼎立，三者缺一不可，共同构成《高等教育法》规定的高级专门人才的培养要求。当前高校的育人问题，主要是把知识传授和记忆当成一切，学知识、考知识，结果出现了大量"高分低能"学生。知识通过传授学习和记忆获得，能力通过培训指导和练习获得，认知通过逻辑训练和心智开发形成。管理类本科专业高质量发展取决于是否同时强化三者，任何偏重一方的做法及行为都会造成人才培养方式和体系的不完整，事实上在"大智移云物区"时代，不确定性、知识快速迭代、开放融合等已越来越要求管理类本科专业人才具有更高的认知能力，进而洞察商业环境的复杂变化，这样才能做出更为科学的决策。

第 3 章　知识、认知与能力体系

体系的力量是巨大的，一旦你建立起自己的知识、认知与能力体系，你的大脑就是观点的海洋，各种观点碰撞出新的观点，思想力就这样聚合而成。思想有多远，我们就能走多远。体系，泛指一定范围内或同类的事物按照一定的秩序和内部联系组合而成的整体，是不同系统组成的系统。要建立知识、认知与能力体系，得从一个点出发，建立信息综合体。完成小体系后，填充成大体系，再简化抽象出本质。抽象出来的事物多了，眼界自然就打开了。

3.1　知识体系

3.1.1　非专业知识

一般而言，知识体系具有以下四个基本特点：①抽象性，它是建立在感性经验基础上，进而经过理性提升而形成具有概括性的知识；②真理性，它是运用理性思维的方式、方法和科学实验相结合而产生的，具有真理性和可靠性；③体系性，它是由科学的概念、术语、命题、陈述、定律、定理建构的知识体系，具有系统性和逻辑性；④指导性，它是人类认识和改造世界的方法和工具，对人类的行为、实践具有指导意义。

知识体系与知识的区别在于，一是知识作为一种要素的存在是客观的，而知识体系作为一种系统性的存在是有功能的，反映人类特定的目的性，对于国家的目的性而言也是如此，一个国家之所以会形成适合本国需要的知识体系，不是人们主观意识到要有一个知识体系，而是经济社会客观发展需要有这样一个知识体系。正如马克思明确指出的："理论在一个国家实现的程度，总是决定于理论满足于这个国家需要的程度。"二是知识体系是一个开放包容的系统，给碎片化的零星知识集成提供框架，有助于获取新的知识、整合新的知识，以不断地满足改造现实世界的需要。三是知识体系具备系统的自我演进、持续迭代升级的特性。

大学生知识结构的层次，大致可分为非专业知识和专业知识两个层次。笔者认为非专业知识是指大学生涉及的除专业知识外的学科知识（见附录一）。专业知识层次，又可分为核心知识和辅助知识。核心知识决定着知识结构的性质与功能；辅助知识作为知识结构的外层，积极配合核心知识进行有效的思维活动。所以，每一个层次的知识，都要优化、建构、充实。

知识结构不应是凝固、僵化不变的，而是一个动态、开放的，不断吸收新知识、不断进行自我调节的系统。只有维持一个动态平衡的状态，并且随着时代的进步而进步，知识系统才得以完善。人才培养体系的建设、人才培养质量的保障是一项系统工程，是以学校、学院、基层教学组织、教师为主体共同治理的结果，知识体系的有效性也同样有赖于多主体共同的尽责履职，在人才培养体系的不同环节中发挥不可替代的作用，在教育目标的确定、课程体系的建立、课程内容的选择和教学过程的实施中履行和承担各自的质量保障责任。基于现实的情况，要保障知识体系的有效性，必须由学校负责办学定位与人才培养的特色凝练；学院负责具体专业的培养方案、确定专业的教育目标以及课程体系的设计，让课程关联起来；基层学术组织负责各门课程的建设、教学内容的选择，让知识关联起来；教师是课堂教学的第一责任人，高效地传递有效知识。

3.1.2 专业教育

3.1.2.1 物流管理专业知识

学校的定位与特色是建构知识体系的前提。知识体系的有效性表现为能达成教育目标，体现学校的定位与特色，以满足社会对人才的需要。有效的知识体系首先体现在课程的设置上，课程相互之间具有内在逻辑关联的，定位不同的学校的相同专业课程的组合是不同的；有效的知识体系具体反映在每一门专业课程内容上，知识点之间是按一定逻辑相互关联，定位不同的学校的相同专业的课程内容也是不同的；有效的知识体系最终形成在教材体系之中，每一个学校依据自身的定位特色应该形成本校的专业教材体系，而学科体系的建设要为有效的知识体系的建构提供保障。

物流是国民经济的动脉系统，物流业正在成为各企业、各地区乃至国家的新的经济增长点。就一般意义而言，传统物流一般指产品出厂后的包装、运输、装卸、仓储等活动，这些活动分散在不同的经济部门、不同的企业以及企业组织内部不同的职能部门之中。随着新兴技术的应用，物流产业正在经历从传统的物流服务向高端的现代物流服务的方向发展。现代物流则是以现代信息技术为基础，整合运输、包装、装卸、搬运、发货、仓储、流通加工、配送、回收，以及物流信息处理等各种功能而形成的综合性物流活动模式。现代物流过程中的资源整合、优势互补、物流一体化、分工协作的产业链条，是一个以供应链为核心的物流集成系统。显然，传统物流是以企业的生产制造过程即产品生产为价值取向的，现代物流则是以企业的客户服务为价值取向的，因而更加强调物流运作的客户服务导向性，这就是传统物流与现代物流的根本区别所在。相对于传统物流而言，现代物流的核心理念有两点：一是客户服务；二是强调运输、仓储方式的集成化运作。现代物流的核心就是服务的高端化。

高端物流以供应链一体化作为竞争手段，突出"高端品质"的服务流程。物流高端化，强调的是物流服务行业从传统的单个物流环节的提供商发展到整合的物流服务提供商。总的来看，物流高端化包含以下具体内容（见图3-1）。

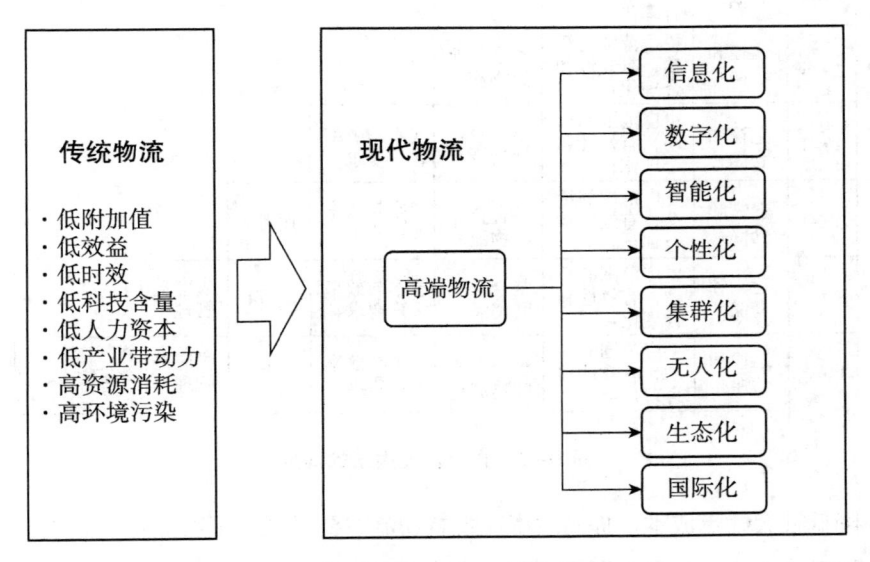

图3-1 传统物流向现代物流的转变

传统物流
- 低附加值
- 低效益
- 低时效
- 低科技含量
- 低人力资本
- 低产业带动力
- 高资源消耗
- 高环境污染

现代物流
高端物流
- 信息化
- 数字化
- 智能化
- 个性化
- 集群化
- 无人化
- 生态化
- 国际化

高端物流服务不是目的而是手段，对企业来讲希望达到的目标是节约物流费用，从物流中挖掘最后的利润。高端物流通过"物流信息化"来支撑整个活动，要做到这一步，需要整个环境的现代信息技术的支持。因此，现代物流的首要环节就是要实现信息化。在数字经济时代，数据将成为继土地、能源之后最重要的生产资料。数字物流与大数据技术息息相关，数字物流是一个信息和物流活动都数字化的全新的系统，生产企业、用户、第三方物流企业和政府之间通过网络进行的交易与信息交换将迅速增长和更加便捷。

以上物流转型发展的方向，也体现出了物流管理内涵的演变方向，如图3-2所示。

智慧物流是通过大数据、云计算、智能硬件等智慧化技术与手段，提高物流系统思维、感知、学习、分析决策和智能执行的能力，提升整个物流系统的智能化、自动化水平，从而推动中国物流的发展，

1927	运输和仓储						
1967	运输和仓储+	更广范围的活动,有效性和合理化					
1976	运输和仓储+	更广范围的活动,有效性和合理化+	整合企业间物流				
1985	运输和仓储+	更广范围的活动,有效性和合理化+	整合企业间物流+	成本与效率,客户要求			
1992	运输和仓储+	更广范围的活动,有效性和合理化+	整合企业间物流+	成本与效率,客户要求+	服务		
2005	运输和仓储+	更广范围的活动,有效性和合理化+	整合企业间物流+	成本与效率,客户要求+	服务+	供应链管理	
2009—	运输和仓储+	更广范围的活动,有效性和合理化+	整合企业间物流+	成本与效率,客户要求+	服务+	供应链管理+	智慧物流、数字物流、绿色物流……

图 3-2 物流管理内涵的演变

降低社会物流成本、提高效率。智慧物流主要呈现以下特点：一是以消费者为中心；二是互联网思维、平台思维（开放、共享、共赢）、创新思维；三是多方面连接（市场主体连接、信息连接、设施连接、供需对接等）、多方位集成；四是跨界融合；五是数据和数字化基础设施成为新的生产要素，大数据为物流全链条、供应链赋能，成为物流企业新竞争力的关键来源；六是自动化、信息化、可视化、智能化程度较快提升；七是基于"互联网+"与"物流+"的生态相互融合，电子商务与物流互动互促发展；八是新分工体系，大规模社会协同。

数字物流也称为"第五方物流"，是指在商贸的实际运作中应用互联网技术去支持整个物流服务链，并且能组合相关的执行成员协同为企业的物流需求提供高效服务。数字物流是指在仿真和虚拟现实、计算机智能、计算机网络、数据库、多媒体和信息等支撑技术的支持下，应用数字技术对物流所涉及的对象和活动进行表达、处理和控制，具有信息化、网络化、智能化、集成化和可视化等特征的技术系统，而此处的数字技术是指计算机硬件、软件、信息存储、通信协议、周边设备和互联网络等为技术手段，以信息科学为理论基础，包括信息离散化表述、扫描、处理、存储、传递、传感、执行、物化、支持、集成和联网等领域的科学技术集合。数字物流实际上就是对物流的整个过程进行数字化的描述，从而使物流系统更高效、更可靠地处理复杂问题，为人们提供方便、快捷的物流服务，藉此表现物流体系的精确、及时和高效特征，进而达到"物流操作数字化，物流商务电子化，物流经营网络化"。

绿色物流是指在物流过程中抑制物流对环境造成危害的同时，实现对物流环境的净化，使物流资源得到最充分利用。它包括物流作业环节和物流管理全过程的绿色化。从物流作业环节来看，包括绿色运输、绿色包装、绿色流通加工等。从物流管理过程来看，主要是从环境保护和节约资源的目标出发，改进物流体系，既要考虑正向物流环节的绿色化，又要考虑供应链上的逆向物流体系的绿色化。绿色物流的最终目标是可持续发展，实现该目标的准则是经济利益、社会利益和环境利益的统一。

我国在物流教育方面，很多时候只注重单一的技能训练，图3-3展示了我国物流管理人才类型的演变过程。

1927	运输和仓储						物流操作	
1967	运输和仓储+	更广范围的活动，有效性和合理化					物流操作+物流设计	
1976	运输和仓储+	更广范围的活动，有效性和合理化+	整合企业间物流				物流操作+物流设计与规划+物流系统规划	
1985	运输和仓储+	更广范围的活动，有效性和合理化+	整合企业间物流+	成本与效率，客户要求			物流操作技能+物流设计与规划+物流系统规划+运营管理	
1992	运输和仓储+	更广范围的活动，有效性和合理化+	整合企业间物流+	成本与效率，客户要求	服务		物流操作技能+物流设计与规划+物流系统规划+运营管理+客户关系管理	
2005	运输和仓储+	更广范围的活动，有效性和合理化+	整合企业间物流+	成本与效率，客户要求	服务+	供应链管理	物流操作技能+物流设计与规划+物流系统规划+运营管理+客户关系管理+流程管理+信息管理+协调和沟通技能	
2009	运输和仓储+	更广范围的活动，有效性和合理化+	整合企业间物流+	成本与效率，客户要求	服务+	供应链管理+	智慧物流、数字物流、绿色物流……	多领域、多学科、多素能的复合型人才，多"流"合一的整合型人才，"产商"合一的行业领袖

图3-3 物流管理人才类型演变过程

西安科技大学物流管理专业经过多年的不断发展，明确了智慧物流和国际货运代理两个方向。2020年对课程体系进行重新架构，主要做了以下三个方面的工作：一是改变过去按物流主要职能进行课程设计的思路，按物流管理主要业务领域进行课程设计；二是为智慧物流和国际货运代理各配置了5门专业课+5门实验课或者课程设计；三是增设能源物流学、大宗与特种商品物流、应急物流三门行业特色课。重新设计面向决策的管理类本科专业学生培养方案，并系统梳理出物流管理专业的专业知识点体系，具体内容如表3-1所示。

表3-1 西安科技大学物流管理本科专业专业知识体系

专业课程	核心知识点（主要章节内容）
现代物流学	物流与物流管理，物流产品与服务，物流组织，物流产业与市场，供应链，物流从业人员，现代物流体系，物流产业发展，物流产业融合，物流与社会发展
物流运作管理	采购管理，运输管理，仓储管理，配送管理，包装管理，装卸搬运，流通加工，物流信息管理，综合物流，区域经济与物流，回收物流，社会物流体系，物流强国战略，绿色低碳循环物流，物流绩效评价
物流系统工程	物流需求预测，物流选址评价，物流网络优化，库存策略，线路优化，物流产品定价，盈亏平衡分析
运营与供应链管理	竞争战略，供应链战略，供应链驱动因素，供应链网络设计，供应链供需计划和协调，供应链合作伙伴关系管理，供应链风险管理，集成供应链，供应链评价，供应链信息化，供应链软件
物流系统设计、建模与仿真	物流仿真优化软件，库存系统，生产物流系统，运输系统，配送系统，装卸搬运，流通加工，物流信息系统设计，物流企业运作系统设计，物流园区设计与优化，区域物流系统，国际物流系统，垃圾回收系统，绿色物流系统
物流园区设计与运营	物流园区定位，物流园区开发，物流园区运营管理，物流园区商业模式，物流园区产业集群发展，物流园区信息平台建设，物流园区选址与布局设计，物流园区环境影响评价，物流园区服务，物流园区投融资，物流园区风险管理

续表

专业课程	核心知识点（主要章节内容）
物流产业经济学	物流产业链，物流产业分析，物流产业布局，物流产业发展，区域协同，物流产业发展基础，物流产业政策
现代物流技术与装备	物流技术，物流装备，新兴物流技术与装备，物流系统与技术装备，物流技术与装备决策，物流技术与员工管理，物流装备与员工管理，经营管理模式与物流技术装备
物流标准与法律法规	标准基础，物流标准体系，物流标准应用，物流标准开发，国家法律体系，物流法律体系，物流业务的标准化，以及安全、风险、流程和法律一体化
包装技术与工程	主要包装技术，包装新技术，绿色包装，包装色彩学，包装装潢与造型设计，包装管理，包装行业管理，包装经济学
专业外语	物流业务与专业词汇，物流外文期刊阅读，物流外语沟通与交流实务，物流外文工作邮件沟通，物流外文书信
大宗与特种商品物流	大宗商品流通，金属矿产品物流与供应链，农产品物流与供应链，大宗商品仓单交易，大宗商品市场研究，大宗商品物流与供应链金融
能源物流学	能源化工基础，能源化工与物流产业，现代能源化工物流体系，煤炭物流，石油物流，天然气物流，电力物流，新能源物流，新能源汽车物流，其他能源化工物流，能源物流技术与装备，能源物流信息化，能源化工储运网络，能源化工物流优化模型，能源化工物流决策与仿真，能源供应链金融，能源化工物流保单，能源物流碳管理，能源智慧物流数据，能源智慧智能模型，能源智慧物流算法，能源智慧物流场景，能源智慧物流技术与装备
商业模式与物流创新	商业模式，物流产业与服务，物流商业模式，物流创新思维，物流创新管理
供应链信息系统	供应链信息系统系统规划，供应链信息系统系统分析，供应链信息系统系统开发，供应链信息系统系统实施，供应链信息系统系统运行维护

续表

专业课程	核心知识点（主要章节内容）
供应链财务分析与绩效管理	供应链资金管理，供应链成本管理，供应链契约管理，供应链价值管理，供应链绩效管理
人工智能模型与算法	逻辑与推理，搜索求解，监督学习，无监督学习，深度学习，强化学习，人工智能博弈，人工智能未来发展和趋势
智慧物流学	智慧物流概述，智慧物流技术，智慧物流系统，智慧物流信息平台，智慧物流运输，智慧仓储，智慧物流包装，智慧装卸搬运，智慧物流配送
数据经营与决策	大数据时代的数据科学家，让数据分析服务于经营，用统计学揭示数据内涵，用相关分析挖掘潜藏商机，用回归分析预测未来，用检验做出战略决策，用R语言结构化数据
智慧物流技术	感知技术基础理论，智慧物流感知技术及应用，感知技术在智慧物流领域的应用，基于感知技术的智慧物流终端总体架构及功能设计，基于感知技术的智慧物流业务体系及信息平台应用研究，智慧物流终端研发与产业化应用
智慧物流系统设计	智能物流装备与技术，智慧仓库规划与设计，物流仓储配送系统设计，智慧物流园区，智慧物流生态
国际物流管理	全球资源配置，国际贸易，全球供应链，全球货物运输管理，进出口运作，全球货运协同，国际物流风险管理，国际物流运作法律法规
国际货运代理与实务	货运代理基础，海上运输货运代理，国际航空运输货运代理，国际陆路运输货运代理，国际多式联运货运代理，进出口报关业务
集装箱与港口物流	集装箱基础，集装箱多式联运，国际货运口岸管理，集装箱内陆港实务，港口功能及物流服务，港口生产管理，港口经营管理，港口物流园区，港口经济
跨境电商物流	跨境行业基础，跨境电子商务，跨境物流渠道，海外仓，跨境电商物流解决方案，跨境电商物流服务与顾客体验，跨境创新

续表

专业课程	核心知识点（主要章节内容）
全球产业链管理	全球化概述，全球产业结构，全球价值链，全球供应链，全球产业链风险
应急处置与应急管理概论	新时代应急管理基本含义，新时代应急管理的重大论述，新时代中国特色应急管理体制，新时代应急管理机制，新时代应急管理法制，应急自救互救能力建设，综合性应急救援能力建设
应急物流学	应急物流概述，应急物流资源与设备，应急物流体系，应急物流响应机制，应急物流决策方法，应急物流配送，应急物流保障体系
物流产品经理	物流产品概述，物流产品设计，物流产品迭代管理，物流产品创新
物流项目策划与运营	物流项目管理概述，物流项目前期策划，物流项目组织与人力资源管理，物流项目计划管理，物流项目进度管理，物流项目质量管理，物流项目的采购与合同管理，物流项目成本管理，物流项目风险管理，物流项目信息管理

根据上述研究，西安科技大学物流管理专业构建了学生应该掌握的知识体系，并得到了较好实践，具体内容如表3-2所示。

表3-2 西安科技大学物流管理专业学生的知识体系

K-Ⅰ 经典文献阅读（博学强识）	K-Ⅱ 通识教育	人文社会科学	K-Ⅲ 专业教育	学科基础知识	K-Ⅳ 潜质提升	基本社会知识
		数学和自然科学		专业基础知识		认知课程知识
		创新创业		专业方向知识		共享案例库
		公共艺术		专业延伸知识		物流企业分析
		其他		专业前沿知识		物流业态分析
				产业动态知识		经营实务知识

K-Ⅴ 经典文献阅读（学科，专业，产业）

K-Ⅵ 问题研究中心（国际宏观问题，国内宏观问题，产业经济，学科发展，专业教学）

K-Ⅶ 知识创新工程（重大理论，现实需求，物流模型，物流算法，物流实务，物流业态，物流项目）

为了体现笔者提出的 X1N❶ 物流教材体系构想，设计了每门课的课程内容的主要框架，其中的物流运作管理课程，如图 3-4 所示。

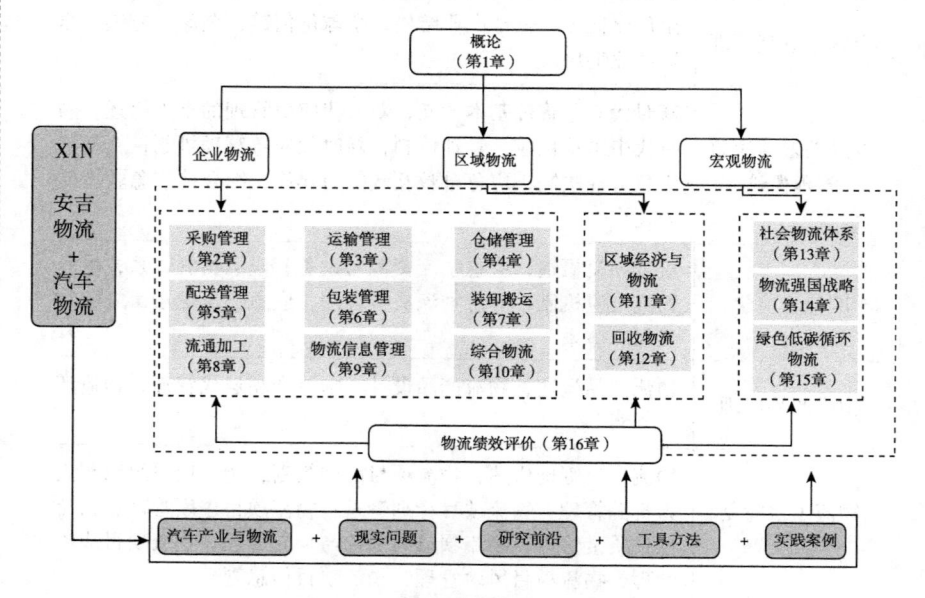

图 3-4　物流运作管理课程框架

3.1.2.2　信息管理与信息系统专业知识

信息管理与信息系统专业培养适应国家经济建设、科技进步和社会发展的需要，德、智、体等全面发展，具有高尚健全的人格、一定的国际视野、强烈的民族使命感和社会责任感、宽厚的专业基础和综合人文素养，具有一定的创新能力和领导潜质，具备良好的数理基础、管理学和经济学理论知识、信息技术知识及应用能力，掌握信息系统的规划、分析、设计、实施和管理等方面的方法与技术，具有一定的信息系统和信息资源开发利用实践和研究能力，能够在政府部门、企事业单位、科研机构等组织从事信息系统建设与信息管理的复合型高级专门人才。

---

❶ 每门专业课依托 X 个（至少 2 个以上）一流物流企业的运作实际，编写 1 门教材（或讲义），依据该 X 个企业提供的真实资料开发 N 项课程教学资源。

教育部于 2018 年颁布的《普通高等学校本科专业类教学质量国家标准》中，信息管理与信息系统专业的知识领域被确定为"对本专业相关领域的发展动态及新知识、新技术具有一定的敏锐性，能够利用信息技术工具等各种手段获取相关知识，能够综合运用本专业相关知识和方法进行信息系统规划、分析、设计和实施，能够掌握通过数据分析等手段支持组织管理决策的相关理论与方法"。信息管理与信息系统专业本身存在较强的交叉性和复合性，具备管工结合的典型特点。该专业不但要求掌握扎实的数理和管理学知识，还要求掌握较为熟练的计算机技术，同时还需要将数学思维、计算思维、系统思维等进行有机结合。信息管理与信息系统专业起源于 20 世纪 60 年代末，由美国明尼苏达大学（University of Minnesota）的高登·戴维斯教授开创。我国在 20 世纪 80 年代，逐步引入了管理信息系统的概念，80 年代中期在清华大学、哈尔滨工业大学等高校相继设立管理信息系统本科专业，通常设在经管学院、计算机学院或信息学院。1998 年，国家教委对高等院校的学科进行了调整，将原科技信息学、经济信息管理、信息学、管理信息系统、林业信息管理及医学信息管理 6 个专业形成信息管理与信息系统专业。截至 2020 年上半年，全国共有 492 所高校开设信息管理与信息系统专业，占全国普通高等学校总数的 17.96％。信息管理与信息系统专业是一个宽口径、交叉型的专业，可以属于管理学，也可以属于工学，因此全国大部分院校都开设了该专业，有的以计算机技术为主，培养信息系统开发人才；有的以信息资源管理为主，培养图书情报人才；有的以经济管理为主，培养系统管理维护及数据分析人才❶。传统的信息管理与信息系统专业的课程体系中，管理类课程是信息管理专业人才培养的基础，计算机技术类课程只是信息管理的一种主要手段。但随着信息管理对数据科学及计算机技术的依赖程度不断提高，不同学校的信息管理专业被分配在不同的学院，所授学位也不同，专业定位不清晰，难以形成专业特色，

---

❶ 易艳红，张晶，张聪. 应用型本科信息管理与信息系统专业大数据方向课程改革研究［J］. 图书馆学研究，2019（7）：15 - 20.

培养出的人才差异性较大,与社会需求的契合度不高[1]。

关于信息管理与信息系统专业改革方向,笔者认为要牢牢把握四点:一是现在开发与管理工作很难分开,在技术日益变化的时代,不懂开发的管理人才是做不好企业信息管理工作的;二是本科教育实际上是一种通才教育,学生在毕业以后可能从事各种职业,大部分学生所从事的岗位和自己所学专业并不完全对口,因此信息管理与信息系统人才必须坚持"业务架构、信息系统规划、信息系统分析、信息系统设计、信息系统开发、信息系统实施和管理"全链条培养;三是不要过多偏向人工智能和大数据,因为人工智能和大数据又是另外两个专业,容易导致新的培养定位不清;四是信息管理与信息系统专业人才培养要落在决策支持系统的开发与管理上。

西安科技大学信息管理与信息系统专业是管理科学与工程类下属专业,是将管理科学、信息科学以及计算机科学等融为一体的交叉学科专业。该专业设立于2001年,2002年开始按理工类本科招生,经过近20年的建设与发展,不仅积累了丰富的培养和办学经验,在科学研究、服务社会等方面也取得了不错的成就。本专业顺应"互联网+"的时代需求,依托"管理科学与工程"省级特色优势学科,拥有一支高水平的专业教学团队和省级教学科研平台。根据前文CIO胜任力模型,重新架构了西安科技大学信息管理与信息系统专业专业知识体系(见表3-3)。

表3-3 西安科技大学信息管理与信息系统专业专业知识体系

专业课程	核心知识点(主要章节内容)
信息技术与管理概论	软件和硬件,内容管理,通信和网络,互联网和电子商务,信息系统的组织应用,信息系统和组织竞争,信息系统和组织反应度,信息系统和组织决策制定,信息系统在组织中的应用,信息系统资源管理,业务流程管理与企业信息系统,信息系统开发,信息系统外包,信息资源的管理

---

[1] 杨晗,贾义伍. 大数据背景下的信管专业课程设置探究[J]. 教育教学论坛,2021(8):124-127.

续表

专业课程	核心知识点（主要章节内容）
计算机硬件基础	计算机的基础知识，微处理器系统结构与技术，微处理器的指令系统，汇编语言程序设计，存储器系统，浮点部件，输入输出与中断技术，可编程接口芯片，微机硬件新技术，多媒体外部设备及接口卡，多核计算机
编译原理	文法和语言，词法分析，自顶向下语法分析方法，自底向上优先分析，LR分析，语法制导的语义计算，静态语义分析和中间代码生成，运行时存储组织，代码优化和目标代码生成，课程设计，编译器和相关工具实例
操作系统	操作系统概述，硬件结构，操作系统结构，内存管理，进程与线程，操作系统调度，进程间通信，同步原语，文件系统，设备管理，系统虚拟化，多核与多处理器，文件系统崩溃一致性，网络协议栈与系统，轻量级虚拟化，操作系统安全，操作系统调测，形式化证明
C语言、C++语言程序设计	C语言概述，C语言基本概念，格式化输入/输出，表达式，选择语句，循环，基本类型，数组，函数，程序结构，指针，指针和数组，字符串，预处理器，编写大型程序，结构、联合和枚举，指针的高级应用，声明，程序设计，底层程序设计，标准库，输入/输出
Java程序设计	Java的来历、地位和重要性，Java的基本语法，面向对象的基础知识，字符串与常用类，集合框架、集合类和泛型类等概念，Java的I/O编程，Swing组件的编程，Jdbc编程，多线程技术，网络编程
Python编程与应用	Python编程入门，Python序列操作，结构化程序设计，Python函数、模块与类，文件及文件夹操作，交互界面设计，网络爬虫应用
数据库原理与应用	数据库基础知识，数据模型，SQL Server 2016数据库基础，关系数据库标准语言，Transact SQL程序设计进阶，关系数据库规范化理论，MongoDB数据库基础，数据库的安全和维护，数据库设计，Java与数据库编程示例

续表

专业课程	核心知识点（主要章节内容）
大型数据库	Oracle，PL/SQL 编程，Oracle 数据库的体系结构，Oracle 数据库的管理，Oracle 数据库对象的管理，Oracle 数据库的安全性
数据结构和算法	抽象与分析，数据的抽象，容器类，链式结构和迭代器，堆栈和队列，递归，树，C 类，C 的动态内存，C 的链式结构，堆、平衡树和散列表，图，算法技术
企业级业务架构设计	业务架构的发展历程，业务架构的作用及与 IT 架构的关系，业务模型，业务架构的设计起点，业务架构的设计过程，业务架构的设计难点，从业务架构模型到业务架构方案，中台设计
信息资源管理	信息资源管理概述，信息生命周期管理，信息系统资源管理，网络信息资源管理，政府信息资源管理，企业信息资源管理，信息资源管理法规，网络信息与大数据资源及配置，信息资源管理技术
信息系统分析与设计	信息系统基本概念，系统分析，系统设计，面向对象分析，UML，面向对象设计
信息系统开发	信息系统开发过程管理，信息系统总体规划，业务流程及功能需求分析，系统分析建模，信息系统设计，系统测试与运行维护
IT 项目管理	项目组织与项目团队管理，项目集成管理，项目范围管理，项目进度管理，项目成本管理，项目质量管理，项目组织与人力资源管理，项目沟通管理，项目风险管理，项目收尾管理
客户关系管理	客户关系管理理念，客户关系管理技术，客户关系的建立，客户的信息，客户的分级，客户的沟通，客户的满意，客户的忠诚，客户关系的挽救
管理信息系统	职能信息系统，层次信息系统，流程信息系统，行业信息系统，企业信息管理，信息道德与信息系统分析员修养
决策支持系统	决策支持系统概述，决策分析的基本理论，决策分析的常用方法，决策支持系统的核心组件，群决策支持系统设计与应用，决策支持系统生成器设计与应用，智慧城市下的大数据决策

续表

专业课程	核心知识点（主要章节内容）
商务智能与分析	商务智能、分析和决策支持概述，预测建模相关技术，文本分析、文本挖掘和情感分析，网络分析、网络挖掘和社交分析，基于模型制定决策，启发式搜索方法和仿真，自动决策系统和专家系统，知识管理和协作系统，大数据与分析

3.1.2.3 大数据管理与应用专业知识

2016年2月，教育部新增了数据科学与大数据技术专业（080910T），截至2021年6月底，全国共有629所高校开设该专业，成为我国培养大数据人才的主要力量。近年来，国内大数据行业普遍存在"轻管理、重技术""轻应用、重分析""轻业务、重工具"的行业现状，忽视业务驱动，虽然掌握了技能，但无法结合业务场景进行应用，不能够很好地解决工作中遇到的实际问题。为了改变大数据人才培养中偏重计算机技能培养、忽视综合性培养的状况，教育部于2018年设立了"大数据管理与应用"专业（120108T），截至2020年年底全国共有82所高校设立该专业，其目的就是培养具备商业智能的理念、掌握数据分析的基础理论和常用算法、对业务流程有明确的认知、能够清晰地归纳和设计分析需求、熟练运用数据分析工具的综合性大数据人才[1]。大数据管理与应用专业以"互联网+"和大数据时代为背景，主要研究大数据分析理论和方法在经济管理中的应用以及大数据管理与治理方法。主要专业方向有：商务数据分析、商务智能、电子健康、大数据金融、数据挖掘、大数据管理与治理等。一直以来，我国高校开设的数据分析、商业智能等相关的课程一直围绕计算机技术开展。

笔者从培养大数据技术与管理并重的"技管双强"的交叉复合型人才的专业定位出发，构建与其相适应的业务驱动与数据驱动的课程体系，相应的核心课程知识体系如表3-4所示。

---

[1] 李春昱. 大数据管理与应用专业课程体系建设探索[J]. 无线互联科技，2021，18(5)：114-115.

表 3-4　大数据管理与应用专业专业知识体系

专业课程	核心知识点（主要章节内容）
Python 程序设计	Python 编程入门，Python 序列操作，结构化程序设计，Python 函数、模块与类，文件及文件夹操作，交互界面设计，网络爬虫应用
数据库原理与应用	数据库基础知识，数据模型，SQL Server 2016 数据库基础，关系数据库标准语言，Transact SQL 程序设计进阶，关系数据库规范化理论，MongoDB 数据库基础，数据库的安全和维护，数据库设计，Java 与数据库编程示例
数据采集与处理	模拟信号的数字化处理，模拟多路开关，测量放大器，采样/保持器，模/数转换器，数/模转换器，数据的接口板卡采集，数字信号的采集，采样数据的预处理
Hadoop 开发技术	VMware 中安装 CentOS，CentOS 7 集群环境配置，Hadoop，HDFS，MapReduce，ZooKeeper，HDFS 与 YARN HA，HBase，Hive，Sqoop，Kafka，Flume，Storm，Elasticsearch，Scala，Spark
Python 数据分析与应用	Python 数据分析概述，NumPy 数值计算基础，Matplotlib 数据可视化基础，pandas 统计分析基础，使用 pandas 进行数据预处理，使用 scikit-learn 构建模型
数据分析与可视化	数据思维，数据分析基础，数据库应用基础，数据可视化，数据分析实战
数据仓库与数据挖掘	数据仓库概述，数据仓库设计，OLAP 技术，数据挖掘概述，关联分析，序列模式挖掘，分类方法，回归分析和时序挖掘，粗糙集理论，聚类方法，其他挖掘方法
大数据可视化技术	数据可视化概述，数据可视化基础，时间数据可视化，比例数据可视化，关系可视化，文本数据可视化，复杂数据可视化，数据可视化中的交互
大数据商业模式	大数据时代的到来，大数据商业模式，数据中心建设与综合处理模式，语音视频识别模式，商业智能软件与 IT 服务模式
商业数据分析实战	数据科学家的工作，商业数据分析流程，柱状图，交叉列表统计，多元回归分析，逻辑回归分析，决策树分析，机器学习

续表

专业课程	核心知识点（主要章节内容）
大数据文本分析	文本挖掘的概要，Python概要和实验准备，文本分割和数据分析的方法，频率统计的实际应用，文本挖掘的各种处理示例
大数据产品设计	数据产品经理，数据分析思维与实践，数据仓库理论与应用，大数据分析平台实践，用户行为分析平台实践，AB实验平台，大数据产品在各个领域中的应用
人工智能	人工智能数学基础，手工打造神经网络，TensorFlow与PyTorch，卷积神经网络，目标分类，目标检测，图像语义分割，循环神经网络，自然语言处理，生成对抗网络，强化学习

3.1.2.4 会计学专业知识

当今社会已经迈进"大智移云物区"的发展时代，企业所处的市场经济环境发生了翻天覆地的变化，这对会计人员的就业也产生了巨大的影响。市场环境越来越复杂，大部分企业对会计专业人才的需求也逐渐从之前的单一核算类型向懂管理、懂法律、掌握市场形势、能对企业之后的经营管理和发展道路提供指导意见的复合型人才转变。

会计专业转型是必然的，但需要注意以下五点：一是"会计还得大发展"，在新时代新征程上，在构建双循环新发展格局中，讲中国会计故事才刚刚开始，马克思说过，经济越发展，会计越重要，目前我国资本市场和经济发展态势以及复杂多变的商业环境，也决定了会计越来越重要；二是"会计还应是会计"，会计专业应有自身的理论基础、研究范式和专业边界，不可以最后转得"四不像"（不像人工智能、不像大数据、不像信息管理、不像工商管理）；三是"会计还是要做会计的事情"，普通核算型工作，比如财务、审计、税务等财务基础人员会逐步地减少，这个趋势是渐进和已成必然的，但财务人员也不会完全被人工智能取代，如分析决策、内部控制、税务筹划等，由于每家公司各有不同，情况复杂多变，是很难被人工智能取代的；四是"会计还得围绕会计发展"，会计的基础是账务处理，账务处理的前端是会计确认和会计职业判断，这需要精通会计准则和法规以及基于企业价值最大化的管理逻辑，账务处理的后端就是会计数据经营，一定要站在经营的角度对数据进行全流程处理，要坚持"知晓数据经营流程、但更应精通如何让数据创造价值"，利用数据看到企业背后的实际情况和洞察行业发展趋势，为企业发展壮大统筹规划，做好 CEO、CIO、CDO 等的战略支撑者；五是"会计专业特色发展还得从会计系统入手"，过去专业特色发展比较看重特色课程，将来会计专业特色发展还得围绕会计业务链构建"会计实践—知识创新—教学组织—高效学习—校企融合—理论研究—应用转化"开放式循环发展特色体系，回归资金运动过程，"特"的重点在于"微创新"下的人才培养生态集成，而不要简单地抛弃会计本身盲目地奔向人工智能、大数据等。

因此，在笔者看来，一种新的会计本科专业课程体系将沿着"企业架构与分析→业务分析→会计准则理论与实务→会计职业判断→复杂账务处理→会计报告与分析→数据挖掘与分析→财务数据经营→智能财务决策→财务系统设计与运营"进行布局和设计，如表 3-5 所示。

表 3-5　未来发展下的会计学专业专业知识体系

专业课程	核心知识点（主要章节内容）
基础会计学	会计科目与账户，复式记账原理，复式记账原理的应用，会计凭证，会计账簿，编制报表前的准备工作，财务报表，会计工作组织
企业架构与分析	业务架构的发展历程，业务架构的作用及与 IT 架构的关系，业务架构模型，业务架构的设计起点，业务架构的设计过程，业务架构的设计难点，从业务架构模型到业务架构方案，基于业务架构方案的实施过程，构建轻量级架构管理工具
管理系统与业务分析	系统理论概述，管理系统分析，管理系统结构，管理系统环境，管理系统控制，管理系统评价，管理系统评估，管理系统集成，管理系统创新，业务流程分析
会计计量基础	会计计量的发展与会计信息质量要求，会计计量属性，资产的计量，盈利计量与业绩评价，会计核算的制衡机制，会计计量的不确定性与财务风险

续表

专业课程	核心知识点（主要章节内容）
会计准则理论与实务	企业财务会计的基本概念及其概念框架，企业财务报告的质量特征，公允价值计量，资产负债观与收入费用观研究，会计重要性，企业财务报表的列报，收入、股权激励的会计处理问题，资产减值问题研究，所得税会计准则
资金运动与会计勾稽	企业基本资金运动综合分析，成本计算的"三大观点"，成本与收入的产前、产中控制，资金运动总账，会计报表勾稽关系
会计职业判断	判断与职业判断，会计职业判断的内涵与本质，会计职业判断主体，会计职业判断客体，会计职业判断环境
复杂账务处理	合并财务报表，租赁会计，衍生金融工具会计，股份支付会计，分部报告，清算会计
会计报告与分析	理论分析，制度框架，概念框架与报表体系，投资性资产项目，经营性资产项目，负债与权益项目，利润表项目，现金流量表项目，流动性与偿债能力，盈利性、流动性与偿债能力
数据挖掘与分析	数据挖掘与分析，数值属性，类别型属性，图数据，核方法，高维数据，数据降维，项集挖掘，序列挖掘
财务数据经营	大数据时代的数据科学家，让数据分析服务于经营，用统计学揭示数据内涵，用相关分析挖掘潜藏商机，用回归分析预测未来，用检验做出战略决策
智能财务决策	智能财务决策概述，智能财务决策理论基础，智能财务决策步骤，智能选股投资决策，融资智能分析，智能财务困境预测，智能营销决策分析，智能坏账风险决策
财务系统设计与运营	传统财务会计系统，企业集团财务转型，财务共享服务中心，业财税一体化，其他财务系统

3.2 认知体系

3.2.1 认知内涵

认知的力量是巨大的，持续提升自己的认知水平，对于经济管理人才是非常重要的。战略远见、行业洞察、经营思想、精准分析、管理理念、前瞻构想、精细方案，等等，这些认知永远都是经济管理者所追求的，也是区别优秀与平庸的标志或象征。

达克效应（D-K Effect），全称为邓宁-克鲁格效应（Dunning-Kruger Effect）。它是一种认知偏差现象，指的是能力欠缺的人在自己欠缺能力的基础上得出自己认为正确其实错误的结论，行为者无法正确认识到自身的不足，辨别错误行为。

1999年，心理学家邓宁和克鲁格在其论文《论无法正确认识能力不足如何导致过高自我评价》中做了一项研究：在一群大学生中，做不同的测试，然后让他们做出自我评价。结果显示，测试成绩最差的那群人，反而认为自己名列前茅。邓宁-克鲁格效应告诉了我们成长之路的艰难。随着本领的增长，一个人的自信会迅速升到高峰，在"初生牛犊不怕虎"和"无知者无畏"驱动下，不知"天有多高、地有多厚"，自然就会有一种"舍我其谁"的极度自信。然而，此刻却也是最愚昧之时。直到某一天（这一天也有可能永远都不会到来），一个这样的盲目自大者突然遇到了真正的强者，这个强者做的某件事，颠覆了他的世界观，将他的盲目自信和骄傲自大顷刻间摧毁殆尽。例如，一个人可能一直自认是象棋高手，直到一个真正的高手只用一半棋子就将他轻松击败。如果你不肯再努力一步，跨过这道坎，你会迅速跌入绝望之谷。这时，在无比残酷的事实面前，他会有两个选择：一是逃避，会把失败归结到客观因素，认为是运气或者其他客观因素导致了自己失败，他就滑入了"逃避之渊"，终身都难有成就；

二是发自内心地认识到自己的不足，人外有人，天外有天。经过一段时间的痛苦和探索后，他将会在某一天找到提升自己的方法（同样的，这一天也有可能永远不会来临），自信水平也开始缓慢回升，他也就进入了智慧的第三阶段："开悟之坡"。只要能持续积累，不断练习，通过开悟之坡，我们就能成为这个领域真正的高手（见图3-5）。

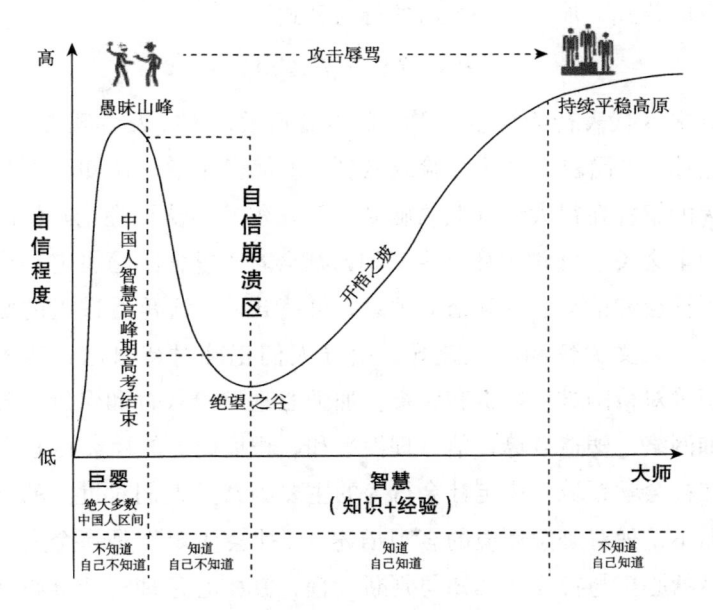

图3-5 达克效应

达克效应告诉我们，认知水平持续提升是非常重要的。所谓成长，就是认知升级。那么，什么是认知呢？和很多概念一样，在不同的学科领域，认知有不同的定义。在心理学领域，认知是指信息的加工过程[1]。对行为主义心理学的不满和反抗是产生认知心理学的一个重要的内部原因。行为主义心理学认为，人的一切行为完全由客观环境决定。认为人们只需了解外界环境条件，就能够预言行为；只需控制外界环境变量，就能控制行为。反对严格的环境决定论，意味着心

---

[1] 心理学对于"认知"有多种不同的特定理解，一是认知是信息的加工过程，许多认知心理学家把人看成信息加工器，认为认知就是对信息进行加工处理的过程；二是认知是在心里进行符号处理；三是认知是问题的解决；四是认知即思维；五是认知是一些相互关联的活动，如知觉、记忆、思维、判断、推理、问题解决、学习、想象、概念形成、语言使用等。

理学在研究对象上的重大变化,即从单纯研究刺激和反应转而要研究中间环节——内部的心理活动。尽管现代认知心理学主要是在反对行为主义心理学的过程中产生的。但对行为主义的某些观点也做了继承。比如,它继承了新行为主义者托尔曼(Tolman)的认识理论。托尔曼强烈反对把意识作为心理学的研究对象,但他也不满意华生的刺激—反应公式,他提出一个新的行为公式:

$$B = f(S、P、H、T、A)$$

其中 B 代表行为变量,S 代表环境刺激,P 代表生理内驱力,H 代表遗传,T 代表过去的经验或教训,A 代表年龄。认知心理学对人的行为的解释在很大程度上的确受益于托尔曼的认识理论。党的十六届六中全会关于《构建社会主义和谐社会若干重大问题决定》中首次阐述了社会和谐与心理和谐的关系,并指出:"注重促进人的心理和谐,加强人文关怀和心理疏导,引导人们正确对待自己、他人和社会,正确对待困难、挫折和荣誉。加强心理健康教育和保健,健全心理咨询网络,塑造自尊自信、理性平和、积极向上的社会心态。"

在社会学领域,决定社会行为的主要因素是人们对世界的社会知觉,而不是他对刺激环境的客观描述。"社会认知"是指个人对他人或自己的心理与行为的感知与判断过程,其核心是理解社会心理现象的信息加工过程及潜在机制。例如,一个客观奖励(如金钱和表扬)被看成一种贿赂、引诱或阿谀奉承时,和被认为没有操纵别人的企图相比,对人们的影响是不同的。因此,决定一个人做出什么样反应的因素是个人的知觉,而不是给予者的奖励行动。甚至一个人不在场也能影响另一个人的活动,这极大地取决于个人的知觉对客观刺激的排除。一个人可能因想象某人会对自己发脾气而感到害怕。因此决定社会行为的原因是双重认知性的:我们对他人实际行为的知觉和我们所想象的他人行为,都决定着人的行为。

社会认知涉及人对社会性客体之间的关系等方面的认知,以及对这种认知与人的社会行为之间的关系的理解和推断[1]。思想经常在情

---

[1] 林崇德,张文新. 认知发展与社会认知发展 [J]. 心理发展与教育,1996 (1):50–55.

感和行为之前发生，一个人可能思虑一个贿赂引诱（思想），憎恨这种做法（情绪）从而拒绝之（行为）。中国拥有五千年的传统文化，势必形成与西方完全不同的心理特征，中西方社会认知存在着巨大的差异。基于各种社会刺激的类属及其本质，从根本上说社会认知可分为自我层面的认知、人际层面的认知、群际层面的认知以及裹缠着社会归因与社会推理的社会决策。在新时代，中国人的社会认知研究首要考虑的应该是如何构建一个高屋建瓴式的符合中国文化与中国国情，同时又合乎社会认知研究走向的中国化的社会认知理论框架❶，如图3-6所示。

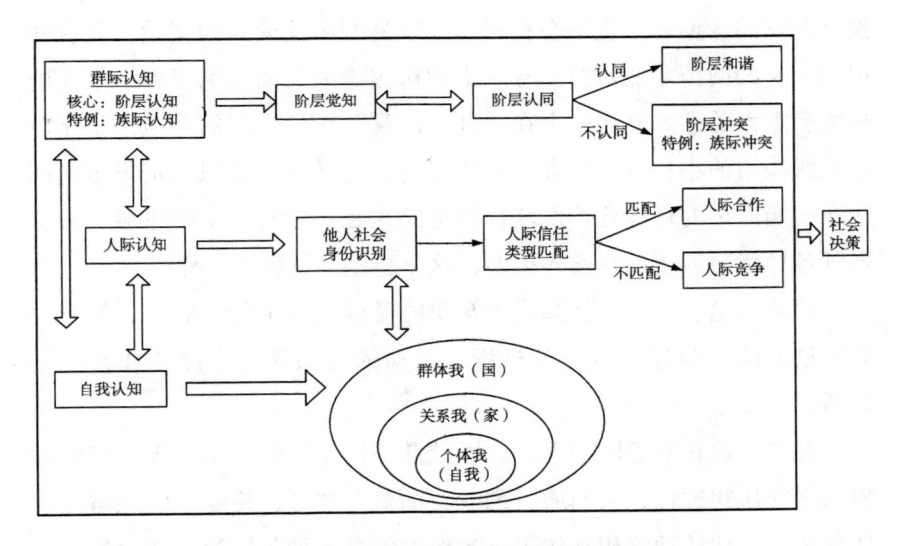

图3-6 中国化的社会认知理论框架

本书涉及的认知包含普通高等学校培养具有优秀决策潜质的管理类本科专业学生培养路径和作为经营管理者的个人成长路径两个领域。这两个领域是相通的，管理类本科专业学生毕业后走上经营管理岗位，也就开启了自身认知不断提升的旅程。我国经济社会发展以及"两个一百年"目标的实现离不开管理作用的发挥，管理和科学技术一样，也是一种生产力，国民经济和社会的发展依赖管理水平的提

---

❶ 王沛. 社会认知心理学 [M]. 北京：北京师范大学出版社，2015.

升。一流的管理类本科专业人才培养质量是管理作用发挥的根本保障。未来的管理类本科专业学生不仅需要较高的素养和一定的专业知识，还需要具备扎实和系统的行业知识，以及极强的整合连接能力、创造力、想象力、批判思维、开拓精神以及管理和领导能力，即认知水平提升是区别管理类本科专业学生人才培养与其他专业人才培养的关键。

在实际工作中，注意到以下现象：一是知识丰富可以帮助管理者做出更有效的决策，互联网的出现产生了无限数量的数据和信息，为了应对信息过载，管理人员需要把数据组织整理成有意义的和可控的集群知识。二是信息输入，人的本质就是一个CPU，运算能力再强，没有足够的数据输入也不会有产出。三是阅历是认知的基础，要有知识和一定的阅历才能对自己有一个相对正确的认知。见识和一个人的环境有重大关系。就像一个在"北上广深"生活学习的小孩，不比内地三线城市的小孩智力更高、情商更高，但是他的见识一定更多。因为在一线城市的环境让他们获得信息的途径、参与活动的机会、碰上各种各样优秀人才的机会多得多，这就造就了见识不一样。

因此，笔者提出：认知是在知识的基础上由情景、思维、阅历协同驱动去认识和理解事务的过程，认知的结果是一个综合和精准的判断。

首先，认知不等同于思维。思维是一种比知觉、记忆等认识活动更高级的认知过程，人们通过判断、抽象、推理、想象、问题解决这些复杂的心理活动的相互作用，实现对信息的加工转换，产生新的心理表征。注意、感知、记忆为思维活动的产生奠定了基础，思维包含注意、感知、记忆的成分和内容。认知由思维驱动，但认知还包括思维结果的验证和推演，即如何判断格局是恰当的？假定格局是正确的，按这种格局进行下去，将会怎样？

其次，认知也不同于能力。能力体现在"方案构想—方案决策—行动谋划—高效执行—人员组织—激励约束"方面，就是如何做正确的事并把事情做好。能力最终是一种线性映射。如同程序里的函数，输入A，就产生B。一旦学到了，就变成简单的模式化。能力本质是一个封闭式问题，而认知更多是一个开放式问题。

3.2.2 三位一体

知识是人类对物质世界以及精神世界探索的符合文明方向的结果总和。知识是人类从各个途径中获得的经过提升、总结与凝练的系统认识。在哲学中，关于知识的研究叫作认识论，知识的获取涉及许多复杂的过程：感觉、交流、推理。知识也可以看成构成人类智慧的最根本因素，知识具有一致性、公允性，判断真伪要讲逻辑，而非立场。简单地讲，知识就是"经验的固化"，它满足三个条件：被验证过的、正确的、被人们相信的。

主体通过与环境相互作用后获得的信息，在心理学上称为知识。陈述性知识是描述客观事物的特点及关系的知识，也称为描述性知识，即"是什么"的知识。陈述性知识主要包括三种类型：符号表征、概念、命题。程序性知识是关于办事的操作步骤的知识，即"如何做"的知识，如骑马的知识、开车的知识、计算机数据输入的知识等，也称操作性知识。这类知识主要用来解决"做什么"和"如何做"的问题，用来进行操作和实践。只有那些能够广泛应用和迁移的知识，才能转化成能力。能力，是完成一项目标或者任务所体现出来的综合素质。能力以有无或效率高低来衡量。能力在运用知识解决问题的过程中表现出来。能力不仅包含了一个人现在已经达到的成就水平，而且包含了一个人具有的潜力。例如，一个读书很多的人，可能有较丰富的知识，但在解决实际问题时，却显得能力低下，说明他的知识只停留在书本上，既不能广泛迁移，也不能用来解决实际问题。

根据认知行为理论知识并不直接转化为能力。认知行为理论将认知用于行为修正上，强调认知在解决问题过程中的重要性，强调内在认知与外在环境之间的互动。认知行为理论认为外在的行为改变与内在的认知改变都会最终影响个人行为的改变，主要包括问题解决、归因和认知治疗原则三个方面。所谓问题解决是增强个体界定问题、行动目标、规划及评估不同行动策略的认知能力。达到能够在不同情况下不断调整自己的认知，能够从他人的角度看待问题和行动目标。所谓归因是指个人对事件发生的原因的解释。所谓认知治疗原则，指的是修正一些认知上的错误的假定，包括过度概括、选择性认知或归因、过度责任或个人肇因假定、自我认错或预罪、灾难化思考、两极化思考等。

管理者在知识的基础上对知识进行整合、分解、连接、嫁接、抽象、综合、批判、创造、想象等加工后形成的格局是做出高质量决策和形成管理能力（执行行为）的基础。当经营管理者面对一个陌生领域的问题时，通过学习相关知识，分析现状找到问题的关键，形成对该问题的一个综合和精准的判断，即认知，基于该判断给出解决方案（决策）。一旦形成判断，剩下的就是高效率地执行。如果能高效率地解决问题，就体现出了较高的综合素质，也就是强能力，如表3-6和图3-7所示。

表3-6 知识、认知、能力的区别

	表现形式	获取方法	功能价值
知识	已有成果和信息	学习整理	系统认识
认知	综合和精准的判断	否定之否定	洞察建构
能力	高效率地解决问题	练习实践	完成目标

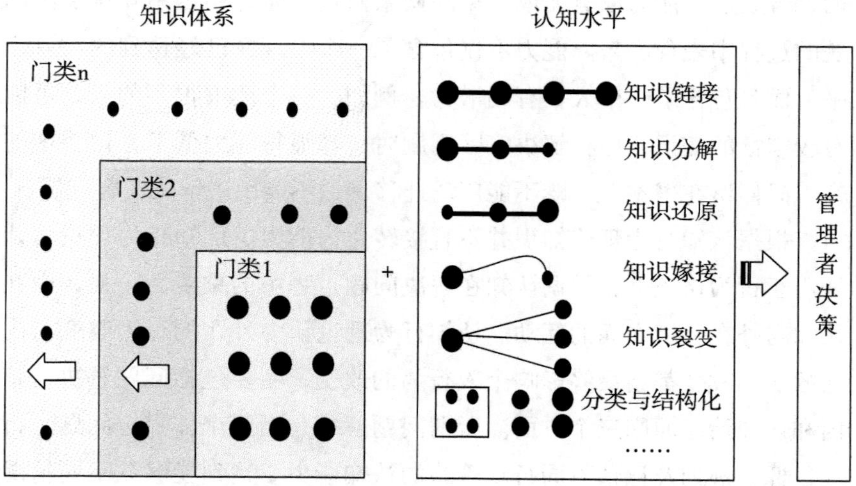

图3-7 知识、认知和能力的区别

就管理类本科专业学生人才培养和经营管理者成长而言，知识学习是"复印机"，是初级心理过程，重在理解与记忆；认知提升是"搅拌机"，是高级心理活动，重在思维与重构；能力培养是"转换器"，是高效输出与执行过程，重在效率和效果。因此，知识学习是基础，认知提升是桥梁，能力培养是目标。知识到能力的转化，必须借助认知这一环节。

例如，做好销售管理工作，必须要拥有行业和市场概况、产品结构、参数和价格、目标客户类型和特点等方面的知识，要完成销售目标必须拥有客户信息搜集、陌拜、商务礼仪、沟通谈判、合同签订等能力。拥有这些你可以较好地成为一名合格的销售管理人员，但是如何判断市场需求的变化、洞察客户需求特征、潜在客户在哪里等问题，这就需要强大的认知力了。

知识、认知、能力三者是密不可分的，且具有一体化的特征，如图3-8所示。

知识 → 认知 → 能力

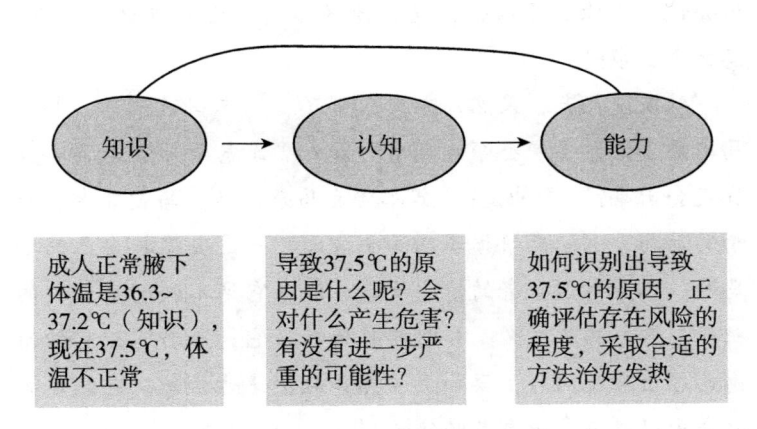

| 成人正常腋下体温是36.3~37.2℃（知识），现在37.5℃，体温不正常 | 导致37.5℃的原因是什么呢？会对什么产生危害？有没有进一步严重的可能性？ | 如何识别出导致37.5℃的原因，正确评估存在风险的程度，采取合适的方法治好发热 |

图3-8 知识、认知和能力一体化

知识是认知和能力的基础，知识本身不能产生结果，例如，掌握汽车驾驶、交通规则等知识，并不意味着能够开车。知识并不直接转化为认知和能力，在形成某种认知和能力时，必须运用某些储存在大脑中的已有知识。能力体现在行为上，但是高效率的行为必须解决行为产生的意识、理念等问题。根据认知行为理论❶，如果人们有正确的认知，他的行为就是正常的，如果他的认知是错误的，则他的行为都可能是错误的。能力不仅包含了一个人现在已经达到的成就水平，而且包含了一个人具有的潜力。从一个人掌握知识、技能的速度与质量上，可以看出其能力的高低。

春秋战国时期的一天，齐桓公向他的大臣管仲夸耀："你看我这马车怎么样？"管仲说："马车不错。"齐桓公接着说："不但马车不错，我这马车夫驾马的技能也是齐国最好的。"管仲听了后就问马车夫："既然主公说你是最好的马车夫，那你驾马车的主要经验是什么呢？"马车夫说："我驾马车的经验就是要让每一匹马都竭尽所能地去跑，如果有哪匹马速度慢了，我就用皮鞭抽打它，这样自然它就会跑得非常快。"管仲点点头，然后向齐桓公说："主公啊！这个马车夫不能用，我敢断定这马车夫驾车不出十天就会出事。"齐桓公说："你这是瞎说，这么棒的车夫，还有这么好的车，怎么会出事呢？"

结果没几天，果然马车夫出事了，马车当道翻车，整个马车散了架。齐桓公事后问管仲说："你怎么知道这马车夫肯定会出事？"管仲说："驾车要靠马来拉车。马是非常重感情的动物，它的感情体现在两个方面，一是会惦挂自己的小马驹；二是对驾驭者的情感反馈。现在它见不到尚未长大的孩子，这个马车夫又是如此粗暴地对待它，鞭打它，它的情感已经出现了问题，再加上一直如此快速地奔跑，它的体力也会出现衰竭，出事是必然的。"

---

❶ 认知行为理论是一组通过改变思维或信念和行为的方法来改变不良认知，它是认知理论和行为理论的整合，是对认知理论和行为理论所存在缺陷的一种批评和发展，但是却不是简单的相加，或者拼凑。具有代表性的有艾利斯的合理情绪行为疗法（REBT），贝克和梅肯鲍姆的认知行为矫正技术等。认知行为强调认知活动在心理或行为中发生作用，在社会工作的实务中既采用各种认知矫正技术，又采用行为治疗技术。

在认知行为理论下，人是由认知、情感、行为构成的一个整体，如果你要人去做一件事：首先，你的认知要正确；其次，要与他建立情感上的联系；最后，做好行为的强化。

普通人在智商上，并无太大差异。真正的差异都出现在认知上。弗洛伊德在《梦的解析》中，讲过一个小故事。一个女孩在父亲的葬礼上遇到一位很帅的男士。女孩彻底迷上了这位男士，整日朝思暮想，期待与这位男士再次邂逅。不久后，她姐姐遇害了。凶手正是女孩。一般人很难理解，想见这位男士为什么要杀害自己的姐姐呢？因为女孩第一次遇见他，就是在一次葬礼上。所以，她认为只有再制造一场葬礼，这位男士才会出现。在女孩的认知里，这位男士与葬礼存在必然联系。认知决定了你如何看待自己，看待他人，看待整个世界。看法不同，行为就不同，产生的结果自然也不同。很多经营管理者失败的原因在于认知上出现了偏差，导致了决策失误。

《认知突围》这本书提出的"劳动性人缘"和"资产性人缘"概念能够解释这个现象。劳动性人缘是建立在他能给人提供及时性的正面反馈上，你有个小忙只要开口，他必会尽心尽力。但他的好人缘建立在不断付出的沙堆上，看似垒得很高，轻轻一碰，就会坍塌。而很多有钱的人则不同，他们从不轻易请人吃饭，从不随意给人帮忙，但却总有一堆人围着他转，这就是"资产性人缘"，他的好人缘建立在他有值得他人"图谋"的地方，所以哪怕他什么恩惠都不施，只要有潜在的收益存在，他的好人缘就会一直存在。

人的认知水平与社会有很大关系。社会阶层（Social Class）是心理学探究的一个新的前沿领域，指的是由于经济、政治等多种原因而形成的，在社会层次结构中处于不同地位的群体，这些群体之间存在着客观的社会资源（收入、教育和职业）的差异，以及感知到由此造成的社会地位的差异。认知在一定程度上会影响阶层的跃升，但真正决定社会阶层的是认知后的行为以及行为的结果。很多人都有创业的想法，认为只要自己创业成功就能登上人生巅峰。Kraus

等（2012）从社会认知视角出发[1]，提出客观物质资源和主观感知的社会地位差异导致了高低不同社会阶层的形成。处于同一社会阶层中的人们由于共同的经历，形成了相对稳定的认知倾向。低社会阶层者与高社会阶层者所拥有的社会资源存在差异，他们的社会认知也有所不同。

当"泰坦尼克号"游轮撞上冰山时，头等舱的旅客看到了即将撞上的冰山，正急忙回房间整理东西准备转移；二等舱的旅客感觉到了船体的摇晃，正在问出了什么事；三等舱的旅客还在喝酒或睡大觉；四等舱的旅客正在导游带领下，赞叹船的伟大与壮观；五等舱的旅客正集体学习并讨论冰山的渺小。在这个故事中，船舱的等级代表的是社会阶层，因为所处的社会阶层不同，所以不同的人对同一事件的反应和应对是完全不同的。这个故事是社会阶层对个体认知有影响的最好例证。低社会阶层者与高社会阶层者所拥有的社会资源存在差异，他们的社会认知也有所不同，具体体现在社会认知倾向、归因风格、自我概念、人际关系策略四个方面[2]，如表3-7所示。

《富爸爸穷爸爸》[3]告诉我们：缺乏对金钱的正确认知，再辛苦也只能是穷爸爸，如表3-8所示。清崎有两个爸爸："穷爸爸"是他的亲生父亲，受过良好的教育，聪明绝顶，拥有博士的光环，是一个高学历的教育官员；"富爸爸"是他好朋友的父亲，一个高中没毕业却成为善于投资理财的企业家。穷爸爸爱说"我可付不起"这样的话，当遇到钱的问题时，总是习惯于顺其自然；而富爸爸却会问"我怎样才能付得起呢"，会去想办法解决问题。穷爸爸努力存钱；而富爸爸不断投资。

---

[1] KRAUS M W, PIFF P K, MENDOZA-DENTON R, RHEINSCHMIDT M L, KELTNER D. Social class, solipsism and contextualism: How the rich are different from the poor [J]. Psychological Review, 2012, 119 (3), 546-572.

[2] 胡小勇，李静，芦学璋，郭永玉. 社会阶层的心理学研究：社会认知视角 [J]. 心理科学, 2014, 37 (6)：1509-1517.

[3] 《富爸爸穷爸爸》是《富爸爸》系列图书的第一本，这本书1999年4月在美国出版，仅仅半年时间就创下销售10075万册的佳绩。

表3-7 社会阶层对个体社会认知倾向、归因风格、自我概念、人际关系策略的影响

社会阶层	特点	社会认知倾向	归因风格	自我概念	人际关系策略
低社会阶层	拥有较少的社会资源并感知到较低的社会地位；受教育机会较少，居住的环境较恶劣，并时常感到失业的威胁，生活充满了不确定性和不可预测性	情境定向，倾向于认为心理和行为受情境因素的影响；情境因素的影响是真实的、结构性的影响（例如，社会不公、社会服务不足、也可以是外部力量对行为影响的预期，例如，对低社会阶层歧视的预期）	对事件进行外部归因，将原因归结为个人自身之外的条件和因素，包括机会和他人影响、环境等；认为社会阶层不是由基因决定的，是可以改变的	形成互依的自我概念，更多自发地表进与环境密切相关的那部分自我。自我控制感较弱	偏好互依的关系，对他人的情绪和行为更加敏感，对互动对象的移情更加准确，更具有同理心，有更多的亲社会行为
高社会阶层	拥有较多的社会资源，并感知到较高的社会地位和相对较少的社会限制	个人定向，倾向于认为人的行为主要受个体内因素（特质、目标、情绪等）的影响，忽略和抵制情境因素对行为的影响；行为由目标、情绪等个体内部因素激发	对事件进行内部归因，将原因归结为个人自身的原因，包括人格、动机、能力、心境、个人努力等；认为社会阶层是与生俱来的，不可改变的	形成独立的自我概念，更倾向于用内存特质来进行自我表达。自我控制感较高	偏好交换的关系，关注于自身的独特性，对互动对象的移情准确性较差，较少具有同理心，有较少的亲社会行为

表 3-8 《富爸爸穷爸爸》里的三个认知

	穷爸爸	富爸爸
工作认知	穷爸爸认为,一个有出息的人需要读书,上不错的大学,去找一份不错的工作。这样可以带来稳定收入。在穷爸爸看来,人就是在为钱而工作	创造金钱,让钱为人工作,让钱来生钱
资产认知	金钱是真实的资产	金钱不是真实的资产
职业和事业认知	为自己的职业在忙碌	为自己的事业在忙碌

曾国藩说过,"凡办大事,以识为主,以才为辅;凡成大事,人谋居半,天意居半"。这里的"识",往小里说,就是阅历和见识;往大里说,就是认知。一个人对事物认识和理解的程度越高,眼界就越高远,做人的格局也就越大,自然就有"会当凌绝顶、一览众山小"的境界。因此,人才是知识、认知和能力的综合体(见图3-9)。

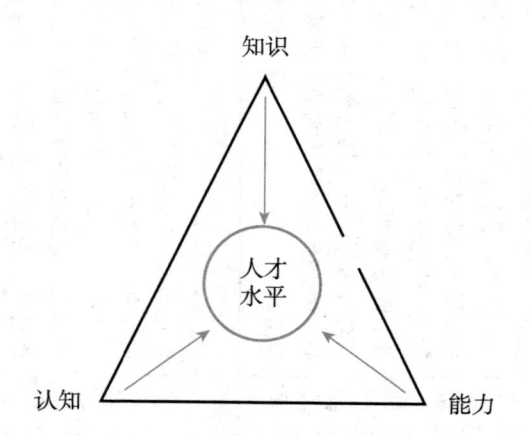

图 3-9 人才的知识、认知和能力综合定义

管理类本科专业学生的培养和经营管理者的个人成长过程就是不断提升"知识、认知、能力"水平的过程。该过程依赖学习、思考、实践、感悟、行动。学习、思考、实践、感悟、行动是一个学而思、思而践、践而悟、悟而行的螺旋式上升、循环往复的过程,永无止境(见图3-10)。

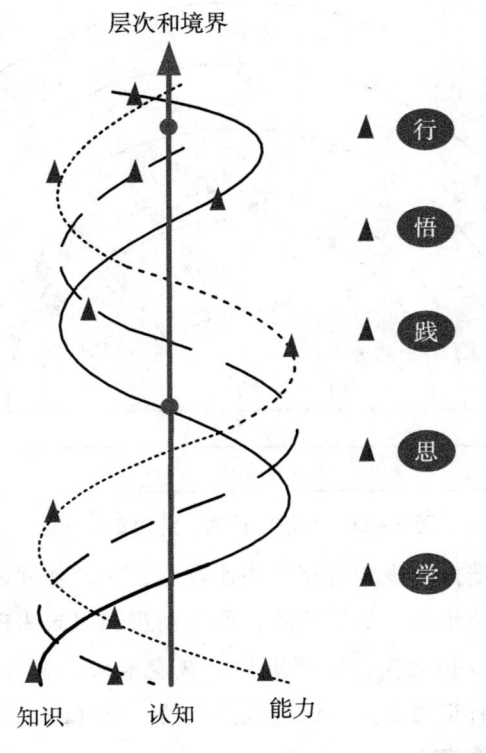

图 3-10　知识、认知、能力水平提升的三螺旋模型

信息社会、学习型社会的到来，使"学习"的概念日益深入人心，及时学习、创新学习的重要性不言自明。如何理解学习？学习的形式发生了哪些变化？如何做到"学以致用"？这些问题在全社会引起了广泛的深思和讨论（见图3-11）。

学而思，才能习得到手、考虑到家。"学而不思则罔，思而不学则殆"，单纯学习不思考容易浑浑噩噩、不清不楚，片面思考容易脱离实际、误事犯错。学习和思考没有先后之分、轻重之别，只有形影相随、致力于用，才能提高技术、优中育优；只有立足实际、学思结合，才能发现问题、攻坚克难，从而不断提高自我、提高业绩。无论学习还是思考都要提高"三度"：高度、角度、尺度，因为"高度决定视野，角度改变认识，尺度把握人生"。

思而践，才能把握机遇、实干兴邦。对历史经验的反思，可以为

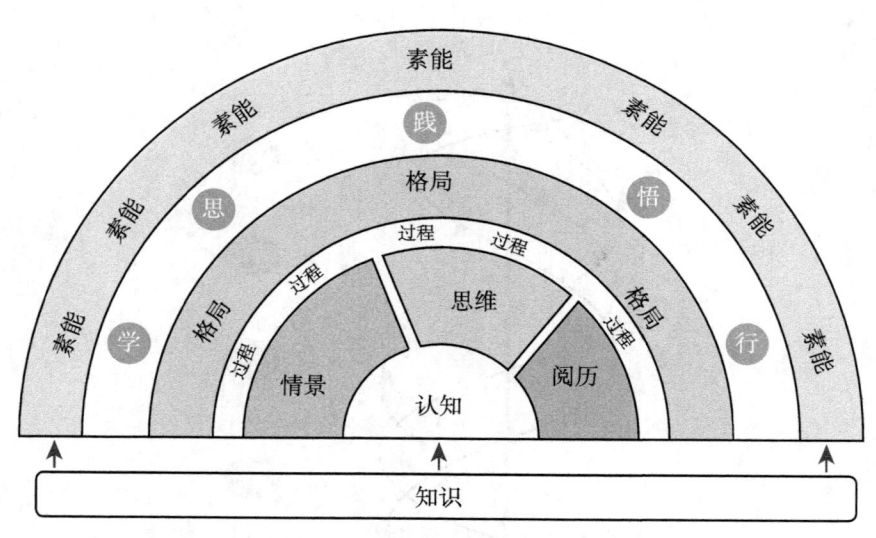

图 3-11　知识、认知、能力三位一体

我们消除思想藩篱，少走弯路，快速发展；对现状问题的拷问，可以使我们发现困境出口，尽早脱险，稳定前进；对未来前景的谋划，可以让我们找到梦想之窗，完善纲领，赢定未来。思考了，形成方案，重在落实。没有亲力亲为、没有践诺行动，再好的宣誓都是"空头支票"和"形象工程"。

践而悟，才能发现规律，未雨绸缪。马克思主义辩证法认为，前途是光明的，道路是曲折的。在通往成功的道路上充满挫折和困苦，关键是能否坚持"吃一堑、长一智"。边实践、边感悟，边探索、边总结，通过意识的火花、灵动的实践把外部普遍规律内化为个人独有的理念，让贡献社会发展和成就个人价值融合为一、相得益彰。

悟而行，才能形成能力，有能力方可行远。这里的行，主要是能力的锻炼。就是高标准和严要求。例如，笔者邹绍辉博士参加工作后，经常跟随导师做科研，站在导师旁边，一边看导师写东西，一边就想导师为什么那样写，导师也不时地耐心地讲解自己是如何思考和写作的。尽管如此，当其独立面对某个课题的时候，还是不知从何下手，一头雾水。只能从基础做起，把问题分成若干个小问题，一个一个地做，不怕事小，不嫌麻烦，认真对待，不断总结，把道理想清楚，反复地修改和完善。事实上，仅仅只是实践，没有悟，也没有悟后的多次行动，能力是培养不起来的。

3.2.3 认知模型

认知是在知识的基础上由情景、思维、阅历协同驱动去认识和理解事物的过程。认知力的形成，除了专业知识的积累，还要在实践中不断验证，这是认知和思维的最大区别。认知力强的人，能够在面对简单问题时直击要害，通过直觉判断快速解决；面对复杂问题时不急不躁，缜密分析背后的底层逻辑，把问题简化，迅速找到合理的解决方案，然后采取合理的行动。体现认知水平的是认识和理解事物的广度、深度和高度。认知广度是指认知的范围，即能看到多远和多宽；认知深度是指对事物的分析和解剖力度，即能看到多深和多紧；认知高度是指对事物及其关系的综合和集成程度。认知的广度、深度和高度构成的空间面构成了认知水平的维度，如图3-12所示，也就是格局。格局是非常重要的，特别是对于中高层管理者。作为管理者，面临的内外部情况非常复杂，"只见树木，不见森林""头痛医头，脚痛医脚""只看眼前，不看长远"都是不可取的。

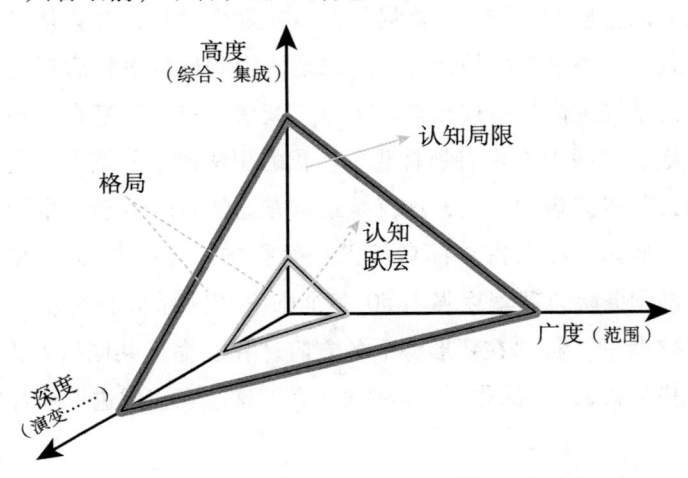

图3-12 认知水平的维度

认知深度可以创造巨大价值。抗日战争初期，多数人还在讨论中日之间的武器差异、国力差距的时候，毛泽东就思考到了深层的规律：中日战争的底层决定因素，是中国战略空间的广阔与日本需要速战速决的压力。所以，影响战争的基本动力结构是空间和时间的博弈。如果能够促进以空间换时间的结构发展，那么战略局势将对中国大为有利，而对日本极为不利。可以看到，毛泽东的认知深度远远超过了当时的其他人。

一个人对事物的认知始终局限于某个层面而得不到突破，这种现象叫认知困境。在实际生活和工作中，我们也常常遇到这种情况，非常想提高自己的认知水平，但受困于所处的环境，始终找不到突破口。如果一个人过度相信自己的认知，殊不知这种认知已经不合时宜或者对于面对的问题是毫无帮助的，甚至是起反作用的，这就叫认知局限。认知局限对管理者和领导者危害巨大，"温水煮青蛙"就是这个道理。从一种格局到另一种格局的移动，叫认知迁移。常说改变一个人的认知有时是非常困难的，"憾江山易"但"变认识难"。从低水平的格局向高水平的格局突破，叫认知跃层。

格局的载体为构想、意识、理念三者，如图3-13所示。构想由三部分组成：立场、态势、方略。立场是你看待事物的出发点，决定格局的方向，出发点错了，格局的性质就发生变化；态势是对事物前瞻性研判；方略是粗略的构想。意识是认识和理解事物后形成的底层影像，是系统主体与情景元素之间的"刺激—应对"潜在状态。它极大地杜绝了"我怎么没有那样想""我的想法出了问题""我压根就没有想到"等意识的产生，这就是意识方面的问题。理念是行动的指导原则。例如，在蒙古首都乌兰巴托举行的第十一届亚欧首脑会议上，中国国务院总理李克强向50多个国家和国际组织的领导人以及4000多名代表，提出在新形势下各方应"树立命运共同体意识""强化责任共担意识""深化团结协作意识"。这些意识促进亚欧合作理念的形成。

再如，如果有质量意识，即主观上追求服务质量更好或工作质量更好，就会形成很多具体的质量管理理念，包括你的下一道工序就是

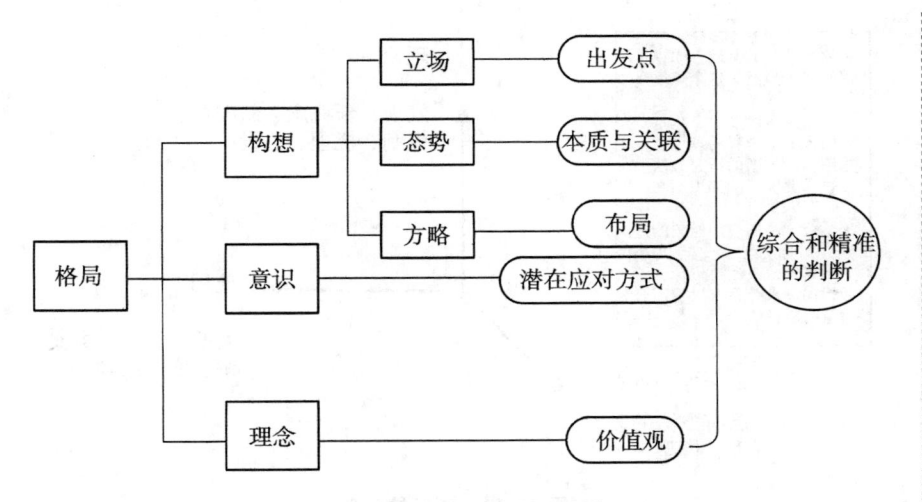

图 3－13 构想、意识、理念

你的市场，下一道工序是用户，质量是免费的，质量重在预防，品质改善无止境，等等。

例如面对同学关系问题，如果你站在校园学习生活而非人生和事业发展角度（出发点），就会认为同学之间的关系不过是在一起学习的关系（本质与关联），只要维护一般的同学交往即可（布局），在这种构想下，你就没有发展和维护同学关系的意识；如果你站在人生和事业发展的角度，就会认为同学关系非常重要，在这种构想下，你就会有搞好同学关系的各种意识。有了搞好同学关系的意识，就可以形成各种具体的理念，如真诚理念、包容理念、互助理念，等等。关于同学关系的不同判断，就会有不同的行为与习惯。是经常在一起相互沟通、相互促进、相互帮助等建立起深厚的友谊，还是熟悉的路人甚至大学四年几乎一句话都没有说过，这两种方式的结局和境界是完全不同的。

创新主要有三种类型：原创型、改进型、集成型。管理创新就是一个立场、意识、理念、工具、方法的不断自我否定和重构过程（见图 3－14）。

提升认知的过程就是一个不断创新的过程（见图 3－15）。

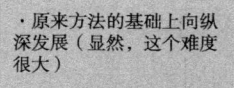

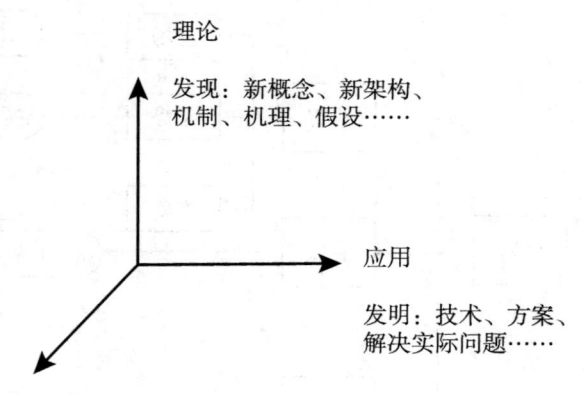

图 3-14 创新的类型

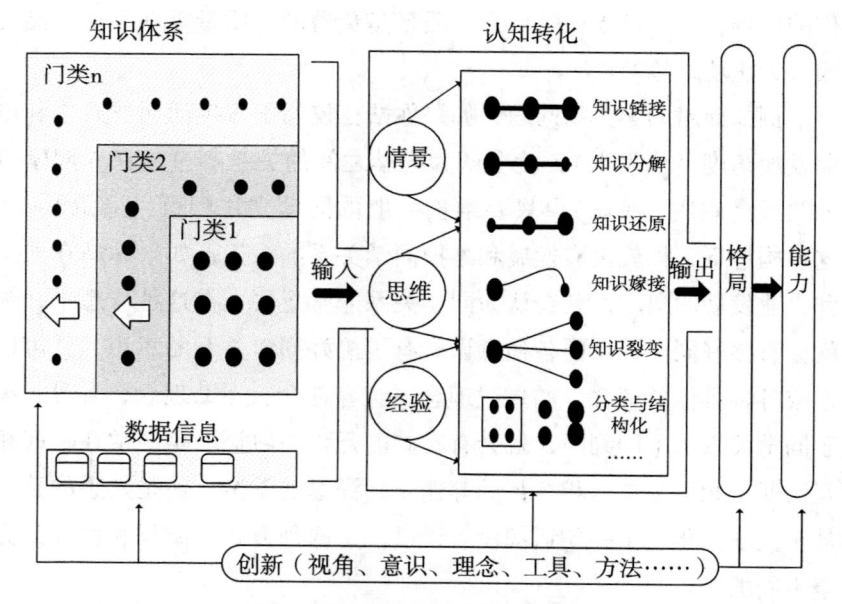

图 3-15 认知过程和创新过程

要建立认知体系，需要从一个点出发，建立信息综合体。完成小体系后，再填充成大体系，最后简化抽象出本质。抽象出来的事物多了，眼界自然就打开了。

管理类本科专业学生认知体系，如表 3-9 所示。

表3-9 管理类本科专业学生认知体系

一级认知	二级认知	三级认知
C-Ⅰ认知驱动	C-Ⅰ-01 情景演化	C-Ⅰ-01-01 情景设定
		C-Ⅰ-01-02 情景范围
		C-Ⅰ-01-03 情景迁移
	C-Ⅰ-02 思维精进	C-Ⅰ-02-01 结构化思维
		C-Ⅰ-02-02 历史思维
		C-Ⅰ-02-03 辩证思维
		C-Ⅰ-02-04 底层思维
		C-Ⅰ-02-05 闭环思维
		C-Ⅰ-02-06 多维思维
		C-Ⅰ-02-07 降维思维
		C-Ⅰ-02-08 逆向思维
		C-Ⅰ-02-09 复制思维
		C-Ⅰ-02-10 战略思维
		……
	C-Ⅰ-03 经验提取	C-Ⅰ-03-01 经验加工
		C-Ⅰ-03-02 经验闭环
		C-Ⅰ-03-03 经验匹配
C-Ⅱ认知过程	C-Ⅱ-01 由表及里	C-Ⅱ-01-01 分解过程
		C-Ⅱ-01-02 溯源过程
		C-Ⅱ-01-03 演绎过程
		C-Ⅱ-01-04 抽象过程
		C-Ⅱ-01-05 迭代过程
		C-Ⅱ-01-06 复盘过程
		C-Ⅱ-01-07 系统过程
	C-Ⅱ-02 关联解析	C-Ⅱ-02-01 类比过程
		C-Ⅱ-02-02 连接过程
		C-Ⅱ-02-03 嫁接过程
		C-Ⅱ-02-04 综合过程
		C-Ⅱ-02-05 置换过程
		C-Ⅱ-02-06 归因过程
		C-Ⅱ-02-07 聚类过程
	C-Ⅱ-03 耦合重构	C-Ⅱ-03-01 批判过程
		C-Ⅱ-03-02 发散过程
		C-Ⅱ-03-03 创意过程
		C-Ⅱ-03-04 取舍过程

续表

一级认知	二级认知	三级认知
C-Ⅱ认知过程	C-Ⅱ-03 耦合重构	C-Ⅱ-03-05 重组过程
		C-Ⅱ-03-06 灰度过程
		C-Ⅱ-03-07 并行过程
C-Ⅲ认知水平	C-Ⅲ-01 构想谋划	C-Ⅲ-01-01 思想立场
		C-Ⅲ-01-02 价值态势
		C-Ⅲ-01-03 粗略方略
	C-Ⅲ-02 意识谱系	C-Ⅲ-02-01 空间意识
		C-Ⅲ-02-02 环境意识
		C-Ⅲ-02-03 发展意识
		C-Ⅲ-02-04 商业意识
		C-Ⅲ-02-05 生态意识
		C-Ⅲ-02-06 交互意识
		C-Ⅲ-02-07 职业意识
	C-Ⅲ-03 行动理念	C-Ⅲ-03-01 理念驱动
		C-Ⅲ-03-02 理念先行
		C-Ⅲ-03-03 理念转化
C-Ⅳ认知困境	C-Ⅳ-01 系统重构	C-Ⅳ-01-01 重新推演
		C-Ⅳ-01-02 重新架构
		C-Ⅳ-01-03 边界扩充
	C-Ⅳ-02 场景转换	C-Ⅳ-02-01 空间挪动
		C-Ⅳ-02-02 模式切换
	C-Ⅳ-03 思想解放	C-Ⅳ-03-01 思想自由
		C-Ⅳ-03-02 破立结合
		C-Ⅳ-03-03 贵在创新
C-Ⅴ认知跃层	C-Ⅴ-01 放大情怀	C-Ⅴ-01-01 利他利己
		C-Ⅴ-01-02 合作共赢
		C-Ⅴ-01-03 心境提升
		C-Ⅴ-01-04 殊途同归
		C-Ⅴ-01-05 海纳百川
	C-Ⅴ-02 标杆比较	C-Ⅴ-02-01 第一原则
		C-Ⅴ-02-02 纵横比较
	C-Ⅴ-03 开放交流	C-Ⅴ-03-01 共生共荣
		C-Ⅴ-03-02 无解交流

续表

一级认知	二级认知	三级认知
C-V认知跃层	C-V-04 寻师问道	C-V-04-01 一切皆师
		C-V-04-02 他山之石
		C-V-04-03 师人度己
	C-V-05 快速输出	C-V-05-01 报告撰写
		C-V-05-02 即兴演讲

3.3 能力体系

3.3.1 基本素养

笔者和同事常常聊到一个现象：现在的大学生，很自我，在教室、电梯里、校园内遇到老师，很多时候就像陌生人一样，喜欢沉浸在自我世界里，不愿意沟通，我以为、我应该、我必须等常常是做事的理由，等等。特别是在沟通交流和与人相处方面，现在的很多大学生是比较欠缺的。对于文科大学生而言，沟通交流和与人相处恰恰又是非常重要的，这说明除了知识和认知，基本素养又是人才培养的一个重要方面。

自 2000 年《达喀尔行动纲领》的六项全民教育目标和联合国千年发展目标提出以来，全球教育已经取得了显著进步。然而，2015 年 4 月联合国教科文组织发布的报告《全民教育全球监测报告》显示，全球只有三分之一国家实现了 2000—2015 年全民教育计划全部目标，只有一半国家实现了 2000—2015 年全民教育计划主要目标——普及初等教育。

在 2015 年 9 月举行的联合国发展峰会上，世界各国首脑共同见证和通过了具有划时代意义的《2030 年可持续发展议程》，提出了

"确保包容、公平的优质教育，促进全民享有终身学习机会"的教育目标。在此基础上，联合国教科文组织于2015年11月又通过了《教育2030行动框架》，为实现2030教育目标做出具体规划，"教育2030"的目标清晰地勾勒出全球教育的未来蓝图。

教育2030是在联合国教科文组织及其他合作伙伴的协调下，经过成员方的广泛磋商，在全民教育指导委员会指导下通过的全球教育议程。2015年5月，由联合国教科文组织主办，联合国开发计划署、人口基金、难民署、儿童基金会、妇女署以及世界银行六家机构协办的2015年世界教育论坛在韩国仁川举行，来自130多个国家和地区的1500多名代表，包括政府部长、国际组织、非政府组织的领导、专家学者、私营企业代表及青年在内的全球教育团体参加了大会。论坛充分讨论了为实施教育2030提供指导的"教育2030行动框架"，并通过了《仁川宣言》。

《教育2030行动框架》指出，"教育2030"的目标是：确保每一个人都获得坚实的知识基础，发展创造性思维、批判性行为以及合作性技能，培养其好奇心、勇气及坚韧性。为了人类、经济、社会和环境的可持续发展，关注教育目的和相关性是"教育2030"的典型特征。这样的愿景超越了功利化的教育方式，并整合了人类生活的多个层面。教育提高全球公民意识及公民参与度，促进可持续发展。教育还将推进跨文化对话，尊重文化、语言的多样性，这对于实现社会和谐与公平至关重要。

根据世界经济论坛报告，截至2020年年底，15个主要发达经济体和新兴经济体将有500万个工作岗位被机器人替代。花旗银行和牛津大学预测，中国77%的工作都有被机器人代替的可能，"被替代率"高居全球第二。就像经济合作与发展组织（OECD）教育司司长施莱歇尔所说的那样，"在快速变化的互联世界中，为了使学生在生活中取得成功，教育必须改变。因为互联网知道一切，所以现代全球经济不会因为你知道什么就付给你钱，付给你钱是要看你能运用你所知道的做什么"。

为了应对未来的挑战，国际组织、发达国家等都在21世纪初就纷纷提出 21 世纪能力和核心素养要求，这些核心素养既包括特定学科领域的素养，也包括跨领域的通用素养。尽管不同国家提出的素养存在具体细节上的差异，但是与传统的能力要求相比，这些素养都有两个方面的共同的鲜明特征：一是在认知技能方面突破传统，强调批判性思维、创新、问题解决和信息素养；二是重视人际交往技能和自我管理技能两种"软技能"，包括沟通合作能力、学会学习和终身学习、自我认识和自我调控、公民责任和社会参与等。

在麦肯锡公司 2018 年 5 月的一份题为《技能转移：自动化和劳动力的未来》（*Skill shift：Automation and the future of the workforce*）的报告中，分析了 AI 大背景下，企业对劳动技能需求的变化及企业的应对策略。在这份报告中，麦肯锡将工作技能分成五类，包括体力和动手能力（对通用设备的操作、检查和监控）、基础认知（包括基本的数据输入和处理技能、基本的文字、数字和交流能力）、高级认知（指创造力和复杂信息处理的能力）、社交和情感与专业技术。麦肯锡研究人员预计，在 2030 年，对基础认知需求将下降 15%，对体力和动手能力的需求也将降低 14%。相比之下，企业对高级认知能力的需求将上升 8%，同时，对社交和情感技能的需求上升 24%。也就是说，偏向基础和机械的简单任务可以交给 AI 了，人类，还需要进一步提升复杂技能，还需要发挥人类的长处，多学习情感技能。

3.3.2 基础能力

尽管不是那么严格，我们常说一个人要想在社会中取得一点成就，他必须同时要会交往和会做事。传统观念上，我们常常对会交往的不屑一顾，认为会交往的人不就是善于领会领导精神，揣摩意图，投其所好吗？领导没想到的要想到，领导已想到的要做到，这些人有什么真本事。笔者年轻的时候，也是这样想的，可是工作 20 多年和经历很多事后，突然发现自己对"会交往"的认知是多么肤浅，同时也发现如果你一味地会做事（业务能力强），不会交往（重在与人打交道），永远都处于"工具"或"棋子"阶段。

3.3.3 专业能力

中国的很多大学实际上是在培养"饱读诗书"的知识传承者。为什么会出现这种情况呢,在笔者看来,主要是以下两难困境:一是学生考研和就业的困境,大学生入校后前两年,主要是忙于基础课的学习,特别是英语的学习。谈到这里,中国大学的英语授课方式及成效一向饱受诟病,据初步统计,大一、大二学生花在英语学习的时间不低于30%,可是在毕业论文写作中的专业文献翻译和与人进行交流时的英文表达,实在是惨不忍睹。一旦进入大三下学期,好多同学就开始准备考研,实习、实验和专业课学习都放在了次要地位。二是教师教学和科研的两难困境,不管你怎么说"教学与科研相辅相成""教学与科研相互融合""没有高水平科研哪来高水平教学"等,都不要忘记以下事实:教师的精力是有限的,不做科研怎么评职称,高水平教学是需要投入巨大精力并且还是永无止境的,等等。三是教学管理上的两难困境,现在各种各样的评估和认证已经把教师拖入填写各种表格和准备材料的具体事务中,真正投入教学艺术的时间基本没有了;另外,教学上的很多管理措施,已经把很多大学变成"工厂",教师只要讲对的知识就行,什么是对的,最安全的措施就是按教材讲。

但从就业情况看,许多高校的管理类本科专业毕业生就业却不尽如人意。出现这种现象的根本原因在于,毕业生的能力和素质无法满足用人单位的需求,或者说毕业生可就业能力较弱。可就业能力指在工作情景中应用知识和技能的整体能力,其不仅是参与工作的基本要求,也是有效参与今后教育和生活的基础。就业能力具体包括基本技能、转化实践技能、人际团队技能、自我开发技能四类关键技能,以及正直可靠、勤奋上进、适应开放、自信主动和敬业奉献五类个人特质。企业在招聘时,都会提出相应的条件和要求。知识本位人才培养理念重视对学科逻辑和内容的传承,是传统的教育理念,它虽然保留了教育的基础特征,但是却走入将教育概念狭隘化的误区,产生了"授人以鱼"而不"授人以渔"的不良后果,更不符合本科及高职教育的培养学生能力的特征，在我国本科及高职教育发展过程中也未产生深远影响。因此，无论是培养创新型杰出人才还是常规人才，都要进行能力训练，而学校教育的最重要任务就是要培养学生的各种能力。

西安科技大学物流管理专业自开办以来，一直以培养高素能人才为方向，在素能体系方面经历了"1.0版"到"2.0版"的演变。2015年提出的"1.0版"的"2基础+5专业"素能体系，包括7个方面、52项素能。经过近五年的实践，发现其主要存在三个问题：一是划分不够精细，存在相互重叠内容；二是没有具体的训练方法；三是没有植入具体课程中。因此，2020年经过再次调研和深入研究，形成了新的素能体系，具体如表3-10所示，相应的详细说明和训练方法见附录二。值得一提的是，其他管理类专业只需要在专业方面把相应内容更换，就可以很快构建其专业学生的素能体系。

表3-10 物流管理本科专业学生素能体系（2.0版）

项目	类别	简要说明
M-Ⅰ基础素养（13）（立人）	M-Ⅰ-01 身体素质	良好的力量、速度、耐力、灵敏、柔韧
	M-Ⅰ-02 核心价值观	富强、民主、文明、和谐，自由、平等、公正、法治，爱国、敬业、诚信、友善
	M-Ⅰ-03 国家信心	道路自信、理论自信、制度自信、文化自信
	M-Ⅰ-04 家国情怀	在家尽孝、为国尽忠、家国一体、舍小家保大家
	M-Ⅰ-05 伦理责任	公民、城市公民、绝不明知其害而为之
	M-Ⅰ-06 人格品性	守信、尊重、体贴、容忍、宽容、诚实等
	M-Ⅰ-07 心理素养	适应复杂环境、逆境管理、情绪管理、能够承受工作压力、自信
	M-Ⅰ-08 美学素养	构图、配色、绘图、布局等
	M-Ⅰ-09 人文素养	人本主义、欣赏他人、包容多样性、敬爱自然

续表

项目	类别	简要说明
M-Ⅰ基础素养（13）（立人）	M-Ⅰ-10 哲学素养	观察生活、矛盾统一、知行合一
	M-Ⅰ-11 职业素养	认真负责、吃苦耐劳、踏实能干、主动积极
	M-Ⅰ-12 行为习惯	日清日结、计划周密、循序渐进、积极主动、以终为始、要事第一、统合综效、不断更新、勤奋上进
	M-Ⅰ-13 礼仪礼节	仪容、仪表、仪态、仪式、言谈举止
M-Ⅱ基础能力（21）（为人）	M-Ⅱ-01 情绪控制	敬畏、认同、平和、稳定、乐观、自律
	M-Ⅱ-02 沟通表达	目标导向、让人舒服、简明扼要、层次清楚、有礼有节、言辞达意、时机恰当
	M-Ⅱ-03 公开演讲	准确、清楚、条理、精练
	M-Ⅱ-04 说话艺术	对事强硬、对人温和、灵活变通
	M-Ⅱ-05 宣传报道	将所做之事以恰当方式进行推介并达到所需效果
	M-Ⅱ-06 谈判共赢	专业术语运用、应用文写作、科技论文写作
	M-Ⅱ-07 逻辑分析	以敏锐的思考分析、快捷的反应迅速地掌握问题的核心，在最短时间内做出合理正确选择的能力
	M-Ⅱ-08 应用写作	掌握应用文体的写作规律和方法，包括公务文书、商务文书、法务文书、传播文书、礼仪文书等与人们生活、工作、学习、科研等直接相关的，为处理有关具体事务、解决实际问题而使用的文书
	M-Ⅱ-09 外语运用	听、说、读、写
	M-Ⅱ-10 知人识人	从品性、细节、言谈、实践等角度了解一个人的能力
	M-Ⅱ-11 人际交往	懂得各种场合的礼仪、礼节，善于待人接物，善于处理各类复杂的人际关系

续表

项目	类别	简要说明
M-Ⅱ基础能力（21）（为人）	M-Ⅱ-12 认同共情	设身处地、认同和理解别人的处境、感情的能力。在与他人交流时，能进入对方的精神境界，感受到对方的内心世界，能将心比心地体验对方的感受，并对对方的感受做出恰当的反应
	M-Ⅱ-13 自我管理	自省、自律、自控、自我激励、自乐、自悦、自信
	M-Ⅱ-14 团队合作	团队意识、沟通交流、协同合作
	M-Ⅱ-15 团队建设	懂人性、带队伍、可持续
	M-Ⅱ-16 问题解决	观察现象、提出问题、分析问题、处理问题
	M-Ⅱ-17 底线贯之	守住内心的底线，不受外界的干扰；守住做人的底线，不忘初心；忧患意识，居安思危，未雨绸缪，把形势想得更复杂一点，把挑战看得更严峻一些，做好应对最坏局面的准备
	M-Ⅱ-18 根除心魔	坚持驱除不恰当的欲望和冲动，保持心态平和
	M-Ⅱ-19 善求名利	追求和获取的态度上不是急功近利、损人利己、损公肥私，而是讲顺势而为、公平竞争、取之有道、得而无愧；严格恪守道德底线和法律底线——危害国家和人民利益的事情不为，损公肥私、害人害己的功利不取
	M-Ⅱ-20 管理达标	计划、组织、协调、执行
	M-Ⅱ-21 领导能力	格局、视野、胸怀、战略谋划、运行管控

续表

项目	类别	简要说明
M-Ⅲ专业学习（9）（能学）	M-Ⅲ-01 学习金字塔	推崇小组讨论、实作演练、转教别人等主动式学习
	M-Ⅲ-02 项目式学习	通过做项目和课题来学习
	M-Ⅲ-03 主动式学习	选读、扫读、印证、思考、取舍
	M-Ⅲ-04 整理学习法	把零散的知识关联成知识体系
	M-Ⅲ-05 写作学习法	通过写作来发现自己的不足，并驱动自己快速学习
	M-Ⅲ-06 框架学习法	建立框架，快速学习某门学科和专题的知识
	M-Ⅲ-07 纵横读书法	沿纵的方向进行分类细分，沿横的方向集成贯通
	M-Ⅲ-08 问题读书法	主题先行、系统拆分、深度认知、思想萃取、逻辑写作
	M-Ⅲ-09 文献阅读法	从演变、分类、方法、工具、应用、前沿、痛点七个维度掌握一个领域的前沿知识
M-Ⅳ专业工具（36）（能用）	M-Ⅳ-01 办公软件	文档编辑、汇报幻灯片、表格处理
	M-Ⅳ-02 数字媒体	运用 PS、AI、AE 等软件
	M-Ⅳ-03 视觉传播	制作视频并善于通过视频讲述故事
	M-Ⅳ-04 融媒体制作	能运用音频和视频编辑软件，并撰写融媒体文章
	M-Ⅳ-05 经济分析	AD-AS 模型、宏观分析框架、区域宏观经济评价
	M-Ⅳ-06 金融分析	FPP、DCF、存量—流量一致（SFC）模型
	M-Ⅳ-07 国际贸易	国际贸易分析框架、外汇交易模型

续表

项目	类别	简要说明
M-Ⅳ 专业工具（36）（能用）	M-Ⅳ-08 产业发展	雁阵模型、产业规划模型、SCP 分析模型
	M-Ⅳ-09 生产管理	6S 管理、OEC 管理、丰田式生产管理
	M-Ⅳ-10 质量管理	TPM、PDCA、甘特图
	M-Ⅳ-11 市场营销	4Ps、产品生命周期、服务质量差距模型
	M-Ⅳ-12 人力资源	平衡计分卡、KPI、360 度绩效考核
	M-Ⅳ-13 财务管理	ABC 成本法、杜邦分析、NPV、本量利
	M-Ⅳ-14 战略组织	SWOT、PEST、BCG、价值链、波特模型
	M-Ⅳ-15 目标管理	标杆管理、目标设定、目标激励、目标执行
	M-Ⅳ-16 决策分析	德尔菲法、头脑风暴法、5W2H
	M-Ⅳ-17 知识管理	SECI 模型、APQC 知识管理模型、GEN 管理模型
	M-Ⅳ-18 仓库管理	仓库审计、WMS
	M-Ⅳ-19 运输管理	TMS、运输审计、计算货运运输中的排放
	M-Ⅳ-20 库存管理	ABC、安全库存、库存盘点
	M-Ⅳ-21 供应链管理	ERP、CPFR、SCRM、SCOR 等
	M-Ⅳ-22 物流外包	外包决策模型
	M-Ⅳ-23 配送管理	路径优化、EIQ
	M-Ⅳ-24 物流信息化	仓库管理软件（WMS）、运输管理软件（TMS）、货代业务系统软件、港口管理软件、舱位管理软件等

续表

项目	类别	简要说明
M－Ⅳ专业工具（36）（能用）	M－Ⅳ－25 电子商务	店侦探、店查查、千里眼、淘客助手、图片处理工具等
	M－Ⅳ－26 物流园区	园区优化模型、物流园区可视化管理系统
	M－Ⅳ－27 物流地产	物流地产投资测算模型、物流地产选址模型
	M－Ⅳ－28 物流金融	信用风险评估模型、仓单质押融资风险模型
	M－Ⅳ－29 物流营销	STP 理论、4P 营销理论、4C 营销理论、AISAS 消费者行为分析模式、3C 战略模型
	M－Ⅳ－30 应急物流	应急物资储备库选址决策模型、应急物资需求预测模型、应急物资筹集问题决策模型等
	M－Ⅳ－31 绩效评价	SMART、绩效测量和质量改进
	M－Ⅳ－32 商业模式	商业模式画布（BMC）、7S 理论、BCG 的商业模式设计方法、IBM 的 CMB 商业模式设计工具
	M－Ⅳ－33 人工智能	关系型数据库、MapReduce、Hadoop、MongoDB 等
	M－Ⅳ－34 数据分析模型	用户模型、AARRR 模型、5W2H、漏斗模型
	M－Ⅳ－35 跨境电子商务	Google 关键词规划师、camelcamelcamel、卖家精灵、UNICORN SMASHER、Flickr、Junglescout、Twiddla
	M－Ⅳ－36 国际货运代理	国际货代管理系统、国际货代管理软件

续表

项目	类别	简要说明
M-Ⅴ专业技能（9）（能干）	M-Ⅴ-01 市场开发	制订和实施调研方案、数据统计和分析、市场预测、市场开发、SPSS 软件运用、客户关系管理
	M-Ⅴ-02 信息处理	信息收集、信息处理、信息利用等方面的知识。专业的物流信息技术和物流信息管理、条形码应用（BAR-CODING）、无线射频（RFID）技术应用、POS 系统设备选用、定位系统设备选用、地理信息系统（GIS）在物流系统中的应用、电子数据交换（EDI）等物流信息技术的应用
	M-Ⅴ-03 运输管理	运输系统的组成，公路运输、水路运输、铁路联运、航空运输的运单填制，国际多式联运的运作流程，运输企业的组织与管理绩效的评价
	M-Ⅴ-04 仓储管理	仓库选址、仓库出入库管理、物品在库管理与库存控制、仓储设备操作与信息化管理、物品配送管理
	M-Ⅴ-05 配送管理	配送系统的组成、配送基本运作、配送运作组织流程、配送企业的组织与管理绩效的评价
	M-Ⅴ-06 包装管理	包装的作用、包装的材料选择、包装的形式的设计、包装成本的计算等
	M-Ⅴ-07 供应链管理	供应链设计、评价、协调和风险管理，供应链金融
	M-Ⅴ-08 国际物流	国际物流运输单证及进出口贸易管理、国际货物运输管理、口岸与海关通关、国际物流保险、商品检验和检疫、国际物流信息系统
	M-Ⅴ-09 数据运营	数据运营即用数据指导运营决策、驱动业务增长，属于运营的一个分支，从事数据采集、清理、分析、策略等工作，支撑整个运营体系朝精细化方向发展。主要有杜邦分析法、漏斗模型分析法、四象限/矩阵分析法等

续表

项目	类别	简要说明
M-Ⅵ专业集成（从专业综合角度解决专业问题）（7）（能想）	M-Ⅵ-01 企业业务架构	业务架构是以企业战略为基石，结合业务流程、组织架构的一种表达方式。业务架构是技术架构的驱动力，企业通过构建业务架构缓解企业压力与转型的不适。业务架构构建，要从顶层结构即企业战略开始，通过梳理企业目标、发掘企业能力需求，再通过价值链分析方式，构建企业整体能力布局即业务架构，并在分析过程中，将能力需求放入能力布局中，以此在业务层面落地战略、检验战略的可行性，甚至调整战略
	M-Ⅵ-02 运营与管理架构	以高盈利为核心，搭建一套可以从战略到目标、目标到计划、计划到执行的运营管控系统，建立一套标准的执行机制、一套标准的协作系统以及一个以结果为导向的企业文化系统。企业运营管理是作为企业生存赢利的关键要素和要素之间的逻辑关系，它决定着一个企业的市场经营成果
	M-Ⅵ-03 物流与供应链系统架构	能从物流服务供应链的系统视角出发，进行总体的构思和局部项目的设计，能够厘清服务供应链中物流、商流、资金流和信息流的相互作用和影响关系。具体包括物流系统目标确定能力和物流系统建模能力。了解物流系统中流体、载体、流量、流速、流程等构成要素的相互作用关系，能够对物流系统进行合理的规划，对物流系统存在的问题做出准确的诊断，并能进行简单的物流系统设计。具体包括物流专业知识应用能力、跨学科知识应用能力、物流系统诊断能力、物流系统综合设计能力

续表

项目	类别	简要说明
M-Ⅵ专业集成（从专业综合角度解决专业问题）（7）（能想）	M-Ⅵ-04 物流与供应链系统实施	随时根据客户的需求进行系统的改进和调整。具体包括物流系统软硬件整合能力、物流系统调试能力、设计实施过程管理能力
	M-Ⅵ-05 物流与供应链系统运营	了解物流企业诊断和调查的基本流程和方法，针对所收集的信息和资料的分析与整理、掌握特征分析、趋势分析、假设检验等定性和定量分析方法，并能对具有相似性的系统案例进行归纳和分类。具体包括定性分析能力和定量分析能力；需要专业技术人员具有与时俱进的学习能力和为客户提供基于产品生命周期服务的职业素养和意识。具体包括物流系统优化能力、物流系统交付及培训能力、基于物流系统服务生命周期的客户服务意识
	M-Ⅵ-06 物流与供应链经营	企业平面布局、采购与供应物流管理、生产物流管理、销售物流管理、回收物流管理、企业物流规划与设计、成本控制、员工管理、绩效评价
	M-Ⅵ-07 多链集成	基于物流，耦合产业链、供应链、资金链、信息链、创新链、政策链、人才链、工作链
M-Ⅶ创新创业（能闯）（13）	M-Ⅶ-01 商业前瞻	具有良好的市场意识、敏锐的商业眼光
	M-Ⅶ-02 市场洞察	机会能力，包括识别机会、问题确认与解决
	M-Ⅶ-03 专题研究	文献检索能力、资料整理能力、归纳能力等
	M-Ⅶ-04 创意构想	创新创意能力，包括具有新构想、新创意
	M-Ⅶ-05 产业再造	包括辨认市场、进入市场、维持及增加市场等

续表

项目	类别	简要说明
M-Ⅶ 创新创业（能闯）（13）	M-Ⅶ-06 资源整合	组建创业团队，借势而为，筹措资金，等等
	M-Ⅶ-07 模式创新	思想解放、逆向思维、打破常规等
	M-Ⅶ-08 风险管控	包括风险识别、风险评估、风险控制
	M-Ⅶ-09 危机处理	敢于负责、临危不惧、循序渐进、准确预测事态发展，当机立断、迅速控制事态，打破常规、果敢行事
	M-Ⅶ-10 进程管控	管理成长中企业的能力，包括建立企业愿景、招募人才、组织与监控实施、处理危机等
	M-Ⅶ-11 公共关系	有目的、有计划地为改善或维持某种公共关系状态而进行实践活动的能力。公关能力表现为一个人在社交场合的介入能力、适应能力、控制能力以及协调能力等
	M-Ⅶ-12 商业引领	培养创新能力，努力培养自己的商业引领潜质
	M-Ⅶ-13 回报社会	企业回报社会的能力，是衡量企业价值的关键因素。作为一名企业家或投资人，需要清楚地认识到，社会责任绝非负担而是一种能力，是企业发展的一部分。乔布斯曾说，活着就是为了改变世界。胸襟广阔的企业家，应该引领企业顺应时代潮流，推动社会进步，甚至改变整个人类的生存环境，而这些改变，终将会反过来影响企业所处的环境，为企业提供更大的发展空间和更多的机遇

第4章 "知识—认知—能力"一体化培养路径

在新时代,现行管理类本科专业学生人才培养模式存在的弊端日益突显,"不知道学了有什么用""没有兴趣学""课堂教学脱离实际""教学科研严重脱节"等问题亟须得到解决。传统以知识讲授为主的课堂教学将很快被"革命"掉,"翻转课堂""课堂战场""课堂剧场"等新型大学课堂将会成为主流。"知识—认知—能力"一体化培养不是远离课堂,而是赋予课堂新的使命。

4.1 教师胜任力模型

4.1.1 教师胜任力

大学之所以称为大学那是因为有大师在。大师就是那些在学科知识上有所作为的教师、教育研究者等。所以,从这个层面上就要求教师一定要有自己的学术修养。学生培养质量取决于教师水平,没有高水平教师就没有一流教学水平。

胜任力是指将某一工作(或组织)中优异者与普通人进行显著区别的个人的潜在特征,这种个体的潜在特征包括动机、特质、技能、自我形象、社会角色、知识等[1]。胜任力模型则是建立承担某一特定

---

[1] SPENCER LYLE, SPENCER SIGNE. Competence at work: models for superior performance [M]. New York: John Wiley & Sons, Inc., 1993: 87-88.

职位角色应具备的胜任力要素的组合❶。我国对胜任力的研究始于 20 世纪 90 年代之后，主要由大型公司通过咨询公司来建立有关的胜任力模型，但总体研究和应用尚处于初级探索阶段。我国胜任力的研究对象主要是管理人员、临床医师、教师、研究人员等，以便为相关单位提供人才选拔、培训及考核的参考标准和借鉴价值。

20 世纪末期，受到本位教师教育（CBTE）和人本教师教育（HBTE）运动的影响，对教师的胜任力研究成为教育界的研究热点。2000 年美国的 Hay McBer 为 DFEE 提出了一份题为《高绩效教师模型》（*Research into Teacher Effectiveness A Model of Teacher Effectiveness*）的报告，为后面对教师胜任力模型的研究打下了基础。该报告通过访谈法提取出 16 种胜任力特征，并将其分为 5 个维度。在 20 世纪 90 年代，各国都建立了关于教师胜任力的标准。比如，美国的 NBPTS 针对不同领域、文化、社会问题等建立了不同的通用教师胜任力标准；英国 TDA 在 1997 年提出专业教师标准，主要包括专业特征、专业知识与专业技能 3 个方面；澳大利亚 NPQTL 为教师入职开发了胜任力框架，把教学胜任力分解为使用和发展专业知识与价值、与学生和他人沟通互动共同工作、计划和管理教学过程、监控评估学生的进步和学习成果、对连续性的进步进行反思评估和计划等五个方面；荷兰建立的教师胜任力标准包括了交流、社会与道德价值观、指导与方法、组织能力，并从与学生、同事、环境和自己 4 个维度去判定；比利时教育部在 1998 年向教师培训机构提出了教师的专业和基础胜任力要求，以区分普通教师和优秀教师的能力差别。

我国对教师胜任力的研究相对国外起步较晚，最早见于 20 世纪初期，但发展迅速，并且研究内容和角度随着我国教育事业的发展也不断更新。研究角度包括教学视角、科研视角等，研究背景除了普通高校之外，还有民办高校、职业高校等；除了通用型人才培养之外，还有应用型人才培养、创新创业人才培养等；除了普通课堂之外，还有智慧学习环境下、远程教学条件下、慕课等课堂形式中的高校教师胜任力模型。具体研究情况如表 4-1 所示。

---

❶ SMYTH B，MCKENNA E. Competence models and the maintenance problem [J]. Computational Intelligence，2001，17（2）：235-249.

表4-1 高校教师胜任力国内主要研究成果

年份	作者	研究方法	研究结果	参考文献
2006	王昱等	行为事件访谈法、文献查阅法、问卷调查法	高校教师胜任特征包括7个结构维度：创新能力、获取信息的能力、人际理解力、思维能力、责任心、关系建立、成就导向	王昱,戴良铁,熊科.高校教师胜任特征的结构维度探索[J].高教探索,2006(4):84-86
2010	汤舒俊等	行为事件访谈法、问卷调查法	高校教师的胜任力可归为4个因素，第一个因素"人格魅力"包含的7个项目分别为"为人师表""善于学习""求实创新""对高教事业的热爱""奉献精神""开放性""进取意识"；第二个因素"学生导向"包含的6个项目分别为"关爱学生""对学生负责""全面培养学生""及时解决学生困难""和谐的师生关系""建设性地指导学生"；第三个因素"教学水平"包含的5个项目分别为"丰富的教学经验""优秀的教学策略""良好的教学组织能力""专业基础扎实"和"高学历"；第四个因素"科研能力"包含的4个项目分别为"良好的学术声誉""广泛的学术人脉""掌握学科前沿动态"和"良好的科学与人文素质"	汤舒俊,刘亚,郭永玉.高校教师胜任力模型研究[J].教育研究与实验,2010(6):78-81
2010	谢晔等	问卷调查法、关键行为事件访谈法	民办高校任课教师胜任特征模型包括5个维度和15个指标：知识素质（专业理论知识、教育实践知识）；能力素质（课堂教学能力、课堂管理能力、学习能力）；服务素质（敬业精神、尊重关爱学生、责任感）；人格特质（自我认同，自我激励，教学效能感）；情感特征（宽容，情绪稳定，挫折容忍）	谢晔,周军.民办高校教师胜任力模型及胜任力综合评价[J].高教发展与评估,2010,26(4):80-86,123

127

续表

年份	作者	研究方法	研究结果	参考文献
2011	方向阳	行为事件访谈法、问卷调查法	高职院校专业教师胜任力包括 6 个维度和 28 个指标：自我管理（应变能力、调控能力、组织协调能力、学习能力，成就感、善于总结）；科技素养（科研能力、科研成果转化能力、技术研发能力、开拓创新能力、实践探索能力）；教学能力（语言表达能力、职教理念和方法、多种教育教学方法、专业知识、指导实践教学）；工作态度（换位思考、尊重学生、亲和力、社会实践经验、道德与素养）；实践能力（技能专长、社会实践经验、企业工作经历、技能证书获取）；职业素养（事业心和责任心、自信心、进取精神、奉献精神）	方向阳.高职院校专业教师胜任力模型研究[J].职业技术教育，2011，32 (25)：73-77
2012	牛端等	工作分析法、行为事件访谈法	高校教师胜任特征模型包括 8 项：创新、批判性思维、教学策略、专注、社会服务意识、逻辑分析能力、成就欲、尊重他人	牛端，张敏强.高校教师胜任特征模型的构建与验证[J].心理科学，2012，35 (5)：1240-1246
2012	陈红敏等	文献分析法、行为事件访谈法、问卷调查法	高校优秀教师所应具备的 8 个胜任特征，分别是教学能力、专业能力、调整能力、职业素质、工作态度、人际沟通、育人能力和成就动机	陈红敏，赵雷，倪士光.高校优秀青年教师胜任能力特征[J].中国青年研究，2012 (4)：111-113

128

续表

年份	作者	研究方法	研究结果	参考文献
2012	周榕	文献分析法、行为事件访谈法	高校教师远程教学胜任力包括11项通用胜任力及5项岗位序列胜任力的内容设计（略）	周榕．高校教师远程教学胜任力模型构建的实证研究[J]．电化教育研究，2012，33（11）：86-92
2012	许安国等	行为事件访谈法、问卷调查法	研究型大学教师学科胜任力包括4个维度和18个指标：基本素质（分析问题的能力，良好的沟通能力，较强的信息搜索能力，良好的学习能力，良好的观察力和洞察力）；教学能力（亲和力——与学生关系融洽，知识的共享和传授，良好的组织能力，明确的教学目标）；专业知识（先进的教育理念，不断更新教学内容，扎实的本学科知识，掌握本学科的前沿理论）；科研能力（为科学研究奉献的精神，良好的批判性思维，良好的科学道德，研究的持久性和专注性，创新性思维）	许安国，叶龙，郭名．研究型大学教师胜任力素质模型构建研究[J]．中国高教研究，2012（12）：65-68
2013	祁艳朝等	行为事件访谈法、问卷调查法	高校教师胜任力包括5个维度和19个指标：教育教学胜任力（师生关系、课堂教学、指导实验与实习、指导毕业设计、教学建设与改革、学生奖励）；科学研究胜任力（科研项目与经费、科研成果与奖励、科研合作与共享）；社会服务胜任力（参与大学或学院公益工作、参与服务企业或其他社会机构、参与本学科相关社会学术活动）；师德修养胜任力（知识品德、职业道德规范、学术道德规范、身心素质、技能素质）；素质发展胜任力（自我发展意识与能力）	祁艳朝，于飞．高校教师胜任力模型的思考[J]．黑龙江高教研究，2013，31（9）：43-46

续表

年份	作者	研究方法	研究结果	参考文献
2013	黄艳	层次分析法、访谈法、问卷调查法、德尔菲法等	高校教师胜任力包括4个维度和24个指标：个人魅力（自律、抗压能力、耐力、毅力、乐观、自信、公平竞争、责任意识）；教学教育（丰富的教学经验、优秀的教学策略、良好的教学组织能力、专业基础扎实、高学历）；科研能力（良好的学术声誉、广泛的学术人脉、掌握学科前沿动态、良好的科学人文素养）；人际沟通（公关能力、组织协调、社交能力、领导能力、服务意识、沟通能力）	黄艳.中国"80后"大学教师胜任力评价研究[M].北京：中国社会科学出版社，2013：32-33，42-44，77-193，268-272
2014	王益宇	文献分析法、理论构想法、行为事件访谈法、德尔菲法等	应用型高校教师胜任力指标体系构含自我发展、开放与创新、动机与价值、沟通协作、社会取向5个维度和29个指标（略）	王益宇.应用型高校教师胜任力指标体系构建的研究[J].教育评论，2014（6）：50-52
2015	颜正恕	文献查阅法、问卷调查法和行为事件访谈法等	高校教师慕课教学胜任力包括教学人格、信息素质体能力、教学影响、教学互动和教学管理6个一级因子和21个二级因子（略）	颜正恕.高校教师慕课教学胜任力模型构建研究[J].开放教育研究，2015，21（6）：104-111

续表

年份	作者	研究方法	研究结果	参考文献
2015	郝永林	访谈法、文本分析法	研究型大学教师教学胜任特征包括3个维度和28项指标：科学研究能力（学生决策能力、科研创新能力、科研沟通能力、学术工具使用能力、学科认知能力、学术洞察力、学术反思、应用新媒体技术能力、教学法应用能力、表达能力、教学认知能力、教学更新能力、教学领导力、课后辅导学术的能力、挑战学生学习目标、尊重学生、信任学生）……	郝永林. 研究型大学教师教学胜任力建模——基于41份文本分析的理论构建[J]. 高教探索, 2015 (8)：76-81
2017	李小娟等	行为事件法	提炼出了人际理解力、理解和尊重学生、责任心等32个高校教师胜任力关键要素指标，并将高校教师行为特征分为人格魅力、学生导向、教学水平和与时俱进4个区域	李小娟，胡珂华. 基于行为事件法的高校教师胜任力研究[J]. 湖南师范大学教育科学学报, 2017, 16 (5)：110-115
2017	郝兆杰等	文献研究法、德尔菲法	高校教师翻转课堂教学胜任力模型构建包括4个维度：知识、技能、特质与动机，态度与价值	郝兆杰，潘林. 高校教师翻转课堂教学胜任力模型构建研究——兼及"人工智能+"背景下的教学新思考[J]. 远程教育杂志, 2017, 35 (6)：66-75

续表

年份	作者	研究方法	研究结果	参考文献
2017	廖宏建等	文献回顾法、专家咨询法、关键行为事件访谈法	模型包含三项基准性胜任特征：专业知识、讲授能力、信息素养，13项鉴别性胜任特征：成就动机、课程设计、评价素养、团队协作、互动维持、服务意识、质量监控、教学反思、持续改进、学习分析、混合教学策略、创新精神、灵活自适	廖宏建, 张倩苇. 高校教师SPOC混合教学胜任力模型——基于行为事件访谈研究[J]. 开放教育研究, 2017, 23 (5): 84-93
2020	赵忠君等	关键行为事件访谈法	智慧教学胜任力归类为个性动机、态度/价值、知识和能力4个维度和24项胜任力要素（略）	赵忠君, 郑晴. 智慧学习环境下高校教师胜任力关键要素识别研究[J]. 湘潭大学学报（哲学社会科学版）, 2020, 44 (4): 118-122
2021	杨琰	行为事件分析法、文献分析法、教师检核表和专家小组	构建高校教师科研胜任力模型，模型包括22项因子，分为鉴别性和基准性两大类，其中鉴别性胜任特征包括10项因子，基准性胜任包括了12项因子（略）	杨琰. 高校教师科研胜任力模型的构建研究[J]. 科技管理研究, 2021, 41 (3): 69-75

4.1.2 胜任力谱系

"要给学生一杯水，教师就得有一桶水。"这是多年来在教育界广为流传的一句话。当今社会，在信息知识技能等呈现爆炸态势的时代，如果教师自己不能保持一颗好学的心灵、旺盛的求知欲，不能够持续学习、终身学习，那么，哪怕学生时代是学霸，学历读到了博士，然而一旦走向工作岗位，用不了多久，就会有能力危机，总会有一天，一觉醒来，忽然发现，自己除了会吼一吼学生这个技能还完好无损地得以保存之外，其他的什么都不会了，那就太可怕了。另外，一流专业、一流课程关键还在于是否有一流的老师。

一流的管理类本科专业教师应具有以下3个特点：①需要长时间的积累，人文社科教师博士毕业，没有10年以上的"厚积薄发"是不能把课上好的，作为老牌985高校之一的中山大学就宣布，将会用几年的时间建立一所拥有万名高端人才的科研人才"蓄水池"，招万名博士只做实验不教学；②只有懂企业才能把管理知识教好，过去那种多找几本教材综合综合，然后就去讲课的时代即将过去，这种教师很快就没有市场了，教师不到企业去，最终只能"一头雾水、似懂非懂"教授学生，学生也就自然学得不知所学；③会研究才会上课，现代管理类专业知识更新速度远远高于理工科，从生产知识的角度，教师远远落后于一些专业机构，因此没有研究就无法筛选和整理最新的知识，从这个角度上讲，管理类专业教师学习和研究永远在路上。

根据以上分析，本书设计了"知识—认知—能力"一体化培养路径下教师的胜任力谱系，这个谱系是开放的，具体内容如表4-2所示。

西安科技大学物流管理专业的培养体系经历了高技能、高能力到高认知的转变（见图4-1），其采取以下6个方面的措施持续提升教师胜任力。

第一，成立5个物流研究组。事实证明，组建研究小组或者研究团队（中心）来推动学术研究发展是行之有效的办法。具体举措有以下6点：

表4-2 "知识—认知—能力"一体化培养路径下教师的胜任力谱系

教师				
责任与道德	非专业知识	专业知识	认知	能力
·爱国守法 ·敬业爱生 ·教书育人 ·严谨治学 ·服务社会 ·为人师表 ……	·时政新闻 ·社会动态 ·哲学 ·逻辑学 ·伦理学 ·美学 ·宗教学 ·艺术学 ·历史学 ……	·经济理论 ·宏观经济分析 ·管理经验 ·企业运作知识 ·产业知识 ·会计学 ……	·认知驱动 ·认知过程 ·认知水平 ·认知困境 ·认知跃层 ……	·沟通交流 ·心理素养 ·行为习惯 ·礼仪礼节 ·情绪控制 ·公开演讲 ·说话艺术 ·认同共情 ·自我管理 ·团队合作 ·团队建设 ·融媒体制作 ……
学生				

①成立5个研究中心,即现代能源物流与大数据研究中心、现代物流园区研究中心、交通运输与港口物流研究中心、物流质量与安全研究中心、智能制造与智慧物流研究中心;

②每位本科生从大二开始自由进入1~2个研究中心,在中心教师的指导下从事学术研究,研究任务由中心教师根据实际情况和学生兴趣确定;

③每个研究中心每个月要出一期工作简报,上报系里备案;

④2年内力争3个以上研究中心成为院级研究中心,3年内力争2个以上研究中心成为校级研究中心,5年内力争1个研究中心成为省部级研究中心;

⑤每年给每个研究中心一定的运行经费;

⑥5个研究中心也是西安科技大学物流管理专业的特色方向。

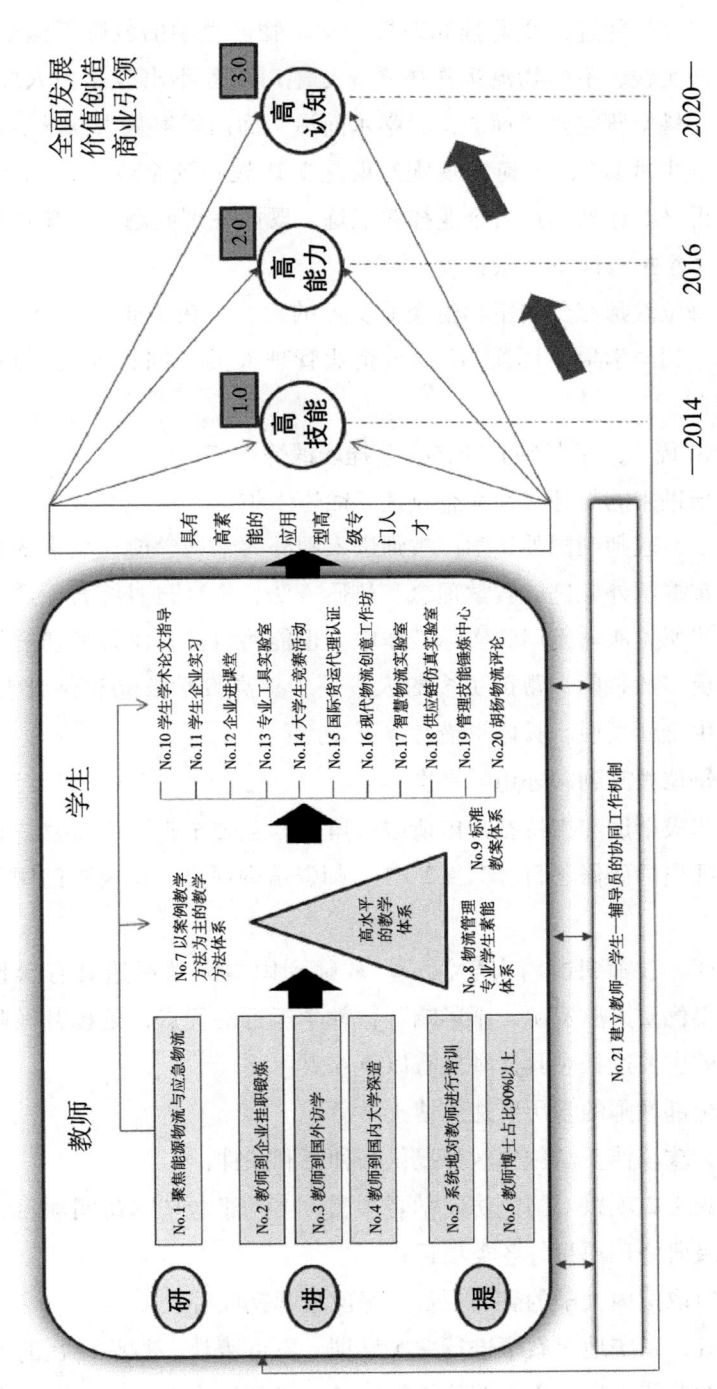

图4-1 高技能、高能力到高认知

第二，教师进入企业挂职锻炼。从事物流教学的教师不懂企业、不懂生产实践、不懂物流运作体系，是绝对培养不出应用型人才的。事实上，科学研究要"面向世界学术前沿、面向国家重大需求、面向国民经济主战场"，如何实现呢？就是要让教师到企业去，沉下去，才能上得来。让教师进入企业挂职锻炼，既能发现问题，又能提升自己。具体举措有以下3点：

①每位教师充分利用学生企业实习的机会，在企业每年至少待3个月，做到与学生"同实习"，与企业管理人员"同管理"，与企业"同经营"；

②40周岁以下教师必须在企业挂职锻炼半年；

③新进来的教师必须在企业挂职锻炼半年。

第三，教师到国外访学。教师进入国外大学访学能让更多的教师学习并掌握国外先进的教学理念和科研方法，提高自身综合素质。教师也能将所见所学运用到实际工作中，也能将自己在国外的切身体会分享给更多的教师，帮助更多的人进一步提高教学技能和科研水平，助力学生全面发展。具体举措有以下2点：

①每位教师到国外访学一次；

②积极帮助和支持教师申请国家留学基金委全额资助项目、青年骨干教师出国研修项目、"1+2+1"师资培训项目、学校资助国外项目等。

第四，教师到国内大学深造。教师到国内大学深造具有操作简单、获得优质人脉资源、不影响现行教学运行的优点，是提升教师队伍水平的主要途径。具体举措有以下4点：

①全部教师的学历要达到博士学历；

②为攻读博士学位的教师提供各种便利条件；

③获批2项以上国内访问学者项目、"西部之光"访问项目和教育部高级研修班项目等各类项目；

④争取国内大学的暑假项目，每位教师完成一次。

第五，系统地对教师进行一次培训。不可否认，教师现在的专业基础和专业能力还处于不够理想的状态，必须下大功夫在短期内全面提升教师专业能力。具体举措有以下3点：

①积极和中国物流与采购联合会沟通、协商，定期或不定期开办培训班，可以采取周末或者集中上课形式；

②外派教师参加著名高校的短期培训班，而非参加学术会议；

③2017—2019年强制要求参加一次物流行业的短期培训班（不是参加学术会议）。

第六，引进物流专业博士。本专业现有专业教师14名，其中年龄在35周岁以上的教师7人。从高校教师科研发展情况来看，科研的黄金年龄在35周岁左右，所以科研和教学后续力量欠缺。另外，本专业专任教师基本上都是从其他专业转移到物流管理专业上的，真正物流管理专业科班出身的教师极度欠缺。这些都是本专业面临的最大潜在危机。具体举措有以下3点：

①在今后继续大力引进第一学位和最高学位都是从事物流管理专业的教师，真正提高本专业的内涵和可持续发展能力；

②新进教师两年内，尽量不安排或少安排教学工作，主攻企业实习、学术论文写作、项目申报等工作，真正发挥博士的作用和潜能；

③三年内新进教师3名。

4.2 教学体系

4.2.1 X1N教材体系

西安科技大学物流管理专业深度开展产学研合作，与国内20家企业签订了实习实践基地协议，校企合作共同开发30门专业课课程和教材；颁布本专业教材（或讲义）开发标准，每门专业课依托X个（至少2个以上）一流物流企业的运作实际，编写1门教材（或讲义），依据该X个企业提供的真实资料开发N项课程教学资源，企业变，教材（或讲义）和教学资源也跟着变，并将采用的企业物流管理实践嵌入主要知识点中,打造立体式、沉浸式教学体验环境;将认知和能力训练融入教材(或讲义)和教学资源中,结合该 X 个企业,开发成套认知和能力训练习题、案例分析和大作业;将行业物流知识合理整合到"X1N"教材体系中。如表 4-3 和图 4-2 所示。

表 4-3　物流管理"X1N"教材体系

一流物流企业	专业课	行业物流
京东物流	现代物流学	快递物流
安吉物流	物流运作管理	汽车物流
顺丰快递	系统工程	医药物流
怡亚通、利丰	运营与供应链管理	冷链物流
菜鸟、易流科技	物流系统仿真	大件物流
天地汇、壹米滴答	物流园区设计与运营	煤炭物流
陕西物流发展规划	物流产业经济学	物流地产
普洛斯、传化	现代物流技术与装备	服务物流
德邦物流	物流标准与法律法规	建材物流
中快运	包装技术与工程	纺织物流
中铁、中远	大宗与特种商品物流	危化品物流
橡道煤炭物流	能源物流学	化工物流
菜鸟网络	人工智能模型与算法	电子物流
汇通天下	智慧物流概论	家具物流
日日顺	数据经营与决策	电子物流
准时达	智慧物流技术	即时配送
安能物流	智慧物流系统设计	仓储物流
全国国际货运代理	国际物流管理(双语)	航空物流
民生轮船	国际货运代理与实务	货代中介
中集现代物流	集装箱与港口物流	港口物流
北京长久	跨境电商物流	跨境电商物流
全球捷运	全球产业链管理	石油物流
卡行天下	商业模式与物流创新	农产品物流
车满满	物流信息系统	烟草物流
中通服供应链管理有限公司	供应链财务分析与绩效管理	金融物流

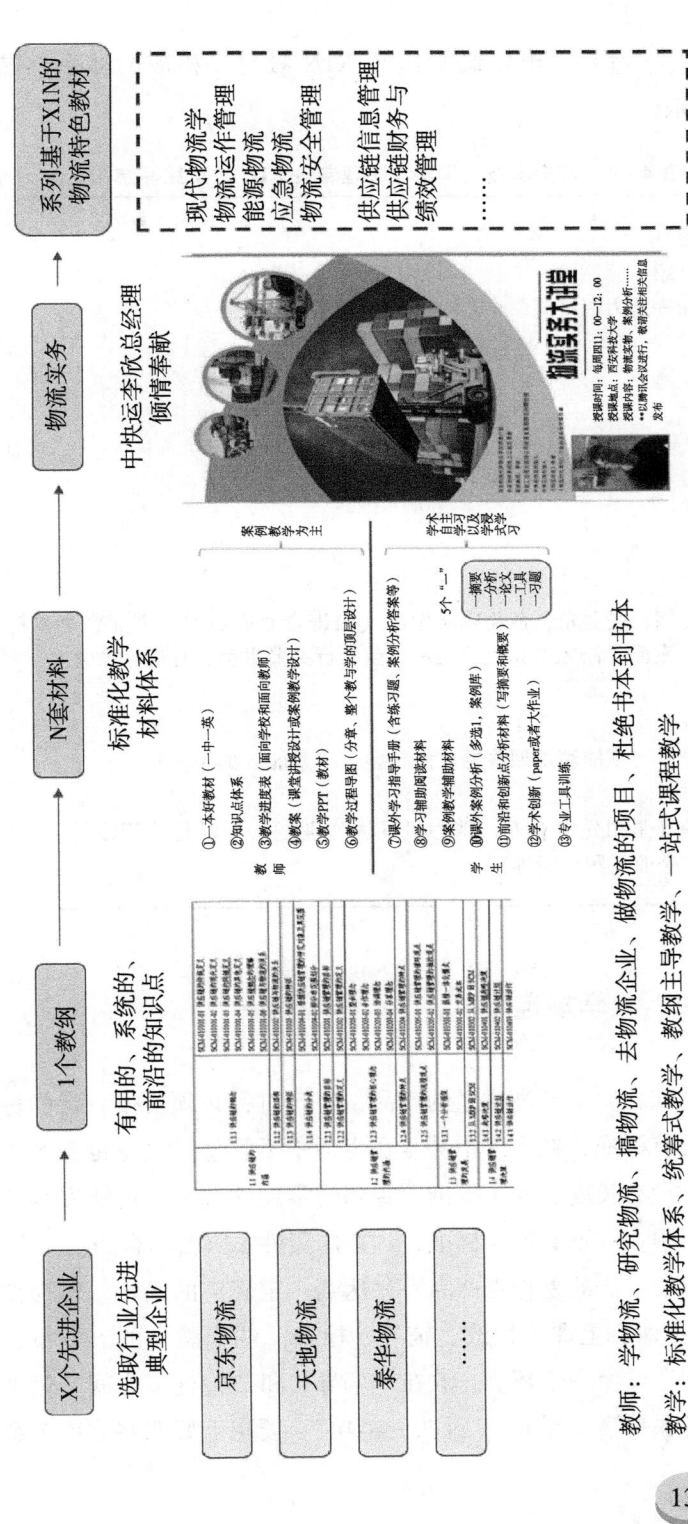

图4-2 西安科技大学物流管理专业X1N教材体系示意

经过上述过程，组织教师编写 X1N 教材，相应的体系结构如表 4-4 所示。

表 4-4　西安科技大学物流管理专业 X1N 教材编写结构

知识框架图
先进企业介绍
知识—认知—能力衔接图

第××章
章介绍
引导案例

1.1
1.1.1
1.1.1.1
以知识点为纲，嵌套先进企业成功做法（先进企业成功做法贯穿整个教材），将"认知、素能"融入知识点论述中，整个行文要生动、有趣、吸引人

认知训练题
章节案例分析（不能简单回答题，而是导入"素能"的培养）
延伸阅读材料
综合练习题（紧扣先进企业，精心设计大作业题，可以是课程设计、论文、系统设计、企业问题诊断等）

4.2.2　教学规范

众所周知，要生产高质量的产品，生产过程必须要按一定的标准来实施。没有标准，在生产中甚至在生活中不管怎样注意也会产生差错。例如，没有长度、大小标准，买到的零配件就不一定能安装到要维修的机器中去；没有尺寸标准，到商店买件衣服就不合身。

高等学校生产的是特殊产品——达到一定规格的人才。作为教师都知道，"备课、上课、批改、辅导、检查"叫作教学的五环节，也有把"复习"作为一个环节，放在"辅导"和"检查"之间，但未形成共识，备课是第一环节。"开头一半功"，要想上好课并取得满意的

效果，必须备好课，写好教案（Lesson plan）。所谓教案就是教学计划的书面形式。

目前，大部分教师都是用PPT课件代替了讲义。一些教师也写教案，但充其量是流水账式的教材的压缩型讲义；有些甚至只有一些提纲，画了一些记号，似乎是一些速记笔记。用这样的"教案"在课堂上讲授，必然是照本宣科，有很大的随意性，调动不起学生的积极性。学校要上质量上水平，首先就要狠抓教学质量，而教师的备课、讲课和效果又是教学质量控制和评价的核心。

笔者在和教师交流的时候，就遇到以下情形：

情形1：教学过程是个艺术过程，没有必要编写教案。

情形2：上课几十年了，用不着教案。教授每天教学，每节课程内容复杂，许多内容需要临场发挥讲解，几十年经验都装在大脑里，过于呆板似乎没有必要，只要有讲稿就可以。

情形3：过分追求形式。要求装帧成工艺品，好应付检查。

情形4：过于详细。有学者设计了教学目标、学生的背景信息、班级规模、教材、语言内容、语言技巧、重难点、时间分配、教学手段、教学方法、阶段和步骤、课堂活动、课堂练习、课后练习、补充材料、课程小结、课后反思17个教案的"合成教案"。

搞"标准教案"不是要限制教师的教学自由和扼杀教学的艺术性，恰恰相反，标准化教案能充分保障教学质量，实现以下目标和有效克服以下问题：一是一门课每一章应该讲什么样的知识点必须要加以明确，防止一门课学完，学生不清楚学了什么，好比自由体操比赛时运动员必须完成规定项动作后方可自由发挥；二是有效地将所有专业课的教学在内容、范围、层次和深度上统一起来，例如现代物流管理学是专业基础课，它把所有专业课的内容都装进去了，如果标准化后，每一块内容讲到什么程度以及后续专业课如何接着该门专业课进行深化就明确了，有效克服了"你讲我也讲或者干脆不讲"，学生也能立体化地掌握专业课，保证"讲得不一样、学得有深浅、用得有层次"；三是实现"教学方法、学生素能"与教学过程的全融合，必须明确每部分内容要用什么教学方法、什么教学案例、培养什么能力、开展什么活动,有效克服"教师只管讲、学生只管学、不知有何用"的问题;四是实现教学资源共享化,杜绝"只管教自己的"和"手段、案例、知识"重复现象。

笔者根据自身的教学实践,提出了整个标准化教案体系(见表4-5)。

表4-5 标准化教案体系

阶段	准备内容	备注
教学准备阶段	1. X1N教材(讲义)	同时推荐参考教材
	2. 知识点体系	是基于这门课程的知识点体系,而不是基于某本教材,这就要求任课教师要成为这个方面的专家
	3. 教学大纲	根据知识点体系编写教学大纲(含总体设计)
	4. 教学进度表	—
	5. 教案	—
	6. 教学PPT	是知识点的形象化转化
	7. 课前阅读材料	
学生预习	8. 课前预习	教师上课前要提前一天将材料发给学生,并做好预习提示
课堂教学	9. 基础知识点微课	把一些简单的知识点录成微课发给学生,或者让学生自学
	10. 案例教学准备	每章结合先进企业准备1~2个案例用于分析,也可以用其他企业的案例
	11. 案例教学实施	嵌入小组讨论
	12. 章节知识点讲解	每章案例分析完后用一节课的时间再把本章知识点的重点和难点给学生过一遍,这时候用教学PPT
课后练习	13. 认知训练题	—
	14. 案例分析	—
	15. 综合练习题	
	16. 线上/线下答疑	

续表

阶段	准备内容	备注
素能提升	17. 开放实验	商业认知与技能训练中心、全球供应链与货代实验室等；胡杨物流与会计评论公众号等
	18. 创新与实践	推行项目制，鼓励本科生参加导师课题；参加陕西物流产业发展报告编写工作；参加能源物流资讯周报编写工作；学术论文周等

4.2.3 实习体系

实习实验是学校本科教学培养方案和教学计划的必要环节，是课堂教育和社会实践、实际操作相结合的重要形式；实习实验的目的是增强学生实践能力、动手能力，培养学生提高分析问题和解决问题的能力；实习实验也是综合运用所学基础知识和基本技能的重要途径。新文科背景下，物流管理专业实习实验应体现以下特征：一是以中国物流产业数据和知识为基础，通过实习实验，建立中国特色物流管理"应知"到"应会"的连接，让学生知中国物流之事、练中国物流之能、用中国物流之法；二是以问题为导向，以解决实际物流问题来贯通所学的多门课程，突破学生只见"树木"不见"森林"的困境；三是以素能培养为主体，实践出真知，通过实习实验，树立正确的专业和社会认知，初步培养今后职业生涯所需的各项基本能力；四是以兴趣为突破口，实习实验的设置要紧跟时代变化，通过分级分类问题，用挑战来激发学生参与实习实验的动力，变"要我练"到"我想练"；五是以系统为生态抓手，有效建立各种实习实验的衔接。

西安科技大学物流管理本科在实习实验方面，自2017年开始实施长达16周的物流业务实习以来，逐步构建和完善了各项实习实验工作。经过研究、实践、优化、再研究的循环发展过程，打造了新文科背景下物流管理专业"4+1"新型实习实验体系，即"4"类实习实验——校外实习、校内实验、全学业实习、开放实习实验,"1"个综合集成平台——西科大胡杨物流评论,如图4-3所示。

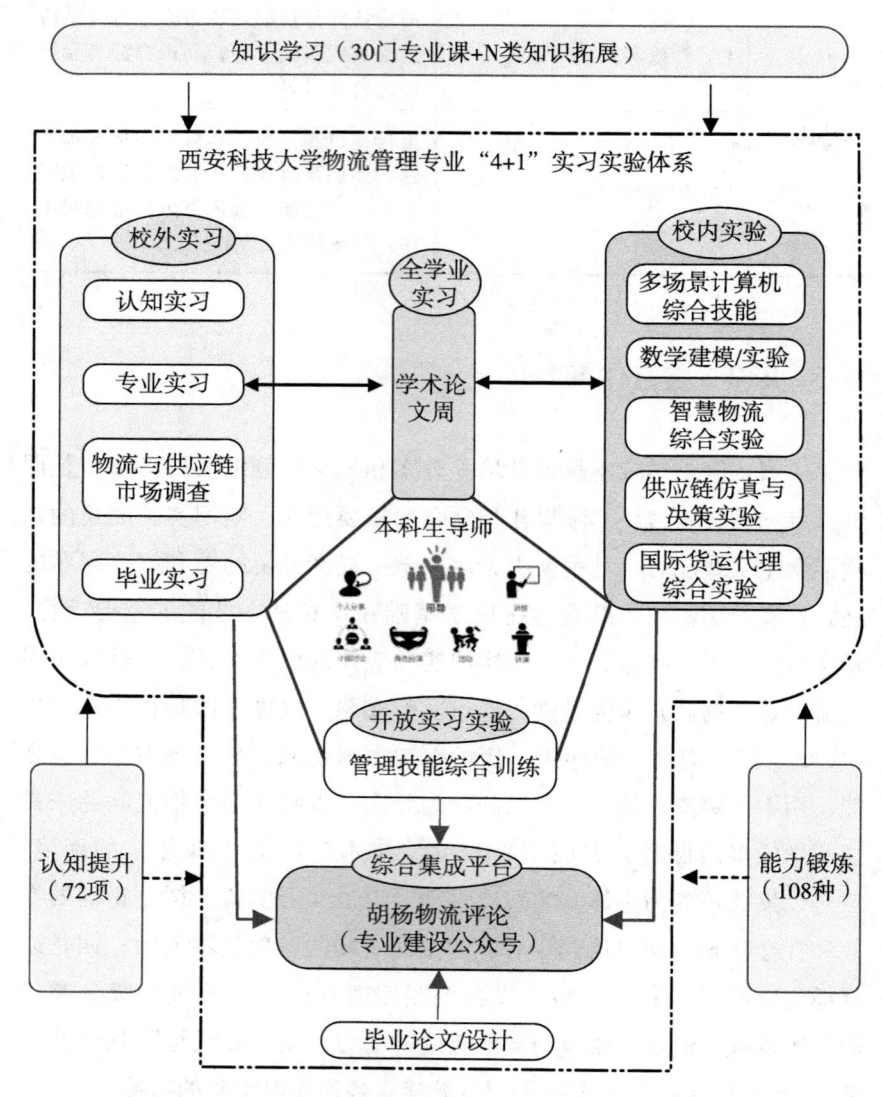

图4-3 新文科背景下物流管理专业"4+1"新型实习实验体系

第一,以新文科为方向,通过新型实习实验把知识、认知和能力连接起来。新文科背景下物流管理专业"4+1"新型实习实验体系不是就实习实验而实习实验,而是对接新文科对物流管理应用型本科专业人才培养的定位和要求。

如前文所述，西安科技大学物流管理专业在以下三个方面深度切合新文科背景下物流管理专业实习实验的特征：一是所有实习实验课程是 30 本 X1N 教材的延续，并主要讲述的是中国物流产业和物流管理的故事，有效杜绝了简单照搬西方物流管理教材；二是实习实验教学内容着眼于人类命运共同体，秉持全球产业链协同和开放理念，以培养学生全球宏观视野和认知；三是坚持问题导向，设置了大量问题供学生选择，运用积分制，学生只要所选模块分值之和等于 100 分即可。例如，智慧物流的问题设置（见表 4-6）。

表 4-6 智慧物流实验

模块	任务	难度	分值
Flexsim 入门	任务 01 发生器与操作员	★	5
	任务 02 分配不同实体	★★	10
	任务 03 时间序列	★★	10
	任务 04 网络节点	★★	10
	任务 05 传送带分拣	★★	10
	任务 06 操作员路径	★★★	15
	任务 07 处理信息	★★★	15
	任务 08 摆放货架	★★★	15
	任务 09 货架分拣	★★★	15
	任务 10 编写代码	★★★	15
Flexsim 案例	任务 01 制造加工车间建模与仿真	★★★★★	25
	任务 02 某零售企业配送中心平面流程布局仿真	★★★★★	25
	任务 03 配送中心分拣系统仿真案例	★★★★★	25
仓储中心作业管理	任务 01 配送中心参观调研	★	5
	任务 02 货物出库作业	★★	10
	任务 03 货物入库作业	★★	10
	任务 04 拣货作业	★★	10

续表

模块	任务	难度	分值
仓储中心作业管理	任务 05 库内管理	★★	10
	任务 06 信息系统与信息处理	★★	10
	任务 07 综合作业	★★★★	20
仓储中心运营管理	任务 01 连锁经营配送中心运营实践	★★★	15
	任务 02 电商物流配送中心运营实践	★★★	15
	任务 03 第三方物流配送中心运营实践	★★★	15
仓储规划布局	任务 01 仓储功能区位置规划	★★	10
	任务 02 集装单元化设备选型	★★	10
	任务 03 货架选型	★★	10
	任务 04 搬运设备选型	★★	10
	任务 05 仓库规划系统布局设计	★★★	15
	任务 06 仓库规划系统货位设计	★★★	15

第二，设置多场景实际物流运作问题丰富课堂教学内容。对应运营与供应链管理课程，分"陕西经济社会发展物流需求分析""陕西物流产业发展情况分析""陕西物流企业运行情况分析"三套问卷来丰富课堂教学内容，调查报告成果经整理和优化后进入《陕西物流产业研究进展报告》；多场景计算机综合技能实验课程设置了 7 种场景 50 项问题，针对每项问题只给出可能运用的软件、基本步骤和需要达到的效果，每个学生在教师的引导下自己去"捣鼓"，完成后现场演示自己的实习结果并现场展示源文件才能获得学分。

第三，建立了专业实习—学术论文周—毕业实习—毕业论文一体化机制（见表 4-7）。有效地将专业实习、学术论文周、毕业实习、毕业论文一体化，即专业实习过程发现的问题，可以撰写学术论文，参加学术论文周，论文选题可以作为毕业论文选题，确保学生围绕某个问题进行系统思考和深度思考。

表 4-7 专业实习—学术论文周—毕业实习—毕业论文一体化机制

环节	认知提升	素能提升点	时间
业务实习	了解社会、了解行业、了解职业	三大专业能力训练（专业工具、专业技能、专业集成）	5~8个月
案例分析	企业管理实习经验	学习能力	实习期间
案例编写	对某个点的深度分析	学习能力	实习期间
专题研究	对某个点的深度思考	学习能力、创新创业能力	实习期间
学术论文周	报告、逻辑和思维训练	演讲、宣传、专业工具等	9个月
毕业实习	—	—	大四下学期
毕业论文	—	—	大四下学期

4.3 一体化培养流程与标准

4.3.1 "一站式"课堂

高校是培养高级专门人才的基地，课堂教学是造就人才的主要途径。高校培养人才的质量直接影响到高等教育的质量，而人才培养的主渠道在课堂。课堂是高校实施教学的主要场所，它不仅是教师和学生聚合的空间，更是一个独特的组织。课堂教学模式是在一定教育思想与教育观念指导下，关于教学目标、教学内容、教学手段及方法、考核评价等与课堂教学相关的诸要素之间的组合方式和运作流程的标准形式，它具有相对稳定性、规范性和可操作性。

目前，管理类本科专业课程教学仍以教师讲授为主，从知识到知识。在实际教学过程中，"夹着包"去和"夹着包"回的教师不乏其人，真正做到了"see you next time"。另外，学生不知道学习的专业知识，到底有没有用，需要培养哪些专业认知和能力。单一、被动的教学方法导致学生缺少创新实践的机会和空间，无法形成解决实际问题的能力，学生培养质量自然得不到保障，用人单位逐渐形成了"大学毕业生眼高手低、什么都不会干"的认识，这也对管理类人才的本科招生和高层次人才培养造成了严重影响。

因此，必须在培养路径上进行创新。有效的方式就是走"知识—认知—能力"一站式培养路径，即任何一门课程，既要讲透核心知识点，同时还要围绕该知识点进行认知提升（如何建立连接、嫁接等）和能力培养（具体业务怎么做）。消除"知识—认知—能力"缺口的有效途径就在于"一站式"培养，即课程教学要"加负"——融入认知训练和能力培养，实现贯通，打造"金课"，这就需要对传统教学方法进行优化、变革和集成，既不是以教师为中心的传统课堂教学模式，也不是以学生为中心的课堂教学模式，而是一种以学生为主体、教师为主导的课堂教学模式，它充分体现"以生为本"理念，发挥大学生的认知主体作用，教师则主要起教学主导作用，引导学生积极主动地学习。

为此，笔者研发了"一站式"课堂教学体系，如图4-4所示。该体系分产业研究、教材编写、教案设计、教学方法、共练、共创、共研7个环节，可以看出传统意义上的课堂教学仅仅是该体系的一个环节。在产业研究环节，教师首先要认真钻研所处行业的某个细分行业和具体环节，弄清楚这个产业的过去、现状和未来，确保所讲授内容是与时代同步的；在教材编写方面，要在基本理论和基本原理的基础上，以行业先进企业的实际操作内容为底版，进行抽象和提升形成某门课程的框架和核心知识点；在教案设计上，要围绕核心知识点，设计教学内容，分清哪些是课堂教授的，哪些是课后阅读自学的；在教学方法上，坚持实施案例教学、项目式教学、角色扮演、小组讨论等体验式教学方法；共练就是进行设计练习和实验；共创就是围绕前沿问题进行学术论文创新；共研就是组织学生进行行业研究。知识讲授至少要延伸到共练环节，认知培养从教案设计就要开始，能力提升要抓住共练、共创、共研等环节。

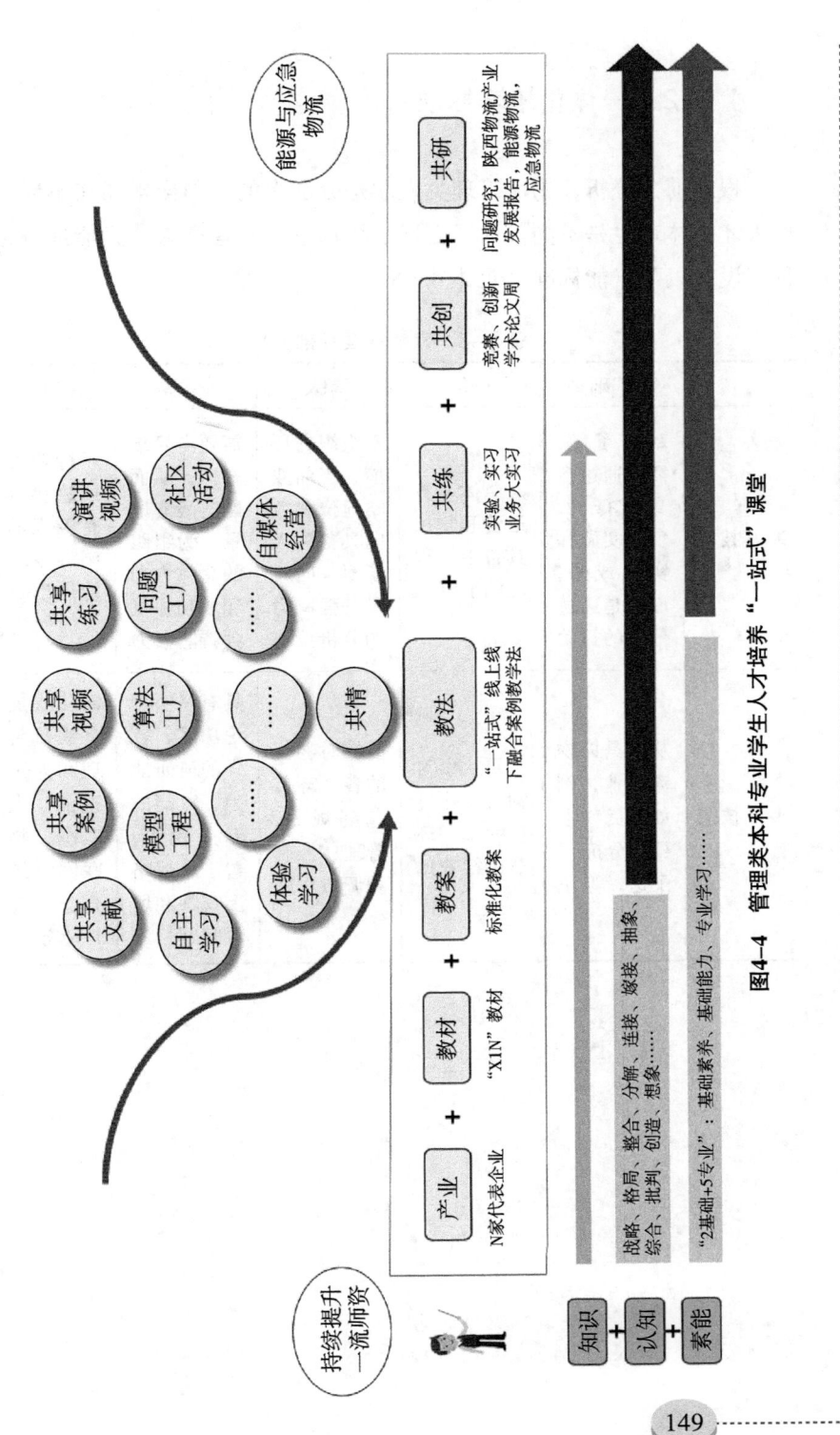

第4章 "知识—认知—能力"一体化培养路径

图4-4 管理类本科专业学生人才培养"一站式"课堂

149

4.3.2 一体化培养标准

根据前文分析，物流管理类人才是分层次的，同样素能在不同层次人才的体现也是不同。为了更好地跟踪物流管理类人才素能提升进程，设计以下素能标准（见表4-8）。

表4-8 素能标准（部分）

	基础	中级	高级	专家级	领袖级
基本技能	基本了解，需要通过自身的行动，负责实施和实现成果，而不是通过他人的行动	对总体业务运营和管控具备中等程度的了解	对组织的环境、当前战略地位和方向具备深入了解，同时具备强有力的分析技巧	需要专家级知识，从而制定战略愿景，为组织的总体方向和成功提供独特洞察力	对行业发展趋势具有极强的洞察力，能做出重大的创新
专业技能	从事具体物流作业，例如，货物上架、分拣、配送，等等	主要从事对物流运作过程的单一环节进行管理	能够对物流的各个环节起到规划、管理、控制和调节作用	具有坚实理论功底、较强的科研能力，宽阔的专业视野，善于从战略上观察和思考问题	能从底层将物流管理和人工智能、大数据、物联网等结合起来设计业务

150

第 5 章 "知识—认知—能力"一体化培养方法

跟随"知识—认知—能力"一体化培养路径,教学空间向课前和课后延伸,知识教学要"移位",即知识学习是学生自己的事情,课堂上是认知训练,课后是能力培养。OMO、MOOC、微课、翻转课堂、案例教学、学术创新指导等方法需要沿着"课前—课中—课后"路径进行布局和重新组合,进而形成"知识—认知—能力"一体化培养集成方法。授人以渔,教会学生学习,才能真正做到"少教多学"。

5.1 教学组合方法

5.1.1 案例教学

案例一词来源于英语"Case",原意为情况、事实、实例等,但译成中文,在不同的领域有不同的意思。在医学上译为病例,在法律上译为判例,在军事上译为战例,在企业管理上译为个案、案例、实例等,一般认为在教学中翻译为案例较为贴切。将案例应用于教学,通过教师讲授、组织学生讨论、撰写案例分析报告、教师归纳总结等过程来实现教学目的的方法,称为案例教学法(Teaching with Case)。案例教学法在法学和医学领域的应用由来已久,而在管理学领域的应用相对较晚。工商管理方面的案例教学始于美国,1910 年 Copenland 博士首创在课堂讲授之外将学生讨论引入课堂。从 1909 年到 1919

年，一些企业管理者应邀来到课堂向学生呈现各种管理问题，并要求学生写出对问题的分析及建议采取的对策。1920 年，该校受到洛克菲勒财团的资助，进行新的教学方法的实验，便开始调查、编写教学案例，并进行试用。1921 年 Copenland 博士在新任院长 Wallace B Donham 的敦促下出版了第一本成文的案例书籍。教学案例的编写由粗到细、由简单到复杂，逐渐成熟起来，案例教学也逐渐成为一种独特的教学方法。目前，西方各大学的工商管理教学中均采用案例教学。我国从 20 世纪 80 年代开始引入案例教学。

案例教学实施主要有三种形式：一是教师主导式。教师先介绍案例的内容，较详细地提出要求和一些启发性问题，让学生有目的地做准备，然后在课堂上讨论，由教师最后做总结。采用这种方式，教师的主导作用十分明显，不利于学生独立思考。此方式适合于低年级或刚开始做案例分析的学生。二是讨论式。教师提供案例材料后，主要让学生自己去准备分析报告，将要讨论的主要问题以书面形式表述出来，然后在讨论会上向全班同学讲述，相互提问甚至争论，最后由教师总结。这种方式有利于学生的独立思考及表达能力的培养，它适合于高年级或对案例教学较为熟悉的学生。三是研讨式。由教师提出一个课题，提供一些背景情况，指定有关参考文献，让学生自己去调查，或实地观察等，然后写出书面报告，在讨论上发表自己的见解，供全班同学一起讨论，最后由教师进行总结。这种方式除了具有讨论式的特点外，还能培养学生调查研究的能力和公关能力，并带有课题研究的性质，它适用于将毕业的高年级学生和 MBA 学生。无论是教师主导式、讨论式还是研讨式，运用案例教学的主要过程都是围绕案例进行分析与讨论。综合已有文献和资料，笔者提出案例教学过程实际上就是一个"找"或"剥"知识点的过程。

基于上述论述和笔者邹绍辉的教学实践，提出以下的以案例教学为主的教学方法（见图 5-1）。相关步骤可详见笔者邹绍辉的另一本教学论著《基于素能的物流管理人才培养模式》。

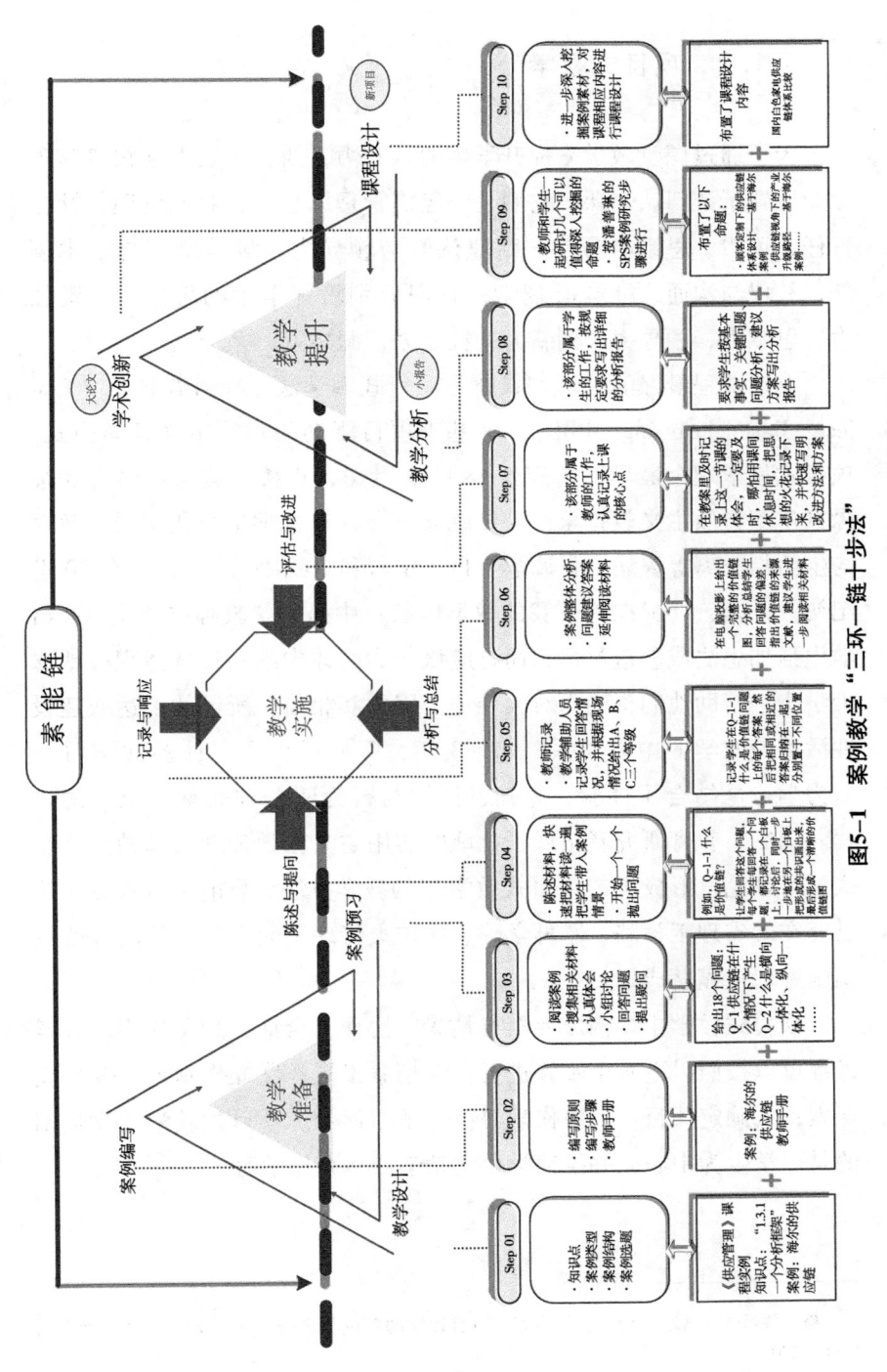

第5章 "知识—认知—能力"一体化培养方法

图5-1 案例教学"三环一链十步法"

153

5.1.2 项目式教学

为了通过课堂教学来提升学生的认知力,西安科技大学物流管理专业设置了7门认知课。它们是:经济管理思想史,商业伦理与社会责任,逻辑、思维与写作,商业认知与领导力,科学研究与学术创新,礼仪与沟通,社会心理学;它们分别培养学生的思想力,责任力,思维力,领导力,创新力,社会力,洞察力。

上述课程最好的教学方式就是项目式教学法。项目式教学(Project – Based Learning, PBL),即基于项目驱动的建构主义教学模式。项目式教学理念最早可追溯到18~19世纪,卢梭、裴斯泰洛齐和福禄贝尔等自然主义教育家认为传统教育存在忽视学生自我发展、教育与生活相脱离等弊病,强调学生自主学习和自我决策❶。而后在20世纪初,约翰·杜威在其《我的教学信条》中提出"教师在学校不应给学生强加想法或塑造习惯,而是应该作为团体中的一员选择积极地感染学生,帮助他们正确面对困难……因此我相信,所谓的表达或建设性活动是教学的中心关系"。1983年,库帕提出了"体验式学习",认为学习是结合了体验、感知、认知与行为四个方面整合统一的过程。随后,教育研究者拓展了杜威的实用主义教学理念与库帕的体验式学习理论,形成了"项目式教学"的教学方法。目前项目式教学法已经在麻省理工学院、欧林学院、代尔夫特理工大学等国外高等院校实施并取得显著成效。

项目式教学主要构成要素有情景、协作、会话、意义建构。教学过程可以按照以下六个步骤进行:①情景设置;②操作示范;③独立探索;④确定项目;⑤协作学习;⑥学习评价。项目式教学主要强调的是以学生为中心,并推动学生主动学习、合作学习。

---

❶ 鲁道夫·普法伊费尔,傅小芳. 项目教学的理论与实践 [M]. 南京:江苏教育出版社, 2007.

5.2　衔接方式与管控体系

5.2.1　衔接方式

"知识—认知—能力"一体化衔接的关键在于本科生导师制，因为大学教育的真实情景是学生和教师的相处场景主要在课堂教学，而认知和能力提升是需要学生与教师深度交流和沟通的。在国外，不同高校之间本科生导师制的差异也极大。牛津大学和剑桥大学的本科生导师指导的学生非常少，通常是一对一或一对二，而且学校会支付高昂的辅导费。其他高校情况则差异较大，也有一名本科生导师负责带十多个学生的现象。在《高等教育何以为"高"——牛津导师制教学反思》一书中，作者大卫·帕尔菲曼写道，"导师制使学生个体得到的关注更多"。本科生导师制对于充分发挥教师的主导作用，提高人才培养质量具有重要意义。推行本科生导师制已成为国内外众多高校的现实选择。早在2002年10月，北京大学率先在本科生中全面实行导师制试点。此后，国内部分高校也陆续开始了在本科生中建立导师制度的探索。教育部2005年1月7日《关于进一步加强高等学校本科教学工作的若干意见》中明确提出："有条件的高校要积极推行导师制，努力为学生全面发展提供优质和个性化服务。"据《新京报》报道，2018年4月3日，中国科学院大学招办主任冉盈志做客"教育面对面"，表示"2018年计划招收398名本科生，遴选了980多名导师，包括60多名两院院士，24名千人计划教师，289名'杰青'，都是教授级。学生进入国科大后，多轮双向互选，确认导师。开学后进入到导师的课题组，进行科研训练"。

西安科技大学物流管理专业人才培养从一开始就实行了导师制，是全生命周期的指导，主要侧重于三个方面：业务实习前的素能提升导师（共读、共练与共创）、业务实习—学术论文—毕业论文指导导师和毕业后职业生涯关怀导师。

通过管理技能综合训练解决本科导师的长期缺位问题。尽管管理技能的表述众多，西安科技大学物流管理专业在充分调研和实践的基础上，认为管理技能是指：管理者为了高效实施组织已经做出的决策，在目标设定、问题识别、理念构建、方案谋划、沟通谈判、工作分解、过程管控、专业指导、激励约束、结果转化的过程中所表现出的方略、方式、方法，方略即解决问题的基本策略，方式为基于方略而构建的行动系统，方法为具体运用的工具和程序。技能的形成需要大量、反复、刻意的训练才能形成，技能一旦形成，会自动转化为管理者的习惯，有助于帮助管理者解决确定情景下的高效执行力问题。一是系统架构了10类42项管理技能综合训练任务，如表5-1所示。

表5-1 管理技能综合训练体系

技能模块	核心要义	任务分解
目标设定	将决策事项细化成闭合、系统的目标管理系统，构建强大的目标驱动系统	期间目标
		部门目标
		目标审计
问题识别	盯住目标的同时，管理者更应明确自己面临处境、关键问题以及可以调用的资源，并深刻洞察问题的本质，认知到位	现状分析
		标杆选定
		差距分析
		原因溯源
		问题界定
理念构建	面对问题，要明确自己的立场，坚持自己选择的价值观，并形成解决问题的具体理念	价值确定
		立场选择
		理念形成
方案谋划	谋定而后动，全局思考，系统谋划	基本策略
		具体方案
沟通谈判	管理者在想清楚自己干什么、怎么干后，获得资源、减少阻力、下属支持是非常重要的	资源获取
		横向协同
		员工认同
		员工接受

续表

技能模块	核心要义	任务分解
工作分解	一起承担是明智之举，工作要做到纵横闭合，无死角	压力传导
		落实到人
		进度分解
过程管控	不要过分相信人的自觉性，管理不到位是件非常严重的事，最终的结果只能是累死管理者。因此，过程管理是管理第一要素，日日有计划、事事有人管、人人有事做、做了有结果、结果有评价	日清日结
		现场指导
		时间管理
		计划调整
		资源审查
		偏差纠正
		冲突化解
专业指导	管理者不能做甩手掌柜，懂业务是衡量管理者的重要标准，并善于总结创新和变革	知识储备
		业务贯通
		质量控制
		方法创新
		体系变革
激励约束	把人的积极性调动起来，营造一种积极向上的氛围，赛马而不相马，管控各种存在的风险	演讲报告
		氛围营造
		文化构建
		薪酬标准
		奖勤罚懒
		法律风险
		建章立制
结果转化	就执行结果与员工面对面进行深度沟通，对事不对人，要求员工和管理者都要撰写工作总结，并善于向上级汇报，得到认可	绩效沟通
		经验内化
		组织认可

二是不再为该门课程专门安排集中实习环节，而是和本科生导师制紧密结合起来——导师指导学生，导师负责指导其进行相应训练，采用积分制，学生集中进行成果展示和答辩，由答辩小组给出综合评

分。这样导师指导学生就有了抓手。具体实习流程如表 5-2 所示。

表 5-2 管理技能综合训练流程

第一步	本科生导师利用多种场合多次给学生讲解本实习目的、内容和方法，每一种技能如何锻炼
第二步	学生填写本次实习任务清单，满足以下条件： (1) 每个模块不缺项； (2) 所有任务加计总分为 100 分； (3) ……
第三步	实习指导教师核定每个学生的实习任务清单
第四步	学生在实验室完成实习任务，实习指导老师现场指导
第五步	实习答辩，每个学生现场演示自己实习结果，并现场答辩，答辩组现场进行评分
第六步	提交实习报告

5.2.2 管控体系

西安科技大学物流管理专业开办和运行了西科大胡杨物流评论微信公众号和"本科—导师"互动平台来管控"知识—认知—能力"一体化培养进程。

在胡杨物流评论方面，西安科技大学物流管理专业 2017 年就开发了西科大胡杨物流评论公众号，并坚持运营到现在；2019 年对公众号运营体系进行了重大调整，设置了案例编写、知识创新、企业分析、论文展示、实习选报模块；指定教师专门指导，完全由学生运营，并拨付固定运行经费。西安科技大学物流管理专业一体化人才培养管理体系如表 5-3 所示。

表 5-3 一体化人才培养管控体系

案例编写	学生自发编写案例，每月举行一次案例比赛，选出月度冠军，年度举行一次总决赛
知识创新	教师指导学生就"问题、学科专题、模型、算法、实务、业态、项目"撰写文章，让学生接触最新的物流管理知识

续表

企业分析	详细分析某一企业
论文展示	展示学术论文周优秀论文
实习选报	展示优秀实习报告

在"本科—导师"互动平台方面，专门开发相应的平台和App，见图 5-2。

图 5-2 "知识—认知—能力"一体化培养信息平台示意

5.3 学习规律

5.3.1 学习金字塔

学习金字塔是美国缅因州的国家训练实验室研究成果，它用数字形式形象显示了采用不同的学习方式，学习者在两周以后还能记住内容（平均学习保持率）的多少。它是一种现代学习方式的理论。最早它是由美国学者、著名的学习专家爱德加·戴尔1946年首先发现并提出的（见图 5-3）。

"学习金字塔"揭示了采用不同的方式学习两周后的"信息留存率"。数据表明：听讲、阅读、视听、示范/演示这几种方式的信息留

学习吸收率金字塔

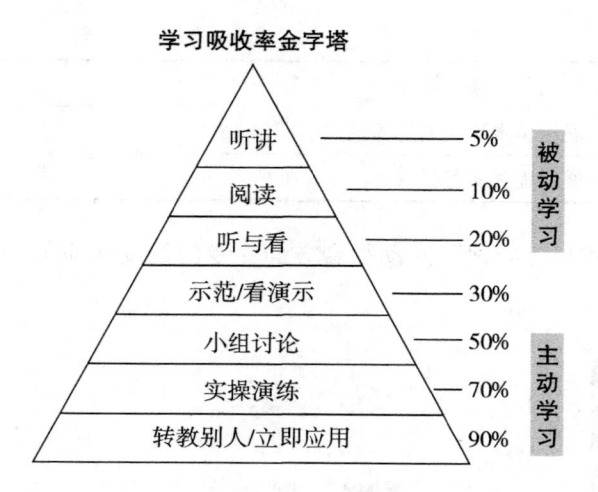

```
        听讲        —— 5%     被
       阅读         —— 10%    动
      听与看        —— 20%    学
    示范/看演示      —— 30%    习
     小组讨论       —— 50%    主
    实操演练        —— 70%    动
  转教别人/立即应用   —— 90%    学
                              习
```

图5-3 学习吸收金字塔

注：美国国家训练实验室研究证实，不同的学习方式，学习者平均效率是完全不同的，这就是著名的"学习金字塔"。

存率相对较低；而小组讨论、实操演练、转教别人/立即应用这几种方式的信息留存率较高。尤其是"转教别人/立即应用"，两周后的信息留存率达到惊人的90%。

"学习金字塔"中一共包含七种方法，塔上半部分三种：听讲、阅读、听与看，是传统的被动式学习。塔下半部分四种：示范/看演示、小组讨论、实操演练、转教别人/立即应用，是主动学习的方法。听讲是最普通、最常规的学习方法，就是老师在上面说，学生在下面听，但学习效果却是最低的，两周以后知识保持率只有5%。通过"阅读"方式学到的知识内容，两周以后可以保持10%。听与看是指利用"声音、图片、视频"的方式学习，两周后知识保持率可以达到20%。"示范/看演示"：就是老师示范，学生看演示，采用这种学习方式，两周后知识能保持30%。小组讨论时一定要自己参与，有自己的主张、见解，而不是看着别人讨论，两周后知识保持率可以达到50%。实操演练包括实践、练习、实验等，两周后对知识的保持率可以达到75%。转教别人/立即应用，将自己掌握的知识毫不保留地教给别人并立即应用，两周后知识可以保持90%。一般情况下，人的本性是自私的，都不会愿意去教别人。

理查德·菲利普斯·费曼（Richard Phillips Feynman），美国犹太裔理论物理学家，量子电动力学创始人之一，纳米技术之父，1965年获得诺贝尔物理学奖。费曼长期在加州理工大学任教，他的教学深入浅出、幽默生动，深受学生的喜爱，每一堂课几乎都是座无虚席。费曼以其独特的视角，几乎以一人之力，重构了整个现代物理教学的体系，他所著的《费曼物理学讲义》迄今仍风靡全球，极大地影响了全世界的物理学家及学习物理的学生，被人们称为"老师的老师"。费曼之所以能成为一名卓越的教师，与他的学习方法"费曼技巧"（Feynman Technique，也称费曼学习法）密切相关。该学习法认为：对所学知识掌握程度的终极测试，是传授给他人的能力！

费曼技巧分三步（见图5-4）：

第一步：选择一个你想要理解的概念，然后拿出一张白纸，把这个概念写在白纸的最上边。

第二步：设想一种场景，你正要向别人传授这个概念。在白纸上写下你对这个概念的解释，就好像你正在教导一位新接触这个概念的学生一样。当你这样做的时候，你会更清楚地意识到关于这个概念你理解了多少，以及是否还存在理解不清楚的地方。使用简化和类比的方法来进行讲解，简化和类比的方法是为了降低问题的难度，有助于新手的理解。降低难度主观上是为了让新手听懂，实际上是让自己真正理解。

第三步：如果你感觉卡壳了，就回头学习。无论何时你感觉卡壳了，都要回到原始的学习资料并重新学习让你感到卡壳的那部分，直到你领会得足够顺畅，顺畅到可以在纸上解释这个部分为止。

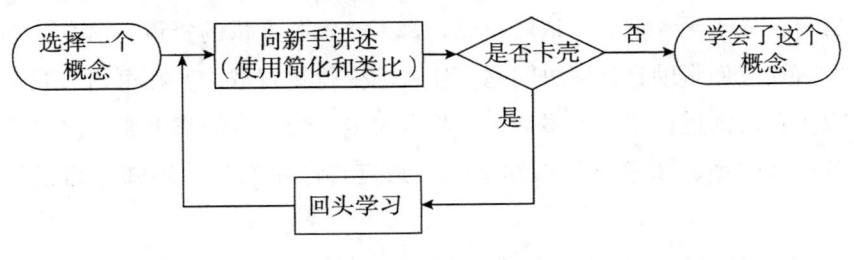

图5-4 费曼技巧的流程

最终的目的，是用你自己的语言，而不是学习资料中的语言来解释概念。如果你的解释很冗长或者令人迷惑，那就说明你对概念的理解可能并没有你自己想象得那么顺畅。你要努力简化语言表达，或者与已有的知识建立一种类比关系，以便更好地理解它。

"小组讨论""转教别人/立即应用"等会教的前提是能够提取，一旦学习者未能成功"提取"（Retrieval Practice），学习者就会明白自己到底被卡在了哪里，并产生解决思维卡点的期待。因为提取是重构了知识❶，因此它不同于"死记硬背"，是一种有益于学习的策略。"费曼学习法"强调学习者应具备"传授给他人的能力"，显然对应于"学习金字塔"中效果最好的方法"转教别人/立即应用"。

用20个小时快速学习一个领域的方法：大量泛读—建立模型—求教专家—理解复述。5小时泛读，3小时建模，2小时求教，剩下的10小时花在"复述"上。最有效的学习方法，就是把知识重新表达一遍。读书也是一样，摄入的知识要及时消化，变成精神肌肉，为生活注入力量。单纯追求输入，是一种典型的伪学习，只能在大脑中留下一片精神脂肪，不仅无助于增进智慧，还会让思想变得浮肿。学习的本质不是存储输入，而是生产输出。复述就是重要的输出。

5.3.2 整理学习法

古人曰："半部论语治天下"，古人考取功名只需熟读四书，而四书加起来不过区区五万字。但在知识大爆炸时代，每天都有新知识、新概念、新领域出现。我们看新闻、刷微博、刷抖音、刷朋友圈，经常自己乐半天，但心中依然焦虑。每天接触了大量的资讯、信息，却没有让它们帮助自己解决问题，让自己变得更智慧，实在可惜。我们以为自己知道，实际上不知道。其实很多事情，我们都需要升级自己的认知体系，知道自己不知道，不知道自己不知道，不知道自己知

---

❶ KARPICKE ROEDIGER. The Critical Importance of Retrieval for Learning [J]. Science, 2008, (319): 966-968.

道，知道自己知道。在这个过程中，也是我们不断认识自己，完善知识体系的过程。

把零散的知识关联成知识体系，才能变成认识和改造世界的力量。知识的碎片化就像钢筋、水泥、砖头、玻璃这些建筑材料，都是"知识点"。如果没有建筑师把它们按照一定的使用功能和审美原则建构起来，把这些节点关联起来，这些钢筋水泥是无用的，是废物一堆。但是建筑师用建筑框架把它们关联起来，具有一定的功能，就实现了这些建筑材料的价值。

零散不怕，但如果既零散又少就麻烦了，永远不大可能成为体系。譬如你关于医学的知识有2条，关于天文学的有3条，他们永远也成不了体系，所以知识体系建立的第一个条件是要聚焦在一个方向上有大量的积累。如果你根本没有方向，什么都想学，什么都想看，那谁也形不成体系。

对于新手而言，如果对一个领域还不熟悉的话，建议还是多读一些基础的经典教材，建立这个领域的基本概念。当你在一个领域有扎实的基础知识和丰富的实践后，零散和碎片化知识对你都有价值，它们能够给你提供线索，也可以进行反向追踪。

任何知识只有经过系统的学习、实践和反思才能真正转化成个人的知识，而每个人在某领域积累的知识量足够多的时候，（需要）建立它们之间的关系，这是个人在某领域的知识体系，如图5-5所示。

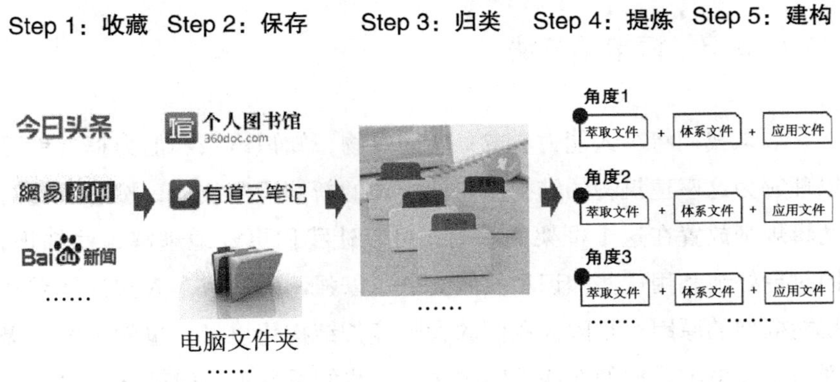

Step 1：收藏　　Step 2：保存　　Step 3：归类　　Step 4：提炼　　Step 5：建构

图5-5　整理学习法

所有的知识体系，最后表达的一定足够简单，所以他们是基于概念的（这就需要你具备概念建构能力）。其次是需要关联：上下（纵向）的关联和左右（横向）的关联，基于知识本身逻辑的关联或基于你的岗位、职责的关联。

当你将大量的知识转化成简单的概念关联时，说明你在某个主题和领域的知识体系已具备雏形，但这样关联是否正确、是否有遗漏、是否属于更高级别，还需要通过实践和思考去验证，最后才能确认，并在未来提升。

例如，大部分新生儿的母亲都不具备养育幼儿的知识体系，只有在小孩生病时才开始积累应对小孩生病的知识，慢慢地将幼儿可能得的疾病进行分类，并归纳整理相应的方法；关于小孩的发育知识一开始也没有，也是通过读书、跟人交流才慢慢明白；还有幼儿的心理发育过程，等等，都是通过看许多文章、跟过来人交流、切身实践体会才掌握的。

知识千万不能只收藏而不对其加工，加工的过程主要包括分类、划分、分解和建构。

分类：是指按照种类、等级或性质分别归类。

划分：是指将某事物的外延分为若干小类。

分解：是指将整体分为若干部分。

建构：是指建立知识体系。

5.3.3 框架学习法

如果我们将个人能力看成一座建筑物，知识体系和能力框架就可以理解为这座建筑物的结构图。把学到的新知识和技能，按照一定的逻辑规则放置在这个框架体系内，可以让我们更好地理解这些知识，同时更好地利用这些知识和技能。之所以强调要形成个人知识体系和技能框架的原因，是因为我们的大脑擅长结构化思考，也就是经常提到的框架思维。比如在遇见问题之后，我们总是第一时间从过去的成功经验中寻找解决路径。只有当"过去的经验"解决不了"现有的问题"时，我们才会仔细思考。知识体系和框架结构的作用，在于将过去的成功经验总结成为固定框架，让我们可以不那么费力地解决问题，如图5-6所示。

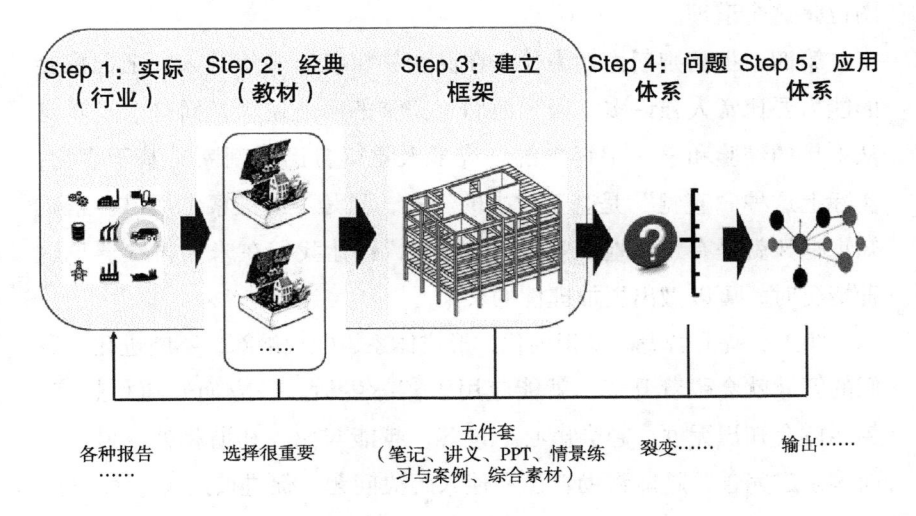

图5-6 框架读书法

先谈谈框架的作用。

第一，快速解决问题。大脑是人类体内消耗能量最多的器官，在现代社会，能量供应充足。但是在远古时代，思考是不那么符合生存本能的，因为思考本身太消耗能量了。所以人类为了生存，选择一次性找到问题的原因，找到解决办法之后，再不断地套用在类似情况上。从许多不同的表象问题之中找到本质，在形成知识框架以后，我们在解决问题的时候，效率会高很多。

第二，快速理解新知识。我们的学习路径都是从简单的开始，比方说数学。从小学简单的加减法开始，到中学的函数方程、概率论、解析几何，再到大学的微积分和线性代数。在搭建好数学相关的知识框架之后，我们才能理解更高级的数学知识。同理，如果我们想在某一个领域有所建树，先要搭建好知识框架。从简单的知识学起，之后再学习深层次的理论知识，学习速度会快很多，学习效率也会高很多。

第三，更好地记忆。在艾宾浩斯关于记忆力的研究中发现，大脑对于熟悉的内容印象深刻。也就是说要想保持长久记忆，一个是要让记忆内容经常出现在我们面前，另一个就是理解记忆内容。知识框架的作用，就在于能够帮助我们理解记忆内容。现在大家运用的思维导图也是这个道理。

第四，提高判断力。为什么在商业领域浸淫多年的人，把握机会的能力要比常人强许多？因为他们有完整的商业逻辑，而这个逻辑是从多年的经验和学习中得来的。许多人觉得自己做判断是基于直觉，实际上这种"直觉"是基于过去的经验，只是不易被察觉而已。搭建知识框架就是有意识地积累这种"直觉"，让我们在未来再次遇见这种情况时，可以做出更加理性的决策。

第五，提升智慧。知识内化，形成体系，吐故纳新，不断进化，我们的智慧就会跟着升级，就能应用于实际生活。一方面知道得越多，越能体会知识无涯，越会虚心、包容，越能与他人和谐相处；另一方面体系越完善，越能帮助自己和他人解决问题，促进彼此关系。

现在，再来谈谈框架读书法的具体步骤：

第一步，实际（行业）。行业研究报告很容易帮自己迅速建立对某个行业的整体认知。

第二步，经典（教材）。可以先从较为简单的入门科普书入手。比方说想了解经济学的知识，可以从《小岛经济学》《半小时漫画经济学》等趣味性较强的书开始，在掌握了经济学的基本概念和原理之后，再去读曼昆的《经济学原理》。

第三步，建立框架。一个知识框架可以说是有了一个雏形。但是知识不是一成不变的，而是随着科技的发展不断更新。通过不断阅读最新的内容和新闻，来完成知识的更新。如果用人来比喻知识框架，那么阅读经典书籍就是强化我们的骨骼，快速更新的内容就是完成体内的新陈代谢。

零散的知识有时是非常可怕的。知识体系是结构化的，知识点之间彼此关联，有无数回路，四通八达。这样的好处是，我们遇到一个问题，就会触发某个知识点，我们捕捉到这个知识点，就可以沿着知识体系的无数关联和回路，快速找到相关的其他知识点，组合起来，形成针对所遇到问题的解决方案，就表现出专业水准，就当得起"领域专家"之称。

利用经典教材将知识点按一定逻辑整合起来。知识点之间彼此以形式多样的方式关联，形成了特定的结构。知识体系是由若干知识榫合而成，知识要彼此榫合，就一定有连接点。知识本身就有连接点，而我们无法利用这些连接点构建出知识体系，往往是因为：我们没有发现连接点。我们积累的知识，能否形成体系，却依赖于我们能否做到"发现知识的连接点、主动链接不同的知识"。

第一步，深入全面理解一个知识点。首先，需要对知识本体有深入的认识，如定义、构成、条件、背景、历史、发展方向（简称6本体）。以保温杯为例：首先，什么是保温杯？保温杯由哪几个部件构成？保温的条件是什么？保温杯是谁发明的？保温杯有什么发展历史和未来发展趋势？其次，我们需要站在客体和外部环境的角度对知识进行全面的认识，比如功能、用途、同类、相近、外延、关联、对立。继续举例保温杯：保温杯有什么用？用在什么场景？同类产品有哪些？外观相近或者功能相近的产品有哪些？保温杯产生的衍生品有哪些？保温杯有哪些品牌？保温杯为什么不保温了？

第二步，找到知识点之间的关系。①学科内知识的连接。不断在深度和广度上延伸，一方面是在深度上提问，另一方面是在广度上提问。②交叉学科知识的连接。③跨越大学科进行知识连接。

第三步，按情景整理成体系。把一些零碎的、分散的相对独立的知识概念或观点加以整合，使之形成具有一定联系的知识系统。

第四步，问题体系。按照金字塔原理，从理论研究、应用转化两个层面对某个领域的问题进行梳理，建立多层级的问题体系。

第五步，应用体系。通过重复和应用来强化知识体系。在艾宾浩斯关于记忆的研究中曾提到，记忆的完成过程包括识记—保持—复现。搭建知识体系的过程与记忆的过程相似，在完成输入（识记）过程后，就要通过对知识的不断重复和应用来强化自己的知识体系。做课题和做研究都是一种应用。

我们还应当定期地回顾和优化自己在某个领域的知识框架。随着积累的知识、经验和教训越来越多,有时我们会发现最初的知识框架变得有些杂乱,需要进行梳理;有时我们会意识到之前的框架可能需要补充新的模块;有时由于外界快速变化,我们感到框架里的某些信息需要被彻底替换。

在跨越某个知识与经验阈值之后,我们常常会发现更有效的框架,之前的框架需要彻底废弃。遇到这种情况,我们要接受之前的知识框架已经完成了它的使命的事实,转而拥抱新的知识框架。

第 6 章 "知识—认知—能力"一体化培养体系

逻辑清晰的体系是保证体系有效运行的前提。"知识—认知—能力"一体化培养体系包括知识、认知、能力、课程、教学方法、教材、共享教学平台、认知和能力提升平台、学科方向、硕博培养、社会服务等方面。体系有效运行还取决于是否有一套激励、经费保障、科学评价、反馈、协同机制。为了顺利推行"知识—认知—能力"一体化培养体系，还要研发配套的文件体系。

6.1 体系构成

6.1.1 未来商学院

在大学功能日益丰富之时，大学因何而生、为何而立却变得日益模糊。从李约瑟难题[1]、哈佛学院院长哈瑞·刘易斯提出"失去灵魂

---

[1] 李约瑟难题，由英国学者李约瑟（Joseph Needham，1900—1995）提出，他在其编著的 15 卷《中国科学技术史》中正式提出此问题，其主题是："尽管中国古代对人类科技发展做出了很多重要贡献，但为什么科学和工业革命没有在近代的中国发生？"1976 年，美国经济学家肯尼思·博尔丁称其为李约瑟难题。

的卓越"❶到钱学森之问❷、钱理群之忧❸,中外教育学者都通过不同方式提醒我们,大学功能越多样,越要坚守本位。笔者邹绍辉在《基于素能的物流管理人才培养模式》一书中说道:大学教育的价值在于帮助学生去建立一套"质疑过去、解决问题、引领未来"的准则和能力,质疑过去,是指要培养学生的批判思维,不能人云亦云,盲目地相信课本和教师,要对任何已有的专业知识进行质疑;解决问题,是指要做到知行合一,不能只学知识,不学如何运用专业知识和思维去解决专业问题;引领未来,是指任何大学生都要有"为国家和人民创造价值"的胸怀和格局,要初步具备在某个领域做出独特贡献的潜质和能力。实际上,很多大学生毕业后若干年回想大学生涯学到了什么,常常是这种情形:当初学的那点专业知识差不多都被更新掉了,而当初在思维、意识和方法的收获反而在以后的工作中历久弥新。

著名管理学者席酉民曾多次提到心智,认为未来教育的核心就是心智营造❶。在席酉民看来,心智模式是深植我们心中关于自己、他人、组织及周围世界每个层面的假设、形象和故事,并深受习惯思维、定势思维、已有知识的局限;心智模式对每个人的思维模式和行为方式有着深刻的影响,它会惯性地让我们将自己的推论视为事实,从而影响我们的行为,并不断强化。展望日益全球化的世界,无论是中国经济社会方方面面的迅速崛起,还是全球政治、经济的跌宕起伏,都让我们深刻地感受了全球互联引发的此起彼伏的种种风暴。尽管反全球化有抬头之势,但数字化、网络化不断强化全球的互联和相

---

❶ 《失去灵魂的卓越》一书的作者为哈佛学院前院长哈瑞·刘易斯,他在该书的序言中写道:"简言之,大学已经忘记了更重要的教育学生的任务。作为知识的创造者和存储地,这些大学是成功的,但它们忘记了本科教育的基本任务是帮助十几岁的人成长为二十几岁的人,让他们了解自我、探索自己生活的远大目标,毕业时成为一个更加成熟的人。"

❷ 2005年,时任国务院总理温家宝同志在看望钱学森的时候,钱老感慨地说:"这么多年培养的学生,还没有哪一个的学术成就,能够跟民国时期培养的大师相比。"钱老又发问:"为什么我们的学校总是培养不出杰出的人才?"

❸ 2014年8月6日上午,北京高校的一些人文学者相约聚会研讨了一些燕京学堂之外的问题,而大学文科特别是北京大学人文学科今后的发展、所面临的困境,是大家关注的中心。著名鲁迅研究权威、北大教授钱理群问道:"什么是大学,大学是干什么的?"

❶ 席酉民. 未来教育的核心:心智营造[J]. 高等教育研究,2020,41(4):9-13.

互制衡，人工智能、物联网诱发各类范式革命，异军突起的各类"独角兽"（公司）也不断掀起资本市场的巨大波澜，凡此种种，使整个世界充满了不确定性（Uncertainty）、模糊性（Ambiguity）、复杂性（Complexity）和多变性（Changeability），简称UACC。不管喜欢也好，不喜欢也好，我们都得生活在这种UACC的环境里。UACC环境下世界运行逻辑的改变对人类的心智模式产生了巨大冲击。例如，我们需要从传统的关注个体转向关联互动，从强调控制转向学会适应，从重视相对确定的设计优化到关注动态的系统演化，从习惯于相对稳定到学会变化管理，从客观的观察者到卷入其中的参与者等。无论是主动投入还是被动卷入，人们要适应未来学习、工作、生活和社会的种种新范式，需要构建适应UACC环境的心智模式，即从我们原来熟悉的相对简单和稳定环境下的心智模式转换到能在UACC环境下生存的新的心智模式。

①培养你们的"动态演化的系统观"，系统地、动态地看待面临的问题及其环境和发展趋势，学会在纷繁杂乱的信息、知识、时尚迎面扑来时，适时捕捉有意义的变化、有价值的趋势，围绕自己的人生目标和定位动态调整自己的策略；

②构建既见树木又见森林的东西融合的整体观，在复杂世界里，单项或片面的思维会使你们沦为幼稚甚至陷入死胡同，多维的、系统的、立体的思维习惯和分析能力会帮你们看到真谛，有过人的视野和智慧；

③提升你们的整合能力，UACC时代，知识、资源、需求都是碎片的，谁有能力通过网络整合之并创造和分享其价值，谁将有竞争力屹立于这个时代；

④训练你们愿景使命导向的势与拐点的把握力，UACC最大的挑战是人们被各种杂乱无章、似是而非的信息，以及眼花缭乱的时尚所左右和吸引，从而失去方向和自我，因此成功的事业和幸福的人生需要随时保持战略的清晰，特别是对趋势的洞见和对突变或转向的敏锐；

⑤强化你们自组织空间、平台、生态系统的营造力,网络时代的逻辑是营造共生系统,从而整合资源、刺激创新和创造价值,然后通过网络分享价值,因此这种生态营造能力将迅速扩大你们的事业空间;

⑥多元共生的动态平衡能力,网络时代会打破传统的组织边界和商业模式,使实体和虚拟协作成为价值创造和生存的基础,学会协作和擅长合作,长于多元共生的动态驾驭,已成为人生和事业发展的利器;

⑦孕育、保护和促进边缘创新(Edge Innovation)的能力,未来发展空间不在于你会什么,更在于你创造了什么有社会价值的东西,正如凯文·凯利先生强调的,颠覆性的技术通常都是从边缘、从外面引申而来的。

——席酉民. 以"复杂心智"闯荡世界,2018 毕业典礼演讲[EB/OL]. [2021-03-28]. https://www.xjtlu.edu.cn/zh/news/2018/07/xiyouminbiyedianlijianghua/.

不难发现,一方面,本书构建的认知体系基本上和席酉民先生提出的心智有很多相通的地方。认知是在知识的基础上由情景、思维、阅历协同驱动去认识和理解事务的过程,认知的结果是一个综合和精准的判断。UACC 环境下,一个大学毕业生的认知水平往往决定他在事业上能做多大、能走多远。另一方面,进入数字和网络时代,知识的获取日益便捷和廉价,兴趣驱动的个性化终身学习成为教育的基础。因此,未来商学院的价值就在于大学生在进入社会前,能在认知水平上打下多厚的基础,使学生注重"学会学习、认知提升、能力养成"是未来商学院的核心使命和价值所在。

6.1.2 一体化体系

由于管理学门类下设专业类 9 个,63 种具体专业,每种具体专业在"知识—认知—能力"一体化体系上又存在一定差异。本书仍以西安科技大学物流管理专业为例进行研究。经过研究和实践，在"知识—认知—能力"一体化视角下，西安科技大学物流管理专业重新定位为：依据学校发展定位，紧跟现代物流产业发展，坚持"立足陕西、服务西部、面向全国"的办学定位，以能源与应急物流为特色，培养"掌握社会学、心理学、经济学、管理学、大数据、人工智能"等知识，具备"家国情怀、宏观视野、逻辑思维、批判创新"等认知，形成"基础素养、基础能力、高效学习、专业技能、专业工具"等能力三位一体，能在矿业、能源、化工、应急等领域从事智慧物流与供应链管理、货运代理的高素能复合型物流管理人才。

综上所述，西安科技大学物流管理专业紧跟现代物流发展趋势，架构了本专业学生需要掌握的知识体系；基于培养高级经营管理者应具备的潜在素质，解析了包括整合、分解、连接、嫁接、抽象、综合、批判、创造、想象等认知体系；基于现代物流岗位胜任要求，建立了"2+5"能力体系；将"知识、认知、能力"清单全部注入培养过程，并开发7门认知课，全面提升学生思想力、责任力、思维力、领导力、创新力、社会力、洞察力等认知力。

西安科技大学物流管理专业教学方法体系和X1N教材体系在前文已经论述，共享教学平台是由本专业统一规划和开发，要收集、整理教学过程中需要哪些文献、教学案例、报告讲座视频、业务练习、模型算法等，可以要求每个教师承担一部分；7大知识创新工程就是为了解决大学课堂教学知识和实践严重脱节的战略举措，有专人负责定期编写产业最新问题、学科前沿研究、实用模型、实用算法、实际业务、最新业态、物流项目7个文件，并及时发表在胡杨物流评论和分享给全体物流管理专业在校学生。

"认知—能力"平台主要包括5大实验室、2个研究基地、2个智库报告、1个微信公众号、1项学术论文周活动、3大西科物流大讲堂、1个"学生—导师"交互平台。在实验室方面，建成国内首个多场景计算机综合技能实验室，变被动实习实验为"菜单定制"式实习实验；建设国内首个商业认知与技能训练中心；建设国内首个商业与物流模式创新实验室；建设国内首个全球供应链与货运代理可计算实验室；基于能源化工数据，建设供应链可计算实验室。2个研究基地分别是陕西省哲学社会科学重点研究基地西安科技大学能源经济与管理研究中心和陕西省能源产业绿色低碳发展软科学研究基地。开发"陕西经济社会发展物流需求分析""陕西物流产业发展情况分析""陕西物流企业运行情况分析"三套问卷，每年的"物流与供应链市场调查"实习即为组织学生立体式诊断陕西物流发展现状和存在问题，整合全部四个年级的物流管理专业学生，以学生为主，分组分项目研发系列年度报告（2021，产业链与市场；2022，供应链与安全；2023，能源与应急物流……）。

在学科方向上，精细打造"能源物流、应急物流"特色课程体系，组织编写了能源物流学、应急物流学、大宗与特种商品物流三门课程的特色教材；建立以本科生为主的采编团队，每周出版一期"能源与应急物流简报"；以上述三门课程开发线上一线下课程资料，打造精品课程；围绕能源化工储运网络优化与智能管理理论与方法展开研究，培养物流工程专业硕士，贯通本硕培养体系。

经过研究和实践，形成了西安科技大学物流管理"知识—认知—能力"一体化培养体系，如图6-1所示。

6.1.3 创新之处

西安科技大学物流管理专业依托学校地矿和安全特色优势学科，坚持"集成、融合、开放"的专业发展模式，围绕"高素能"，锚定"能源与应急物流行业"，经过20年的发展，其"知识—认知—能力"一体化培养体系有三个创新之处：一是建成了一套"知识—认知—能力"一体化培养体系；二是打造了"企业学校—教材教法—实习实践"动态更新的链式教学发展路径；三是形成了国内首个由在校物流管理专业学生承担的《陕西物流产业研究进展报告》年度系列报告集成平台下的"政—产—研—学（生）—用"创新驱动发展大格局。西安科技大学物流管理专业"知识—认知—能力"一体化培养体系的创新点，如图6-2所示。

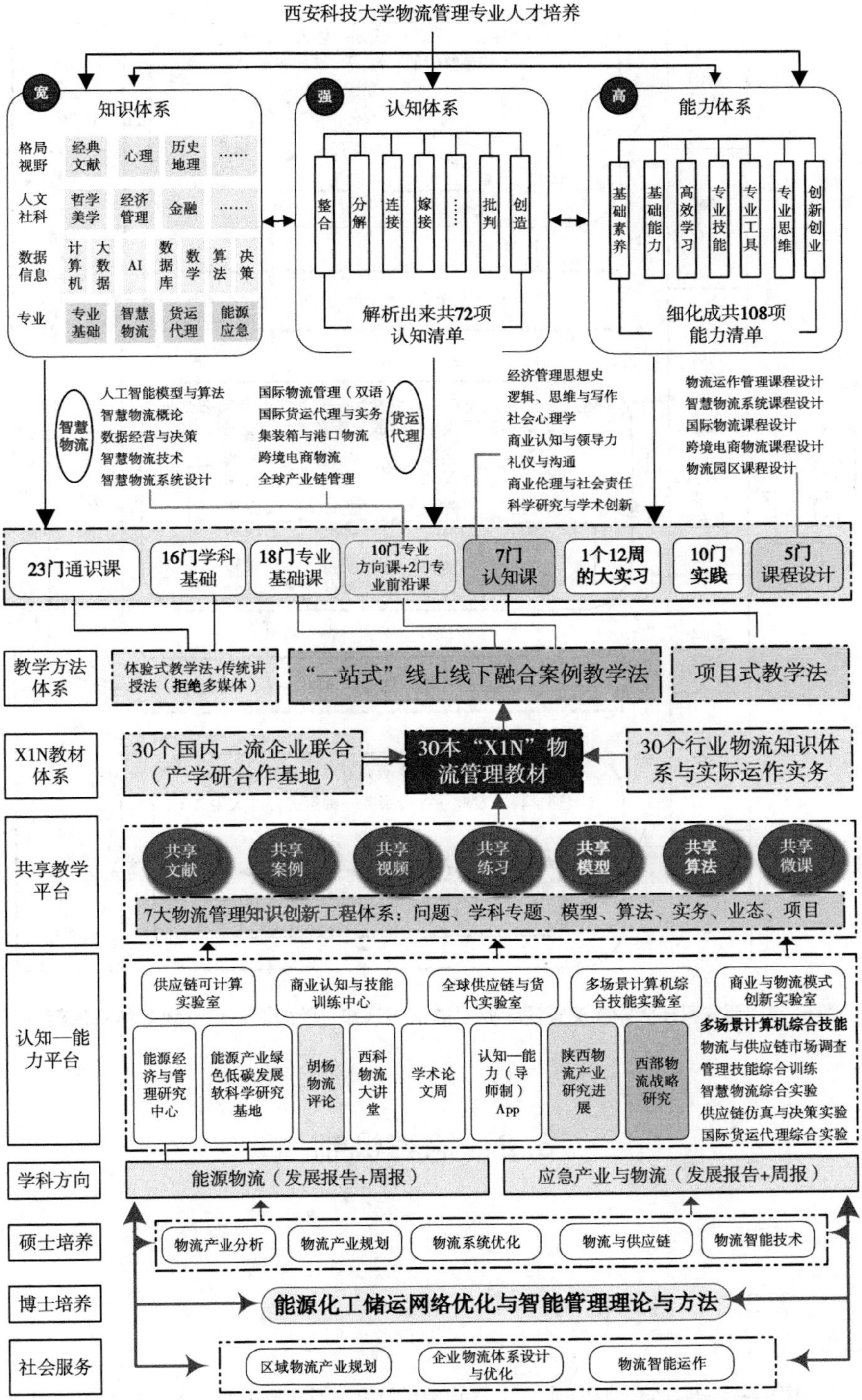

图 6-1 西安科技大学物流管理专业"知识—认知—能力"一体化培养体系

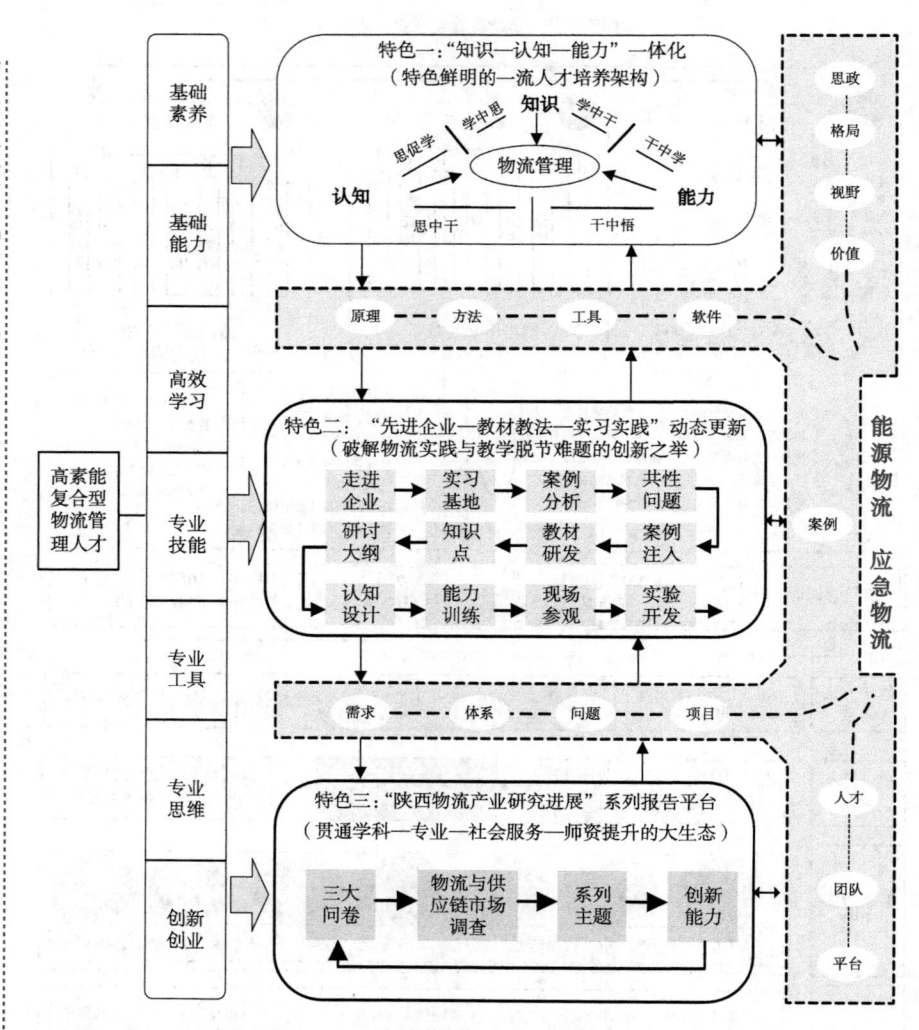

图 6-2 西安科技大学物流管理专业"知识—认知—能力"一体化培养体系创新点

6.2 培养机制

6.2.1 激励机制

第一，建立激励机制，探寻课程教学工作量包干、按时计酬等方式，承认教师课前"微课"、MOOC制作和案例编写以及课后"能力"培养工作量；第二，建立长效经费保障机制，实现"微课"和案例不断"扩容"和动态更新；第三，建立有效评价机制，革除目前学生成绩评价（以考试成绩为主）和教学效果评价（以学生评价为主）的弊端；第四，建立反馈机制，借助技术手段，让学生能动态了解自己在认知和能力上的进步和需要改进的地方，积累和增强学生的兴趣和信心；第五，建立协同机制，充分调动和利用各种"产学研政用社"，做到各取所需与协同发展。

6.2.2 评价机制

课堂教学是学校教育教学的主要形式，提高课堂教学质量是学校教育教学的重要任务。如何科学有效地进行课堂教学评价，是提高学校教育教学质量的重要保证。大学课堂教学评价起源于美国，它的出现与实施使美国大学实现了教学质量和人才培养质量的世界领先地位。而后随着美国课堂教学评价思想蜚声于世，世界高校纷纷效仿学习。从20世纪80年代开始，在西方评价思想的影响之下，我国课堂教学评价开始萌芽并逐渐发展起来。

综合起来，目前关于课堂教学评价主要存在以下问题[1]：

一是重视学生评价，轻视教师自评。在课堂教学评价的开展过程中，学生评价被推崇至上。尽管学生是教学过程的主体，是课堂教学评价活动中最具发言权的个体，但由于学生对大学课堂教学质量的认知水平有限，若仅仅参照学生评价，肯定是不全面、不合理的，学生评教只是课堂教学评价的模式之一，无法完全代表整个课堂教学评价。

二是重终结性评价，轻过程性评价。现有的课堂教学评价是静态

---

[1] 庞丽丽. "以学生为本"的课堂教学评价标准探析 [J]. 教育与职业，2014，10 (3)：52-56；李硕豪，富阳丽. 大学课堂教学评价研究十年回眸 [J]. 现代教育管理，2017（6）：101-105；闫瑞祥. 高校课堂教学评价要素的反思和重建 [J]. 教育理论与实践，2009（3）：45-47；毛菊. 课堂教学评价研究的回顾与反思 [J]. 贵州师范大学学报（社会科学版），2012（5）：134-138.

的一次性评价，属于终结性评价，这种评价主要是以奖惩性为目的，把课堂教学评价的结果作为奖惩教师的主要依据。就高校中较典型的评优课来看，由于片面追求一节课的质量而不是整体的教学水平，教师是依据评价指标精雕细琢一节课后去参赛，有的教师"一课成名"，成了"教学名师"，但平时这些教师大多数课的教学水平并不高，教师总体的教学能力并没有在评价的过程中得到提高。

三是聚力"教"的评价，轻忽"学"的评价。我国大学目前采用的课堂教学评价依旧倾向于教师的教学行为，漠视学生学习效果的评价；评价指标也多"以教师为中心"而设计，与学生是课堂的主体相悖。评价要素过于倾向于教师的教学行为，而忽视了学生的学习行为；在评价内容方面，评价要素过于偏向于知识的学习与获得，而忽视了学生的情感态度、创新能力及其价值观的培养；从评价方法上，评价要素过于注重教师的教学方法，而忽视了学生学习的主观能动性和实际操作性。

管理类本科专业"知识—认知—能力"一体化课程教学中，过程性考核是必不可少的一部分，单凭考试试卷成绩并不能真正反映学生理解掌握知识的程度、认知水平和能力提升程度，也不能起到激励学生自主学习的作用。当前，课程考核基本都采用过程性考核与闭卷考试相结合的方式。但在执行中，过程性考核往往流于形式，其作用并没有充分发挥。因此，建立过程性考核体系成为物流管理类本科专业课程考核方式改革的关键。

总结多门课程教学实践中的经验与问题，笔者提出以下改革思路（见表6-1）：一是取消学评教，以学生的实质进步代替目前的教学评价；二是实行教考分离，任课教师不出考题，由课程组聘请专业教师根据知识点出考题；三是用教学督导组评价代替教评教；四是提高素能提升比重；五是用学生成绩作为老师教学效果评价结果。

还有，笔者认为教学评价一定要简化，不应是整个教学过程的重点。"十年树木，百年树人"，教学质量评价绝不能基于短期效果。此外，目前的教学评价工作大都是行政管理者主导下的评价，评奖和评级倾向性严重，基本上没有任何反馈和改进过程，形式主义越来越严重，这些都应该引起足够的重视。

表 6-1 教学评价标准

项目与权重	评价标准	分值	评价主体
大作业 （10%）	资料收集完整	20	任课教师
	思路清晰、观点明确、格式规范	30	
	项目分析合理	20	
	方案制订合理	30	
课堂表现 （20%）	根据学生参与讨论、回答问题次数及质量评价。参与次数最多、质量较好的学生为满分，以此为基准，对其他学生评价	100	任课教师
课程成绩 （40%）	根据试题类型和分值以及答题情况进行评价	100	试题出题教师
教学过程 （10%）	由教学督导组制定相应的评价标准	100	教学督导组
素能提升 （20%）	根据学院开展素能提升活动，设置大量的答辩环节，制定相应的定量和定性评价标准，客观与主观相结合	100	任课教师

6.3 模式运用

6.3.1 体系文件

体系文件是支撑体系运行的基础，西安科技大学物流管理专业"知识—认知—能力"一体化培养体系文件如表 6-2 所示。

表 6-2 "知识—认知—能力"一体化培养体系文件

主体	序号	专业建设	说明
学校	01	教师职务评审办法、课程建设与课堂教学质量提升办法等	学校出台的各类激励约束管理制度

续表

主体	序号	专业建设	说明
教师	02	物流管理人才画像	人才培养目标（培养什么样的人才），知识体系框架、认知体系框架、素能体系框架
	03	物流管理本科专业人才培养方案	2020年版
	04	物流管理本科专业知识体系	专业知识框架、专业知识点体系
	05	教学方法运用指引	课堂教授法，"一站式"线上线下融合案例教学法，项目教学法，其他体验式教学法
	06	X1N教材体系	30部特色鲜明的物流管理专业教材
	07	课程教学规范	讲义，教学设计，课件，教案，微课，案例，课后作业（扩充阅读、案例分析、知识巩固、认知提升、能力训练、实验操作、创新研究）
	08	认知体系	认知革命、认知训练手册、认知课程与实习实验配套手册
	09	7门认知课教学指南	运用项目教学方法
	10	5门课程设计教学指南	运用项目教学方法
	11	素能体系	管理技能训练手册、素能训练手册
	12	"知识—认知—能力"一体化手册	核心知识点对应的认知和能力要求
	13	实习实验体系	实验室运行体系、实习指导书
	14	共享教学中心	案例、视频、练习、算法等
学生	15	课程作业	—
	16	学术论文	—
	17	实习实验作品和报告	—

续表

主体	序号	专业建设	说明
学生	18	新媒体文章	在胡杨商业评论刊载的观点、案例、商业故事、问题研究文章等
	20	毕业论文	—
师生	21	陕西物流产业研究进展	—
	22	西部物流战略研究	—
	23	胡杨物流评论	—
	24	物流问题研究中心	国际宏观问题、国内宏观问题、产业经济、学科发展、专业教学
	25	物流知识创新工程	重大理论、现实急需、物流模型、物流算法、物流实务、物流业态、物流项目
本科导师App	26	社会认知	时事政治、社会经纬、报刊阅读、期刊浏览、热点分析、演讲记录、为人处事等
	27	经典阅读	学科融合、经济金融、管理领导、人物传记、工作习惯等
	28	专业文献	专业工具、专业技能、专业集成
	29	课题研究	—
	30	案例分析	—
	31	职业发展	职业经验、外出参观、专题报告
	32	见面指导	
学科支撑	33	能源与应急物流周报	组织专业人员按周编辑发布《能源与应急物流周报》

6.3.2 运用举措

西安科技大学物流管理专业将按陕西—西部—行业路径,搭建"认知物流"教学论坛;联合一流企业、应用型本科院校、物流研究机构组建"认知物流"人才培养联盟，在高端物流管理人才所需的知识、认知和能力上取得广泛共识，构建"知识—认知—能力"一体化培养生态（见图6-3）。

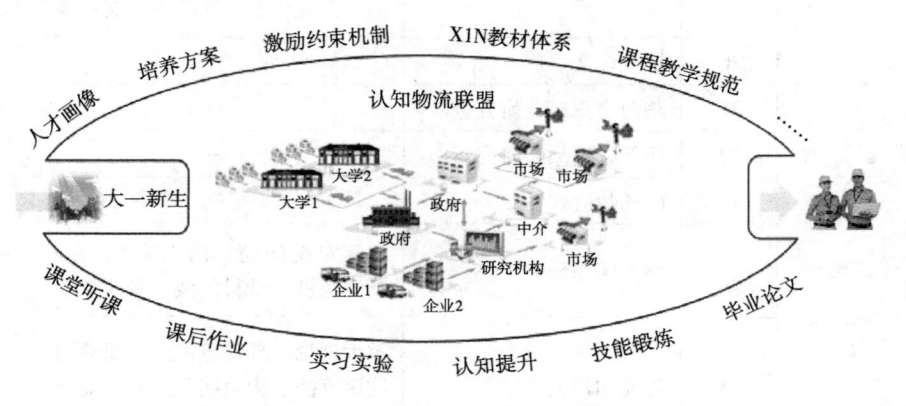

图6-3 "知识—认知—能力"一体化培养生态

附录一 管理类本科专业学生非专业知识学习一览表

模块	知识类型	经典书籍	经典期刊与文章	教材、报告、演讲、纪录片等
马克思主义	国外马克思主义著作	《资本论》(马克思)、《唯物主义和经验批判主义》(列宁)、《1844年经济学—哲学手稿》(马克思)、《德意志意识形态》(马克思)、《社会主义从空想到科学的发展》(恩格斯)、《中国道路:一位西方学者眼中的中国模式》(洛丽塔·纳波利奥尼)、《马克思为什么是对的》(特里·伊格尔顿)		《马克思主义基本原理概论》(2018年版)、《毛泽东思想和中国特色社会主义理论体系概论》(2018年版)
	国内马克思主义著作	《毛泽东选集》《邓小平文选》《论共产党员的修养》(刘少奇)、《中国社会分层的结构与演变》(李毅)	《改造我们的学习》(毛泽东)、《整顿党的作风》(毛泽东)、《反对党八股》(毛泽东)、《关于领导方法的若干问题》(毛泽东)、《关于正确处理人民内部矛盾的问题》(毛泽东)	
	科学社会主义	《共产党宣言》(马克思、恩格斯)、《资本论》(马克思)、《1848年至1850年的法兰西阶级斗争》(马克思)		
	新时代中国特色社会主义	《习近平谈治国理政》(习近平)		

183

续表

模块	知识类型	经典书籍	经典期刊与文章	教材、报告、演讲、纪录片等
党史党建	中国人写的党史党建	《中国共产党的七十年》（胡绳）、《中国共产党历史（第一卷（1921—1949））》《中国共产党历史（第二卷（1949—1978））》《苦难辉煌》《党章内外的故事》（李忠杰）、《党史札记》（龚育之）	《改革开放与中国当代史》（朱佳木）、《新时代在党史新中国史上的重要地位和意义》（曲青山）	《中国近现代史纲要（2018年版）》（习近平）、《论中国共产党历史》（习近平）、《毛泽东邓小平江泽民胡锦涛关于中国共产党历史论述摘编》、《百炼成钢：中国共产党的100年》（纪录片）
	外国人写的党史党建	《红星照耀中国》（埃德加·斯诺）、《伟大的道路：朱德的生平和时代》（艾格妮丝·史沫特莱）、《长征：前所未闻的故事》（哈里森·索尔兹伯里）、《中国未完成的革命》（伊斯雷尔·爱泼斯坦）		
哲学	马克思主义哲学	《马克思主义哲学经典著作导读》		
	自然辩证法	《自然哲学笔记》	《关于费尔巴哈的提纲》（马克思）、《反的原则》（老子）、《科学知识与理性行动》（郦全民）	《自然辩证法概论》《思想道德修养与法律基础（2018年版）》（陈嘉映）
	中国哲学史	《中国哲学简史》（冯友兰）、《中国哲学十九讲》（牟宗三）、《中国哲学大纲》（张岱年）		
	东方哲学史	《东方哲学史》（徐远和，等）		
	西方哲学史	《极简西方哲学史》（杰瑞米·斯坦格鲁）、《西方哲学史》（伯特兰·罗素）、《谈谈方法》（笛卡尔）、《论充足理由律的四重根》（叔本华）		

续表

模块	知识类型	经典书籍	经典期刊与文章	教材、报告、演讲、纪录片等
逻辑学	形式逻辑	《简明逻辑学》（格雷厄姆·普里斯特）、《小逻辑》（黑格尔）、《你该懂点逻辑学》（刘炯朗）、《拜托，逻辑学》、《逻辑哲学论》（维特根斯坦）、《逻辑》（金岳霖）		《形式逻辑学概论（第2版）》（朱成全）、《普通逻辑学教程（第6版）》（李小克）、《管理逻辑学》（曲玉波）
逻辑学	管理逻辑	《管理的逻辑》（冯大力）、《场景管理：互联时代的管理新逻辑》（陈强、张哲）		
逻辑学	其他逻辑	《论证与分析：逻辑的应用》（谷振诣）、《博弈思维》（潘天群）、《智慧之藤：趣味盎然话逻辑》（郑伟宏）、《逻辑与方法》（朱志凯）、《逻辑的力量》（斯蒂芬·雷曼）、《简单的逻辑学》（麦克伦尼）	《The Journal of Symbolic Logic》、《Russell's mathematical logic》（Kurt Gödel）	
伦理学	伦理学原理	《伦理学》（斯宾诺莎）、《尼各马可伦理学》（亚里士多德）、《我们时代的伦理学》（西蒙·布莱克本）	《心之力》（毛泽东）	《伦理学基础》（拉斯·谢弗-兰多）、《伦理学导论》（唐纳德·帕尔玛）、《当代元伦理学导论》（亚历山大·米勒）

185

续表

模块	知识类型	经典书籍	经典期刊与文章	教材、报告、演讲、纪录片等
伦理学	其他伦理学	《中国伦理学史》（蔡元培）、《人类思维的自然史》（迈克尔·托马塞洛）	《Moral Discourse and Practice: Some Philosophical Approaches》（Stephen Darwall, Allen Gibbard, Peter Railton）	《自我、他人与道德：道德哲学导论》（徐向东）
美学	美学原理	《艺术史的哲学》（豪塞尔）、《艺术作品的本源》（海德格尔）	《美在意象——美学基本原理提要》（叶朗）	《美学原理》（叶朗）、《叶朗：美学原理讲演录》（演讲）
美学	现代美学	《现代性的五副面孔》（卡林内斯库）、《视觉思维》（阿恩海姆）、《艺术发展史》（贡布里希）、《现代绘画简史》（赫伯特·里德）、《谈美》（朱光潜）	《文艺争鸣》	《美学导论》（张法）
美学	其他美学	《中国美学史大纲》（叶朗）、《美的历程》（李泽厚）	《民族艺术》	《西方六大美学观念史》（瓦迪斯瓦夫·塔塔尔凯维奇）、《20世纪西方美学》（周宪）
宗教学	宗教学理论	《人类与宗教》（谢·亚·托卡列夫）、《人生的三路向：宗教、道德和人生》（梁漱溟）、《"全球化"的宗教与当代中国》（卓新平）、《中国宗教与文化战略》（卓新平）	《加强宗教问题的研究》（毛泽东）、《中国特色社会主义宗教理论的形成》	《宗教学概论》（赖永海）、《宗教学通论新编》（吕大吉）、《宗教学纲要》（吕大吉，等）

186

续表

模块	知识类型	经典书籍	经典期刊与文章	教材、报告、演讲、纪录片等
宗教学	无神论	《写给无神论者：宗教对世俗生活的意义》（阿兰·德波顿）、《中国无神论史》（牙含章）	《科学无神论和它的社会责任》（杜继文）、《无神论，不可知论和有神论》（迈克尔·马丁）	《科学无神论》（习五一）、《The Unbelievers》（纪录片）
	原始宗教	《原始文化》（爱德华·泰勒）、《宗教的起源与发展》（麦克思·缪勒）	《论原始宗教的发展》（于锦绣）	《天地玄黄（Baraka）》（纪录片）
	古代宗教	《中国古代宗教与神话考》（丁山）	《精神还乡的引魂之幡——20世纪中国神话学回眸》（陈建宪）	《世界宗教》（刘易斯·M.霍普费）
	佛教	《了凡四训》（了凡）、《图解佛教》（田灯燃）、《中国佛教史》（蒋维乔）、《西藏生死书》（索甲仁波切）、《金刚经说什么》（南怀瑾）、《以佛法研究佛法》（释印顺）	《心经》《金刚经》	《世界佛教通史》（周贵华等）、《圣途》（纪录片）、《千年菩提路：中国名寺高僧》（纪录片）
	道教	《道教史》（许地山）、《华真经》（庄周）、《道德经》（老子）、《河上公章句评注》（刘华清章）	《文始真经》《关尹子》、《冲虚真经》《列御寇》、《通玄真经》《文子》、《度人妙经》《阴符经》《西升经》《心印经》《心命歌》	《道教神仙信仰》（张兴发）、《道德真经》、《道教古代汉语》（程明安）、《道教经典选读：修心修身做好人》（崔理明）

附录1 管理类本科专业学生非专业知识学习一览表

187

续表

模块	知识类型	经典书籍	经典期刊与文章	教材、报告、演讲、纪录片等
宗教学	基督教	《圣经》、《基督教思想史》（胡斯都·L.冈萨雷斯）、《基督教史》（胡斯托·L.冈萨雷斯）	《基督教文化学刊》	《基督教神学导论》（阿利斯特·麦格拉斯）、《犹大福音（The Gospel of Judas）》（纪录片）
宗教学	伊斯兰教	《古兰经》、《穆罕默德》、《伊斯兰教史》（金宜久，为你，耶路撒冷》（拉米·科林斯，多米尼克·拉皮埃尔）	《中国穆斯林》	《中国伊斯兰教发展史简明教程》
宗教学	其他宗教	《印度的宗教：印度教与佛教》（马克斯·韦伯）、《犹太教》（雅各·纽斯纳）	《世界宗教文化》	《宗教和科学：次终极求知欲》（纪录片）
神话	中国神话	《山海经》（佚名）、《中国神话传说：从盘古到秦始皇》（袁珂）	《中国历史教科书》（夏曾佑）、《神话研究》（茅盾）、《屈子文学之精神》（王国维）	《中国神话史》（袁珂）
神话	西方神话	《希腊神话：西方文化艺术之源》（曲厚芳）、《希腊神话：宇宙、诸神与凡人》（让-皮埃尔·韦尔南》、《希腊神话故事》（洪佩奇）、《希腊神谱》（斯蒂芬尼德斯）、《神谱》（赫西俄德）	《奥德赛》（荷马）、《安宁女神的城邦神义论》（娄林）	《西方文化教程》（杨小彬，等）、《希腊罗马神话教程》（马建军）

188

续表

模块	知识类型	经典书籍	经典期刊与文章	教材、报告、演讲、纪录片等
语言学	语言理论	《语言及思维中的偏误》（陈一）、《20 世纪中国语言学方法论》（陈保亚）、《语音学》（朱晓农）、《自然语言逻辑研究》（邹崇理）、《语法答问》（朱德熙）	《语言教学与研究》《Forum for linguistic Studies（语言研究论坛）》	《语言学概论》（沈阳，贺阳）、《语言学教程（第五版）》（胡壮麟）、《怎样研究文法，修辞——1957年12月4日对复旦大学中文系学生所作的学术报告》（陈望道）
文学	文学理论	《文心雕龙》（刘勰）、《文学理论》（勒内·韦勒汀·沃伦）、《文学理论入门》（乔纳森·卡勒）、《当代文学理论导读》（拉曼·塞尔登，等）	《文学革命论》（陈独秀）、《人的文学》（周作人）、《"形式方法"的理论》（鲍·艾亨鲍姆）	《文学理论教程》（童庆炳）、《文学原理》（董学文，张永刚）
	中国古典文学	《论语》（孔子）、《孟子》（孟轲）、《大学》（曾子）、《中庸》（子思）、《尚书》（孔子）、《礼记》（戴圣）、《水浒传》（施耐庵）、《西游记》（吴承恩）、《三国演义》（罗贯中）、《红楼梦》（曹雪芹）、《金瓶梅》（兰陵笑笑生）、《聊斋志异》（蒲松龄）、《儒林外史》（吴敬梓）	《典·论·论文》（曹丕）、《中国古典文学研究四十年》（刘跃进）	《中国古代文学》（陈文新）、《中国古典文献学》（项楚，罗鹭）、《风雨红楼》（纪录片）

附录1 管理类本科非专业知识学习一览表

189

续表

模块	知识类型	经典书籍	经典期刊与文章	教材、报告、演讲、纪录片等
文学	中国近现代文学	《阿Q正传》（鲁迅）、《四世同堂》（老舍）、《路驼祥子》（老舍）、《活着》（余华）、《许三观卖血记》（余华）	《我怎样写小说》（老舍）、《石头记索隐》（蔡元培）、《二十世纪中国文学三人谈·漫说文化（增订本）》（钱理群、黄子平、陈平原）	《中国近代文学发展史》（管林、钟贤培）
	中国诗词	《诗经》（佚名）、《离骚》（屈原）、《王维诗选》、《李白诗选》、《白居易诗选》、《晚唐五代词选》、《柳永词选》	《中华诗词与中华文化共同体》（潘岳）	《中华经典诗词分级诵读本》、《诗词之旅》（纪录片）
	中国其他文学	《白鹿原》（陈忠实）、《阿来》、《长根歌》（王安忆）、《平凡的世界》（路遥）、《穆斯林的葬礼》（霍达）	《从"青春之歌"到"长根歌"——中国当代小说的叙事奥秘及其美学变迁的一个视角》（张清华）	《中国当代文学史教程》（陈思和）
	世界文学	《十日谈》（薄伽丘）、《白鲸》（麦尔维尔）、《忏悔录》（卢梭）、《罪与罚》（陀思妥耶夫斯基）、《百年孤独》（加西亚·马尔克斯）	《人生顶微识字始——读约翰·威廉斯的小说〈斯通纳〉》（王安忆）	《世界文学史教程》（方汉文）
	东方文学	《吠陀》、《万叶集》（山本常朝）、《叶隐闻书》	《东方文化与东方文学》姜林	《东方文学通论》（王向远）、《东方文学概论》（何万英）
	其他文学	《射雕英雄传》（金庸）、《天龙八部》（金庸）、《圆月弯刀》（古龙）	《底层：表述与被表述》（南帆）	《不只是金庸》（纪录片）

190

续表

模块	知识类型	经典书籍	经典期刊与文章	教材、报告、演讲、纪录片等
艺术学	艺术理论	《艺术类型学》（李心峰）、《中国艺术学》（彭吉象）	《艺术理论基本文献》（李健、周计武）	《现代艺术学导论》（陈池瑜）、《艺术理论教程》（张同道）、《艺术概论》（王宏建）
	音乐	《聆听音乐》（克雷格·莱特）、《多少次散场，忘记了忧伤》（李皖）、《音乐是怎么变成免费午餐的》（斯蒂芬·维特）	《乐记》（刘德及六人）、《声无哀乐论》（嵇康）	《基本乐理通用教材》（李重光）、《音乐理论基础》（李重光）、《聆听中国》（纪录片）
	戏剧	《西厢记》（王实甫）、《牡丹亭》（汤显祖）、《哈姆雷特》（威廉·莎士比亚）	《戏剧艺术》	《中国戏剧经典作品赏析》（郭溱）、《创作性戏剧教学原理与实作》（张晓华）
	戏曲	《中华戏曲》（韦明铧）、《中国古典戏曲剧目导读》（杜长胜）、《戏曲文献学》（孙崇涛）	《中华戏曲》	《中国戏曲史教程》（钮骠）、《京剧》（纪录片）
	舞蹈	《中国传统文化与舞蹈》（金秋）、《文化史视野下的西方舞蹈艺术》（张延杰）、《舞蹈概论》（约翰·马丁）	《关于体育舞蹈美学价值的研究》（单亚萍）	《舞蹈艺术概论》（隆荫培、徐尔充）、《舞蹈解剖学》（雅基·格林、哈斯）

191

续表

模块	知识类型	经典书籍	经典期刊与文章	教材、报告、演讲、纪录片等
艺术学	电影	《世界电影经典解读》（周文）、《认识电影》（路易斯·贾内梯）、《电影语言的语法》（丹尼艾尔·阿里洪）、《电影传奇：当电影进入中国》（刘小磊）	《观影快感与叙事性电影》（劳拉·穆尔维）	《电影分析基础教程》（维尔纳·法斯宾德）、《电影史话（The Story of Film: An Odyssey）》（纪录片）
艺术学	美术	《艺术与视知觉》（鲁道夫·阿恩海姆）、《艺术的故事》（贡布里希）、《中国绘画史》（陈师曾）	《南京艺术学院学报（美术与设计）》《美术研究》	《中国美术史》（洪再新）、《伯里曼人体构造》（乔治·B.伯里曼）、《百年巨匠》（纪录片）
艺术学	书法	《中国书法经典》	《兰亭序》（王羲之）、《九成宫醴泉铭》（欧阳询）、《多宝塔碑》（颜真卿）、《玄秘塔碑》（柳公权）、《黄州寒食诗帖》（苏轼）	《规范字教程》、《翰墨春秋》（纪录片）

192

续表

模块	知识类型	经典书籍	经典期刊与文章	教材、报告、演讲、纪录片等
艺术学	摄影	《一本摄影书》（赵嘉）、《论摄影》（苏珊·桑塔格）、《摄影批判导论》（莉兹·威尔斯）、《通往独立之路：摄影师生存手册》（赵嘉）	《符号学原理》（罗兰·巴特）	《美国纽约摄影学院摄影教材》（上、下册）、"迈尔·弗里曼摄影师三部曲"（迈克尔·弗里曼）、"乔·麦克纳利经典创意用光三部曲：瞬间的背后+热靴日记+雕刻光线"（乔·麦克纳利）
艺术学	其他艺术	《艺术哲学》（丹纳）、《艺术社会史》（阿诺尔德·豪泽尔）	《民族艺术》	《艺术理论教程》（张同道）、《中国艺术》（纪录片）
历史学	历史理论	《中国历史纲要》（翦伯赞）、《国史大纲》（钱穆）、《历史是什么？》（爱德华·卡尔）、《中国史学史》（金毓黻）、《历史学的理论和实际》（贝奈戴托·克罗齐）	《党史札记》（龚育之）	《人类学历史与理论》（阿兰·巴纳德）、《组织理论：历史与流派》（朱国云）
历史学	世界通史	《大英博物馆世界简史》（尼尔·麦格雷戈）	《全球史观与近代早期世界史编纂》（刘新成）、《论通史》（刘家和）	《世界通史教程：古代卷》（齐涛）、《世界通史教程：现代卷》（齐涛）、《世界历史》（纪录片）

续表

模块	知识类型	经典书籍	经典期刊与文章	教材、报告、演讲、纪录片等
历史学	中国历史	《史记》(司马迁)、《汉书》(班固)、《后汉书》(范晔)、《三国志》(陈寿)、《资治通鉴》(司马光)	《谏太宗十思疏》(魏徵)、《正气歌序》(文天祥)、《少年中国说》(梁启超)、《过秦论》(贾谊)	《剑桥中国史》(费正清、等)、《中国通史》(纪录片)
	美国历史	《新教伦理与资本主义精神Ⅰ》(马克斯·韦伯)、《美国革命的激进主义》(戈登·S. 伍德)	《美国历史文献选萃》(亨利·斯蒂尔)	《美国历史》(爱德华·钱宁)、《美利坚:我们的故事》(America: The Story of Us)(纪录片)
	欧洲历史	《罗马帝国衰亡史》(爱德华·吉本)、《深蓝帝国:海洋争霸的时代 1400—1900》(朱京哲)、《从黎明到衰落:西方文化生活五百年,1500年至今》(雅克·巴尔赞)、《西方历史文献选读》(孟广林、等)	《从"罗马帝国衰亡"到"罗马世界转型"——晚期罗马史研究范式的转变》(李隆国)	《牛津英国史》(肯尼思·O.摩根)、《牛津法国大革命史》(威廉·多伊尔)、《牛津第三帝国史》(罗伯特·格雷利)、《牛津第一次世界大战史》(休·斯特罗恩)、《文明的轨迹》(纪录片)
	其他历史	《日本政治思想史研究》(丸山真男)、《新编韩国史》	《假面武士——扩张中的日本国家性格嬗变》(刘鹤)	《亚洲史》(罗兹·墨菲)、《转动历史的时刻》(纪录片)

194

续表

模块	知识类型	经典书籍	经典期刊与文章	教材、报告、演讲、纪录片等
考古学	国内考古	《考古学·发现我们的过去》（沙雷尔，等）、《中国文明的开始》（李济）、《黄土的儿女——中国史前史研究》（安特生）	《关于考古学文化的区系类型问题》（苏秉琦，等）、《中国史前文化的统一性与多样性》（严文明）	《中国考古学通论》（张之恒）、《田野考古学》（冯恩学）、《当代考古学》（陈淳）
	国外考古	《图说哈蒙：不为人知的故事》（托马斯·霍温）		
经济学（思想）	经济思想	《卖桔者言》（张五常）、《新政治经济学讲义》（汪丁丁）	《Happiness and Economic Performance》（Andrew J Oswald）、《Economic Growth and Income Inequality》（Simon Kuznets）、《Perspectives on Growth Theory》（Solow, Robert）	《经济思想史》（哈里·兰德雷斯）、《经济理论和方法史》（小罗伯特·B. 埃克伦德, 罗伯特·F. 赫伯特）、《经济思想简史》（海因茨·D. 库尔茨）
	资本主义经济思想	《国富论》（亚当·斯密）、《自由秩序原理》（弗里德利希·冯·哈耶克）、《资本主义与自由》（米尔顿·弗里德曼）、《各国的经济增长》（西蒙·库兹涅茨）、《经济发展理论》（约瑟夫·熊彼特）	《Fiscal Policy in General Equilibrium》（Marianne Baxter, Robert G King）、《Behavioral Macroeconomics and Macroeconomic Behavior》（George A Akerlof）	《政治经济学原理》（约翰·穆勒）、《经济思想史》（斯坦利·L. 布鲁, 兰迪·R. 格兰特）

续表

模块	知识类型	经典书籍	经典期刊与文章	教材、报告、演讲、纪录片等
经济学（思想）	中国经济发展与思想	《摆脱贫困》（习近平）、《干在实处 走在前列：推进浙江新发展的思考与实践》（习近平）、《之江新语》（习近平）、《习近平谈治国理政》（习近平）	《新中国70年经济社会发展回顾与思考》（魏礼群）	《中国特色社会主义政治经济学》（张占斌、周跃辉）
	财政学	《新中国70年发展的财政逻辑（1949—2019）》（刘尚希）、《民主财政论》（詹姆斯·M.布坎南）、《财政理论与实践》（理查德·A.马斯格雷夫）	《Multipart Pricing of Public Goods》（Edward H Clarke）、《A Contribution to the Theory of Taxation》（F P Ramsey）、《On the Determination of the Public Debt》（Robert J Barro）	《财政学》（哈维·S.罗森）、《公共财政概论》、《财政学：理论、政策与实践》（大卫·N.海曼）、《现代公共财政学》（胡庆康）
	金融学	《漫步华尔街》（伯顿·G.马尔基尔）、《资本市场的混沌与秩序》（埃德加·E.彼得斯）、《通向金融王国的自由之路》（范·K.撒普）、《巴菲特致股东的信》（沃伦·巴菲特、劳伦斯·坎宁安）、《门口的野蛮人》（布赖恩·伯勒、约翰·希利亚尔）、《黑天鹅》（纳西姆·尼古拉斯·塔勒布）	《Portfolio Selection》（Harry Markowitz）、《Capital Asset Prices: A Theory of Market Equilibrium under Conditions of Risk》（William F Sharpe）、《Risk, Return and Equilibrium: Empirical Tests》（Eugene F Fama, James D MacBeth）、《The Pricing of Options and Corporate Liabilities》（Fischer Black, Myron Scholes）	《货币金融学》（米什金）、《货币金融学》（蒋先玲）、《金融学》（黄达）、《货币背后的秘密》（纪录片）

续表

模块	知识类型	经典书籍	经典期刊与文章	教材、报告、演讲、纪录片等
经济学（思想）	经济与贸易	《国际贸易和投资：增长与福利，冲突与合作》（保罗·克鲁格曼）、《战略性贸易与国际经济》（海闻、鲁格曼）	《Learning by Doing and the Dynamic Effects of International Trade》（Alwyn Young）、《Contract Enforceability and Economic Institutions in Early Trade: the Maghribi Traders' Coalition》（Avner Greif）、《Scale Economies, Product Differentiation and the Pattern of Trade》（Paul Krugman）	国际经济与贸易精品教材：《国际经济学》（保罗·R.克鲁格曼）、《国际贸易实务（第三版）》（黎孝先）
政治学	政治学理论	《理想国》（柏拉图）、《社会契约论》（卢梭）、《政府论》（约翰·洛克）、《君主论》（尼科洛·马基雅维里）、《历史的终结》（弗朗西斯·福山）、《共同体与社会》（斐迪南·滕尼斯）、《利维坦》（霍布斯）	《政治学研究》	《政治学原理（第三版）》（景跃进，等）、《政治学概论》（王浦劬）、《政治学基础》
	中国政治学	《中国国家治理的制度逻辑》（周雪光）、《当代中国政府与政治》（景跃进，等）、《治理中国》（李侃如）	《Political turnover and economic performance: the incentive role of personnel control in China》（Hongbin Li, Li-An Zhou）	《中国政治思想史》、《中国政府概要》（杨凤春）

197

续表

模块	知识类型	经典书籍	经典期刊与文章	教材、报告、演讲、纪录片等
政治学	国际政治学	《国家间政治》（汉斯·摩根索）、《理解国际冲突》（小约瑟夫·奈）、《大国政治的悲剧》（约翰·米尔斯海默）	《国际政治经典选读》（Robert J Art, Robert Jervis）	《国际政治学基础》（胡宗山）、《国际政治概论》（王逸舟）、《国际关系学理论与方法（第四版）》（罗伯特·杰克逊，等）
法学	法学理论	《中国法律与中国社会》（瞿同祖）、《大变局下的中国法治》（季卫东）、《法律之门》（博西格诺）、《论犯罪与刑罚》（切萨雷·贝卡里亚）、《刑法的根基与哲学》（西原春夫）、《异端的权利》（斯蒂芬·茨威格）	《我国民法是否承认物权行为》（梁慧星）	《法律逻辑学》（雍琦）、《博登海默法理学》（博登海默）
法学	经济法学	《法和经济学》（罗伯特·D.考特，等）	《国际经济法学刊》	《经济法学（第五版）》（李昌麒）
法学	国际法学	《审判为什么不公正：西方审判史》（萨达卡特·卡德里）、《民法思维》（王泽鉴）、《奥本海国际法》（拉萨·奥本海）	《ASIL Guide to Electronic Resources for International Law》（Anne E Burnet）	《国际法》（马尔科姆·N.肖）、《国际公法学（第四版）》（王虎华）

续表

模块	知识类型	经典书籍	经典期刊与文章	教材、报告、演讲、纪录片等
军事	军事理论	《孙子兵法》（孙武）、《战争论》（克劳塞维茨）	《实践论》（毛泽东）、《矛盾论》（毛泽东）	《军事理论教程》（阎鸿滨）
	军事战略	《论持久战》（毛泽东）、《大棋局》（布热津斯基）、《制胜的科学》（亚历山大·日莫季科夫）	《中国革命战争的战略问题》（毛泽东）、《战争和战略问题》（毛泽东）	《军事战略学教程》（彭光谦、姚有志）、《毛泽东军事战略教程》（王普丰）
	其他军事	"海权论三部曲"（阿尔弗雷德·塞耶·马汉）、《欧洲历史上的战争》（迈克尔·霍华德）、《世界上二十次重大战役中的决定因素》（威廉·西摩）、《制空权》（朱里奥·杜黑）	《The Delicate Balance of Terror》（Albert Wohlstetter）	《军事管理学教程》（刘继贤）、《普通高等学校军事课教程》（范双利）、《军事地形学与定向越野》（胡允达、金明野）
社会学	社会学理论	《社会学入门》（乔恩·威特）、《金钱与公正的正面交锋》（迈克尔·桑德尔）、《区隔：一种趣味判断的社会批判》（布迪厄）	《Social Integration and System Integration》（David Lockwood）、《The Strength of Weak Ties》（Mark S Granovetter）、《Birds of a Feather: Homophily in Social Networks》（Miller McPherson, Lynn Smith-Lovin, James M Cook）	《当代社会学理论》（乔治·瑞泽尔）

续表

模块	知识类型	经典书籍	经典期刊与文章	教材、报告、演讲、纪录片等
社会学	中国社会	《乡土中国》（费孝通）、《江村经济》（费孝通）、《血酬定律：中国历史中的生存游戏》（吴思）、《一个村庄里的中国》（熊培云）、《农民中国：历史反思与现实选择》（秦晖）	《中国社会科学》	《社会学教程》（应星）、《中国社会》
	人口学	《人口原理》（托马斯·罗伯特·马尔萨斯）、《人口将给中国带来什么》（蔡昉，张车伟）	《DEMOGRAPHY》	《人口统计学》（温勇，尹勤）、《数理人口学》（查瑞传）
	国外社会	《权力与特权：社会分层的理论》（格尔哈特·伦斯基）、《社会分工论》（埃米尔·涂尔干）	《The Iron Cage Revisited: Institutional Isomorphism and Collective Rationality in Organizational Fields》（Paul J DiMaggio, Walter W Powell）、《Institutionalized Organizations: Formal Structure as Myth and Ceremony》（John W Meyer, Brian Rowan）、《Economic Action and Social Structure: The Problem of Embeddedness. American Journal of Sociology》（Mark Granovetter）	《西方社会学理论教程》（侯钧生）、《外国社会学史》（贾春增）、《当代国外社会学理论》（刘少杰，胡晓红）

续表

模块	知识类型	经典书籍	经典期刊与文章	教材、报告、演讲、纪录片等
民族学	民族问题理论	《民族社会学》（马戎）、《西方民族社会学经典读本》（马戎）、《马克思主义民族理论经典著解读》（乌小花、王伟）、《民族学理论与方法》（宋蜀华、白振声）、《基础民族学——理论、人种、文化》（欧潮泉）	《民族研究》	《民族理论和民族政策教程》（罗树杰、徐杰舜）、《马克思主义民族观与党的民族政策》（沈桂萍）
	中国民族	《中华民族多元一体格局》（费孝通）、《湘西苗族调查报告》（凌纯声、芮逸夫）、《中国历代民族史》（罗贤佑）	《在全国民族团结进步表彰大会上的讲话》（习近平）	《中国民族区域自治制度》（陈云生）、《中华民族》（纪录片）
	国外民族	《古代社会》（路易斯·亨利·摩尔根）、《世界民族经济与文化产业研究：以马达加斯加为例》（钟鸣）	《Microcephalin, a Gene Regulating Brain Size, Continues to Evolve Adaptively in Humans》（Patrick D Evans）、《Race, Genetics and Human Reproductive Strategies》（J Philippe Rushton）	《世界民主义论》（王联）

201

续表

模块	知识类型	经典书籍	经典期刊与文章	教材、报告、演讲、纪录片等
新闻与传播	新闻学	《新闻文存》（松本君平、休曼、徐宝璜、邵飘萍）、《长征：前所未闻的故事》（哈里森·索尔兹伯里）、《新闻：幻象的政治》（兰斯·班尼特）、《人际影响：个人在大众传播中的作用》（伊莱休·卡茨，保罗·F. 拉扎斯菲尔德）、《传播与劝服：关于态度转变的心理学研究》（卡尔·霍夫兰，等）、《比较媒介体制：媒介与政治的三种模式》（丹尼尔·C. 哈林，等）、《中国新闻舆论史》（林语堂）、《报纸的良知》（弗林特）	《国际新闻界》《新闻与传播研究》《新闻大学》《现代传播》《新闻记者》	《传播学概论》（威尔伯·施拉姆，等）、《新闻学概论》（第七版）（李良荣）、《新闻理论教程》（何梓华）
	传播学	《传播学简史》（阿芒·马特拉）、《传播与社会影响》（加布里埃尔·塔尔德）、《传媒的四种理论》（弗雷德里克·S. 西伯特，等）	《新闻与传播研究》《新闻界》《新闻大学》《现代传播》《传播与社会学刊》《新闻学研究》	《传播学教程》（郭庆光）、《传播学总论》（胡正荣）、《传播学基础：历史、框架与外延》段鹏
	新媒体	《大数据时代》（维克托·迈尔·舍恩伯格）、《互联网思维到底是什么》（项建标，等）、《从零开始做运营》（张亮）、《中国网络媒体的第一个十年》（彭兰）、《网络广告》（马特斯尔斯·W. 斯达切尔）	《何为新媒体？》（廖祥忠）、《论新媒体时代的传播研究转型》（韦路，丁方舟）	《新媒体运营》（勾俊伟）、《新媒体概论》（匡文波）、《数字新媒体营销教程》（唐乘花，等）、《网络传播概论》（彭兰）、《网络新闻编辑》（胡明川）

续表

模块	知识类型	经典书籍	经典期刊与文章	教材、报告、演讲、纪录片等
图书与情报	图书馆学	《图书馆学是什么》（王子舟）	《中国图书馆学报》《图书馆学研究》	《图书馆学基础》（吴慰慈等）、《网络信息检索》（吉家凡、等）、《图书馆信息化建设》（周欣娟）、《信息组织》（戴维民、陈臣）、《信息资源共享》（程焕文）
	情报学	《情报研究与分析入门》（杰罗姆·克劳泽）、《中国情报工作和情报学研究》（包昌火）	《情报杂志》《情报理论与实践》《情报科学》《Journal of Data and Information Science》《情报学报》《图书情报工作》《图书情报知识》	《情报学基础教程》（叶鹰）、《情报分析心理学》（小理查·J.霍耶尔）、《情报分析：结构化分析方法》（小理查·J.霍耶尔、等）、《情报研究方法论》（包昌火）
教育	教育理论	《教育理论经典解读》（代兵）、《陶行知文集》（陶行知）	《朱子家训》（朱柏庐）	《教育学（第七版）》（王道俊、等）
	教育心理学	《学习论：学习心理学的理论与原理》（施良方）、《教育心理学》（罗伯特·斯莱文）	《心理发展与教育》（陈琦）	《当代教育心理学》（陈琦）

203

续表

模块	知识类型	经典书籍	经典期刊与文章	教材、报告、演讲、纪录片等
体育学	体育理论	《体育运动中的功能性训练》（迈克·鲍伊尔）	《中国体科技》	《体育基本理论教程》（周西宽）
体育学	体育经济	《体育经济学》（汉弗莱斯，等）、《体育营销学：战略性观点》（马修·D.尚克）	《论体育资源配置模式——社会经济条件变革下的中国体育改革》（任海、王凯珍，等）	《体育经济学概论》（骆秉全）、《体育经济学》（丛湖平，等）
数学	数学思想	《怎样解题：数学思维的新方法》（G.波利亚）、《费马大定理：一个困惑了世间智者358年的谜》（西蒙·辛格）、《数学的语言：化无形为可见》（齐斯·德福林）、《完美的证明：一位天才和世纪数学的突破》（玛莎·葛森）、《什么是数学：对思想和方法的基本研究》（R·柯朗，H·罗宾）、《数学杯：对高等数学的一次观赏之旅》（斯蒂芬·弗莱彻·休森，等）	《Self-Organized Criticality》(Per Bak)、《Feynman's Thesis: A New Approach to Quantum Theory》(Laurie M Brown)	《数学思想方法入门》（索洛）、《解决问题的策略》（恩格尔）
数学	数学与生活	《了如指掌：数学问题如数家珍》（阿尔布雷希特·博伊特施帕赫）、《写给全人类的数学魔法书》（永野裕之）	《数学生活化的含义与功能及其情境标准》（罗新兵、李晶）	《数学与生活》（远山启）、《数学之美》（吴军）

204

续表

模块	知识类型	经典书籍	经典期刊与文章	教材、报告、演讲、纪录片等
物理学	物理理论	《从一到无穷大》（乔治·伽莫夫）、《变化》（灵通者）、《物理学进化》（艾·爱因斯坦）、《见微知著：纳米科学》（弗兰柯·怀特塞兹）	《The Entropy Formula for the Ricci Flow and Its Geometric Applications》(Grisha Perelman)、《Using Sound Waves To Induce Nuclear Fusion With No External Neutron Source》(Rensselaer Polytechnic Institute)	《统计物理学》（Л Д 朗道，Е М 栗弗席兹）、《量子力学》（Л Д 朗道，Е М 栗弗席兹）、《理论力学教程》（周衍柏）、《电磁学》（赵凯华、陈熙谋）、《热学》（李椿、章立源、钱尚武）、《光学教程》（姚启钧）、《固体物理学》（黄昆）、《原子物理学》（褚圣麟）
	理论物理	《时间的形状》（汪洁）、《费曼物理学讲义》（理查德·费曼）、《物质探微：从电子到夸克》（陆埮、罗辽复）	《Toric Geometry and Local Calabi-Yau Varieties》(Cyril Closset)、《More Is Different》(Philip W Anderson)	《数学物理方法》（顾樵）、《分析力学》（王永岗）、《引力》（哈蒂）、《物理学中的群论基础》（约什）
	其他物理	《时间之箭》（彼得·柯文尼）、《相对论》（爱因斯坦）、《像物理学家一样思考》（盖瑞·祖卡夫）、《狭义与广义相对论浅说》（爱因斯坦）、《物理定律的本性》（理查德·费曼）、《现实不似你所见》（卡洛·罗韦利）	《Mirror Manifolds: A Brief Review and Progress Report》(B R Greene)、《Phase Transition for a Hard Sphere System》(B J Alder)	《时间简史》（A Brief History Of Time）（纪录片）

续表

模块	知识类型	经典书籍	经典期刊与文章	教材、报告、演讲、纪录片等
天文学	天文科普	《夜观星空：天文观测实践指南》（特伦斯·迪金森）、《诺顿星图手册》（伊恩·里德帕斯）	NASA E-Books (https://www.nasa.gov/connect/ebooks/index.html)	《天文学新概论》（苏宜）、《现代天文学——拓展宇宙》（丽莎·扬特）、《基础天文学》（刘学富）
天文学	星系与宇宙	《恒星与行星》（伊恩·里德帕思）、《物理天文学前沿》（F.霍伊尔，J.纳里卡）	《The Origin of Elements and the Separation of Galaxies》（G Gamow）	《基础天文教程》（邵华木）、《天体物理学概论》（向守平）、《透视宇宙的秘密》（纪录片）
天文学	其他天文学	《通俗天文学》（西蒙·纽康）	《皮布尔斯解读：宇宙的起源与归宿》（詹姆斯·皮布尔斯）	《宇宙的起源与归宿》（听霍金讲万物之理）（斯蒂芬·霍金）（演讲）
地理学	自然地理	《地理学与生活》（阿瑟·格蒂斯，等）、《地球之美》（帕特里克·德韦弗，等）、《海错图笔记》（张辰亮）	《中国国家地理》《自然资源学报》	《综合自然地理学》（蒙吉军）、《自然地理》（伍光和）、《中国自然地理》（赵济）、《我们的星球》（纪录片）
地理学	人文地理	《世界人文地图趣史》（安妮·鲁尼）、《地理学思想经典解读》（蔡运龙）、《地理学与历史学——跨越楚河汉界》（阿兰·贝克）、《人文地理学方法》（斯图尔特·艾肯特，等）	《人文地理》	《人文地理学导论》（彼得·丹尼尔斯等）、《人文地理学》（赵荣）、《中国旅游地理》（曹培培）、《国家地理百年纪念典藏》（纪录片）

续表

模块	知识类型	经典书籍	经典期刊与文章	教材、报告、演讲、纪录片等
地理学	经济地理	《区域经济学导论》(胡佛,杰莱塔尼)、《城市经济学》(阿瑟·奥沙利文)、《经济地理学教本》(特雷弗·J.巴恩斯),《牛津经济地理学手册》(克拉克,费尔德曼,等)	《Increasing Returns and Economic Geography》(Paul Krugman)、《Agglomeration and Trade Revisited》(Gianmarco Ottaviano)、《Industry Location and Welfare When Transport Costs Are Endogenous》(Kristian Behrens)	《经济地理学》(威廉·P.安德森)、《经济地理学:区域和国家一体化》(皮埃尔-菲利普·库姆斯,等)、《大国崛起》(纪录片)
地理学	城市地理	《空间行为的地理学》(雷金纳德·戈列奇)、《城市交通地理学》(苏珊·汉森,等)	《中国城市化研究主要成果综述》(顾朝林,吴莉娅)	《城市地理学》(理查德·P.格林,詹姆斯·B.皮克)、《城市地理学》(许学强,宁越敏,等)、《超级城市巡礼》(纪录片)
地理学	能源地理	《非常规油气与可再生能源》(刘成林,等)	《能源地理学:中国风电的时空分布特征和发展趋势》(张文佳,张永成)	《地球宝藏》(纪录片)
地理学	其他地理	《变化中的自然地理学性质》(格雷戈里)、《地不回答的大地》(单之蔷)、《触景生情:文化地理学人笔记》(周尚意)	《Geographic Information Systems》(Michael F Goodchild)	《空间行为的地理学》(雷金纳德·戈列奇)、《中国生态地理区域系统研究》(郑度)、《寰宇地理》(纪录片)

附录 I 管理学非专业学生专业本科类知识学习一览表

续表

模块	知识类型	经典书籍	经典期刊与文章	教材、报告、演讲、纪录片等
海洋与水文学	海洋科学	《鱼什么都知道》（乔纳森·巴尔科姆）	《Net Sediment Transport Patterns Inferred from Grain-Size Trends, Based upon Definition of "Transport Vectors"》（Shu Gao, Michael Collins）	《生物海洋学（第二版）》（查尔斯·米勒、帕丽夏·米勒）、《海洋生态学实验》（何培民、殷克东）、《海洋科学导论》（冯士筰，等）、《环境海洋学》（李凤岐、高会旺）
	海洋工程	《海洋工程手册》（苏布拉塔·查克拉巴蒂）、《Sea Loads on Ships and Offshore Structures》（O Faltinsen）、《Ocean Waves: The Stochastic Approach》（Michel K Ochi）、《Dynamics of Offshore Structures》（James F Wilson）	《Submarine Mass Movements and Their Consequences (2004, 2005, 2007, 2009, 2012, 2014, 2016)》	《物理海洋学（第六版）》（琳恩·塔利）、《化学海洋学（第四版）》（弗兰克·J.米勒罗）、《卫星海洋学》（莫尔）、《海洋气象学》（傅刚）、《海洋仪器分析》（邹世春，杨颖，郭晓娟）、《海洋观测技术》（任杰）
	水文科普	《水文地质学基础》（王大纯）	《水文地质工程地质》	《水文学原理》（芮孝芳）、《水文统计学》（黄振平）、《地下水水文学》（束龙仓，陶月赞）、《水力学》（赵振兴，何建京，王忖）

208

续表

模块	知识类型	经典书籍	经典期刊与文章	教材、报告、演讲、纪录片等
地球物理	地球科普	《10000个科学难题·地球科学卷》、《Timeline of Everything》（DK）	《地球科学》	《自然地理学》（伍光和）、《固体地球物理学概论》（王君恒）、《国家地理科普101》（记录片）
	空间物理	《地震学》（约翰·米尔恩）、《地球物理反演理论与应用》（日丹诺夫）	《地球物理学报》《辉煌的历程：中国地球物理学会60年》	《等离子体物理学基础》（陈耀）、《量子宇宙与维度空间》（记录片）
	能源地球化学	《油气地球化学》（侯读杰）、《改变地球的化学》（大卫·E. 牛顿）	《Crystal Plasticity Finite Element Methods》（Franz Rotters）	《生物地球化学：科学基础与模型方法》（李长生）、《化学与能源》（潘鸿章）、《能源化学》（陈军、陶占良）
农林学	农学	《四千年农夫》（富兰克林·H. 金）、《花的智慧》（莫里斯·梅特林克）	《Methods and Logic: Gregor Mendel Experiments in Plant Hybridization》（Cloe Pogoda）	《植物学》（强胜）、《生物化学》（刘国琴、杨海莲）、《土壤肥料学》（陆欣）、《农学概论》（贾志宽）、《基因分析和操作技术原理》（吕慧能）

209

续表

模块	知识类型	经典书籍	经典期刊与文章	教材、报告、演讲、纪录片等
农林学	林学	《植物学》（马炜梁）、《树木学》（张志翔）、《森林生态学》（李俊清）、《景观生态学：格局过程尺度与等级》（邬建国）	《A Structure for Deoxyribose Nucleic Acid》（J D Watson, F H C Crick）	《林学概论》（马履一）、《水土保持林学》（李凯荣、张光灿）、《复合农林学》（朱清科）、《农田防护林学》（朱金兆、贺康宁、魏天兴）
农林学	畜牧水产等	《食用水产品》（王彦波，等）	《中国畜牧兽医》	《水产养殖技术概论》（翟林香、陈军）、《北方名优水产品养殖技术》（孔令杰、张旭彬、杨秀）、《水产两栖爬行动物养殖学》（段彪）
医学	医药学科普	《图解急救知识百科》（弗雷德里克·阿德内）、《众病之王：癌症传》（悉达多·穆克吉）、《病者生存》（沙伦·莫勒姆，等）、《病毒星球》（卡尔·齐默）、《消失的微生物》（马丁·布莱泽）、《病从口入——吃决定你的活法》（封一平）	《The Hallmarks of Cancer》（Douglas Hanahan, Robert A Weinberg）	《人体：人体结构、功能与疾病图解》（托尼·史密斯）、《药物简史》（德劳因·伯奇）、《药理学》（杨宝峰）

210

续表

模块	知识类型	经典书籍	经典期刊与文章	教材、报告、演讲、纪录片等
医学	西方医学	《格氏解剖学》（苏珊·斯旦丁）、《奈特人体解剖学彩色图谱》（奈特）、《罗宾斯基础病理学》（维奈·库玛，阿布尔·阿巴斯，乔恩·埃斯特）、《希氏内科学精要》（安德里奥利，等）、《哈里森内科学》（布郎沃德，等）	《Experiments Concerning Plant Hybrids》（Gregor Mendel）、《Pancreatic Extracts in the Treatment of Diabetes Mellitus》（Frederick Banting, Charles Best）	《病理学》（步宏、李一雷）、《外科学》（陈孝平、汪建平、赵继宗）、《内科学》（葛均波、徐永健、王辰）、《诊断学》（万学红、卢雪峰）、《生理学》（王庭槐）、《生物化学与分子生物学》（周春燕、药立波）
	中医中药	《黄帝内经》（王冰，注）、《伤寒论》（张仲景）、《学点中医：一本你终于可以读懂的中医书》（王兴臣，刘孟宇）	《中医杂志》	《中医基础理论》（王键）、《中医诊断学》（李灿东）、《中药学》（钟赣生）、《方剂学》（李冀、连建伟）
建筑学	建筑史	《中国建筑史》（梁思成）、《中国现代建筑史》（邹德依）、《华夏意匠：中国古典建筑设计原理分析》（李允鉌）	《中国建筑发展的历史阶段》（林徽因）	《中国建筑史》（潘谷西）、《中外建筑史》（吴薇）、《巨人的文明》（记录片）

211

续表

模块	知识类型	经典书籍	经典期刊与文章	教材、报告、演讲、纪录片等
建筑学	建筑美学	《建筑空间组合论》（彭一刚）、《自然的建筑》（隈研吾）、《街道的美学》（芦原义信）、《空间的诗学》（加斯东·巴什拉）、《十宅论》（隈研吾）、《安藤忠雄论建筑》（安藤忠雄）、《思考建筑》（彼得·卒姆托）、《建筑师成长记录：学习建筑的101点体会》（马修·弗莱德里克）、《静谧与光明：路易·康的建筑精神》（约翰·罗贝尔）、《建筑：形式空间和秩序》（程大锦）	《Planning the Powder Room》（Denise Scott Brown）、《Ornament and Materiality in the Work of Adolf Loos》（Brian Andrews）	《建筑美学》（曾坚，蔡良娃）、《建筑美学简明教程》（许祖华）、《梁梁建筑美学》（盛洪飞）
	中国建筑	《营造法式》（李诫）、《中国建筑常识》（林徽因）、《藏在木头里的灵魂：中国建筑彩绘笔记》（佚名、范冬阳）、《中国建筑的特征》（梁思成）、《中国建筑与园林文化》（居阅时）	《中国建筑和艺术》（梁思成）	《中国古典园林史（第三版）》（周维权）、《梁思成与林徽因》（纪录片）
	西方建筑	《西方建筑简史——拱的艺术》（卡罗尔·斯特里克兰）、《图说西方建筑简史》（佐藤达生）、《西方古典建筑与雕塑入门》（吾哼）	《图解建筑史——西方建筑史发展框架及理论知识储备》（知乎）	《西方建筑图解词典》（王其钧）
工学基础	科普	《伟大的海洋》（梅拉尼·斯蒂斯尼）、《数据如海可淘金——大数据技术及其在智慧城市的应用》（汪疆平）	《Computing Machinery and Intelligence》（Alan Turing）、《A Brief History of Human Computer Interaction Technology》（Brad A Myers）	《新能源工学基础》（韩凤琴）、《芯片制造——半导体工艺流程实用教程（第六版）》（彼得·范·赞特）、《机械设计》（濮良贵）

212

续表

模块	知识类型	经典书籍	经典期刊与文章	教材、报告、演讲、纪录片等
工学基础	工学与生活	《智能机器时代：人工智能如何改变我们的生活》（皮特·艾尔里希），《计算机和机器人》（乌尔里希·艾伯特），《AI极简经济学》（阿杰伊·阿格拉沃尔），《深度学习》（伊恩·古德费洛），《超图解未来简史》（王宇琨、董志道）	《A Mathematical Theory of Communication》（Claude Shannon），《Automotive Serial Controller Area Network》（Uwe Kiencke）	《电工学简明教程》（秦曾煌、姜三勇），《化学与生活》（杨文）
心理学	心理学理论	《心理学与生活》（理查德·格里格，等），《对"伪心理学"说不》（基思·斯坦诺维奇），《改变心理学的40项研究》（罗杰·霍克）	《Culture and the Self: Implications for Cognition, Emotion, and Motivation》（Hazel Markus）	《人格心理学》（伯格），《普通心理学》（彭聃龄），《心理学导论》（哈佛大学公开课）
	认知心理学	《感觉与知觉》（白学军），《认知神经科学：关于心智的生物学》（葛詹尼加），《色彩心理学》（孙孝华，多萝西）	《A theory of human motivation》（A H Maslow）	《认知心理学》（罗伯特·索尔索），《发展心理学：儿童与青少年》（戴维·谢弗），《认知心理学》（加州大学公开课）
	社会心理学	《社会心理学》（戴维·迈尔斯），《爱的艺术》（艾·弗洛姆），《乌合之众》（古斯塔夫·勒庞）	《Self-efficacy: Toward a Unifying Theory of Behavioral Change》（Albert Bandura），《Self-Efficacy And Work-Related Performance: A Meta-Analysis》（Alex Stajkovic）	《决策与判断》（斯科特·普劳斯）

续表

模块	知识类型	经典书籍	经典期刊与文章	教材、报告、演讲、纪录片等
心理学	工业心理学	《组织评估提高绩效的方法》（哈利·莱文森）、《工程心理学与人的作业》（克里斯托弗·D.威肯斯）、《设计心理学》（唐纳德·A.诺曼）、《说服心理学》（凯文·霍根）	《Relation of Mind to Brain》（Hugo Munsterberg）	《组织行为学》（斯蒂芬·P.罗宾斯）、《工业与组织心理学》（保罗·E.斯佩克特）
	管理心理学	《一本书读懂人力资源管理心理学》（未联可）	《The Study of Administration》（Woodrow Wilson）	《管理心理学》（刘永芳）
	其他心理学	《路西法效应》（菲利普·津巴多）、《与"众"不同的心理学》（斯塔诺威克）	《Is Justified True Belief Knowledge?》（Edmund L Gattier）	《教育心理学：理论与实践（第10版）》（罗伯特·斯莱文）、《实验心理学》（郭秀艳）、《心理学与生活》（理查德·格里格，菲利普·津巴多）、《心理学史：观念与背景》（韦恩·瓦伊尼，等）
文化学	文化发展史	《世界文明5000年》（艾玛·玛丽奥特）、《世界文明史》（维尔·杜兰特）、《中国古代文化常识》（王力）、《中国传统文化经典丛书》（殷旵）	《铁云藏龟：自序》（刘鹗）	《中国文化概论》（张岱年，等）、《中国文化发展史》（毛佩琦，龚书铎）

续表

模块	知识类型	经典书籍	经典期刊与文章	教材、报告、演讲、纪录片等
文化学	文化地理学	《王恩涌文化地理随笔》（王恩涌）、《世界文化地理》（邓辉）	《文化地理学概念、理论的逻辑关系之分析——以"学科树"分析近年中国大陆文化地理学进展》（周尚意、戴俊骋）	《文化地理学》（周尚意）、《经典人文地理》（记录片）
	中国文化	《中国文化要义》（梁漱溟）	《与钱玄同先生论古史书》（顾颉刚）、《文化偏至论》（鲁迅）	《中国传统文化》（王柰等）、《中国传统文化十五讲》（龚鹏程）
	西方文化	《西方那一块土》（钱乘旦）、《西方文化史（第三版）》（徐新）	《论读书》（培根）	《西方文化概论》（赵林）
	中外文明	《中外文明十五论》（阮炜）	《中外思想家论政治文明》（于一）	《中外历史纲要》（上、下册）
人物传记	国内人物	《苏东坡传》（林语堂）、《毛泽东传》（特里尔）、《王阳明大传》（冈田武彦）、《曾国藩的正面与侧面》（张宏杰）、《邓小平时代》（傅高义）	《回忆鲁迅先生》（萧红）	《二十世纪中国文化名人》（记录片）

续表

模块	知识类型	经典书籍	经典期刊与文章	教材、报告、演讲、纪录片等
人物传记	国外人物	《富兰克林自传》（本杰明·富兰克林）、《贝多芬传》（罗曼·罗兰）、《我的世界观》（阿尔伯特·爱因斯坦）、《活着为了讲述》（加西亚·马尔克斯）、《稻盛和夫的人生哲学：活法全集》（稻盛和夫）、《史蒂夫·乔布斯传》（沃尔特·艾萨克森）	《时代周刊》	《The Men Who Built America》（纪录片）
职业发展	职业素养	《请停止无效的努力》（赵晓璃）、《学会提问》（尼尔·布朗）	《Testing for Competence Rather Than for "Intelligence"》（David C McClelland）	《职业素养提升》（杨险修）、《职业素养》（许琼林）、《职业道德与职业素养》（尹凤霞）
职业发展	工作方法	《问题解决力》（大前研一、斋藤显一）、《千法》（稻盛和夫）、《CEO 说：人人都应该像企业家一样思考》（拉姆·查兰）、《金字塔原理》（芭芭拉·明托）	《行政学之研究》（威尔逊）	《麦肯锡卓越工作方法》（埃森·M. 拉塞尔）
职业发展	职场规则	《潜规则》（吴思）、《江湖中国：一个非正式制度中国的起因》（于阳）	《The Nature of the Firm》（R H Coase）、《Theory of the Firm: Managerial Behavior, Agency Costs and Ownership Structure》（Jensen, Meckling）	《职业规则》（理查德·泰普勒）

216

附录二　物流管理本科专业学生素能体系

M-Ⅰ 基础素养

M-Ⅰ-01 身体素质

★内涵

身体素质是人体在运动、劳动和日常活动中，在中枢神经调节下，各器官系统功能的综合表现，如力量、耐力、速度、灵敏、柔韧等机体能力。身体素质的强弱，是衡量一个人体质状况的重要标志之一。

★场景

身体素质包括五方面：速度（50米跑、4秒冲刺跑），力量（跳远、仰卧起坐、引体向上、俯卧撑、握力、背肌力、腹肌力、腿肌力），耐力 [1000米（男）、800米（女）]，灵敏性（立卧撑、4×10米往返跑、反复横跨），柔韧性（坐位体前屈、纵劈叉）。

★方法

力量素质：锻炼上肢力量可选择引体向上、俯卧撑等运动，也可借助哑铃、拉力器等器械；锻炼下肢可选择蹲起、跳台阶、快速跑。

耐力素质：长跑、游泳、登山、健美操、短跑、跳高、跳远。

速度素质：高抬腿、后蹬跑、车轮跑、加速跑。

灵敏素质：在跑、跳中做迅速改变方向的各种跑、躲闪、突然起动以及各种快速急停和迅速转体练习等。

做专门设计的各种复杂多变的练习。如用"之字跑""躲闪跑""穿梭跑"和"立卧撑"四项组成的综合性练习。

以非常规姿势完成的练习。如侧向或倒退跳远、跳深等。

限制完成动作的空间练习。如在缩小的球类运动场地进行练习。

改变完成动作的速度或速率的练习。如变换动作频率或逐步增加动作的频率。

做各种变换方向的追逐性游戏和对各种信号做出应答反应的游戏等。

柔韧素质：采用加大动作幅度，即拉长肌肉、肌腱、韧带和皮肤的练习，柔韧练习至少连续做5~10次，动作幅度应逐步加大，身体各部位的柔韧性要交替进行。

★衔接课程

体育、劳动教育、物流管理专业实习等。

M-Ⅰ-02 核心价值观

★内涵

核心价值观在这里特指社会主义核心价值观，即"富强、民主、文明、和谐，自由、平等、公正、法治，爱国、敬业、诚信、友善"，是社会主义核心价值体系的高度凝练和集中表达。

"富强、民主、文明、和谐"，是我国社会主义现代化国家的建设目标，在社会主义核心价值观中居于最高层次；"自由、平等、公正、法治"是对美好社会的生动表述；"爱国、敬业、诚信、友善"则是公民基本道德规范。

★场景

社会主义核心价值观包括国家层面（富强、民主、文明、和谐）、社会层面（自由、平等、公正、法制）、公民层面（爱国、敬业、诚信、友善），公民层面可体现在对待祖国、对待工作与待人接物上，即只有我们每个人都把自己的人生理想与价值追求,融入为实现社会进步和国家繁荣昌盛而不懈奋斗的滔滔洪流,才会实现自己的个人理想和人生价值。

★方法

爱国:认真学习、努力工作,把爱国主义情感转化为实际行动,贯彻在平凡的工作岗位和日常生活中。

敬业:实干兴业,实干成事。在普通的岗位和平凡的人生中,爱岗敬业、精益求精、尽忠职守、善于创新、做出贡献。

诚信:为人处事坦诚实在,诚实规矩,信守诺言。诚,侧重于人之真诚坦荡、真实无妄的内在道德修养;信,侧重于人之处事无欺、外信于人的做事原则践行。

友善:友爱和善,即重友谊求和谐、存真善讲爱心,对人对事真诚,时刻心怀善意。

★衔接课程

经济管理思想史、当代世界经济与政治、商业伦理与社会责任等。

M-Ⅰ-03 国家信心

★内涵

国家信心体现在"四个自信"上,即中国特色社会主义道路自信、理论自信、制度自信、文化自信。道路自信是坚定走中国特色社会主义道路后我们对发展方向和未来命运的自信;理论自信是对马克思主义理论特别是中国特色社会主义理论体系的科学性、真理性的自信;制度自信是对中国特色社会主义制度具有制度优势的自信;文化自信是对中国特色社会主义文化先进性的自信。

★场景

坚持道路自信是党领导人民从胜利走向胜利的根本保证,也是中华民族走向繁荣富强、中国人民幸福生活的根本保证。坚持理论自信是坚定对共产党执政规律、社会主义建设规律、人类社会发展规律认识的自信。坚持制度自信就是要相信社会主义制度具有巨大优越性，相信社会主义制度能够推动发展、维护稳定，能够保障人民群众的自由平等权利和人身财产权利。坚持文化自信就是要激发党和人民对中华优秀传统文化的历史自豪感，在全社会形成对社会主义核心价值观的普遍共识和价值认同。

★方法

夯实理论基础、加强思想实践。加强对"四个自信"的理论学习，增强"四个自信"意识，在工作学习中以"四个自信"作为指导思想，做到理论联系实践。

坚守可靠立场、提高执行能力。必须坚守对党忠诚可靠的政治立场，坚持局部服从全局、个人服从组织、下级服从上级，及时完成自己的任务与工作。

拒绝故步自封、敢于创新发展。坚持优势互补、吸收外部先进经验，而后树立创新观念、发展自身的创新能力，在工作学习中锐意进取，逐步探索出适合自身创新发展的路子。

★衔接课程

经济管理思想史、商业伦理与社会责任、当代世界经济与政治等。

M-Ⅰ-04 家国情怀

★内涵

家是最小国，国是千万家。家国情怀是中国优秀传统文化之一，体现为在家尽孝、为国尽忠、家国一体、舍小家保大家，是主体对共同体的一种认同，并促使其发展的思想和理念。家国情怀在增强民族凝聚力，建设幸福家庭，提高公民意识等方面都有重要的时代价值。

★场景

在家尽孝：家风是家庭的精神内核，也是社会的价值缩影。家庭幸福不是普通小事，家庭和睦则社会安定，家庭幸福则社会祥和，家庭文明则社会文明。

为国尽忠:"精忠报国"四个字,应当成为每一个公民一生追求的目标。爱国,是人世间最深层、最持久的情感,是一个人的立德之源、立功之本。

家国一体:"家国一体"是中国传统文化思想的精粹,也是家国情怀认同的重要基础。孟子所云"天下之本在国,国之本在家,家之本在身",将天下、国、家三者融为一体,深刻地诠释了家国一体、家国同构的政治理念,形成了中华民族崇尚家国大义的优良传统。

★方法

对待父母心虔志诚,对待同辈兄友弟恭,对待晚辈关怀备至,与配偶举案齐眉,形成良好的家庭关系和氛围,因为"家是最小国,国是千万家",只有家庭幸福美满,社会才能和谐稳定。

时刻怀揣爱国主义,努力树立爱国主义精神,树立民族自尊心和自豪感。

积极投身社会实践,深入实际,深入群众,在了解社会的基础上提出真知灼见。

坚持求真务实的科学精神和团结协作、艰苦奋斗、脚踏实地的作风,在日积月累的基础上寻求突破,为国奉献。

★衔接课程

经济管理思想史、马克思主义基本原理、毛泽东思想和中国特色社会主义理论体系概论、中国近现代史纲要、思想道德修养与法律基础、商业伦理与社会责任、当代世界经济与政治等。

M-Ⅰ-05 伦理责任

★内涵

伦理是指在处理人与人、人与社会相互关系时应遵循的道理和准则。是指一系列指导行为的观念,是从概念角度对道德现象的哲学思考。它不仅包含着对人与人、人与社会和人与自然之间关系处理中的行为规范，而且深刻地蕴涵着依照一定原则来规范行为的深刻道理。责任指个体分内应做的事，来自对他人的承诺、职业要求、道德规范和法律法规等。

★ 场景

伦理是一种有关人类关系的自然法则，也是与道德及法律的绝对分界线。责任是对事对他人对己对社会都有应尽的义务，责任义务体现在于公于私之上。伦理责任二者均存在于公民的日常生活中。

★ 方法

积极培养正确的人生观、价值观和世界观，破除"以自我为中心"、做事只为满足一己私欲的错误观念。

责任意识是一种自觉意识，是一种传统美德但更是一种能力与精神。

从身边小事做起。并不是只有干出惊天动地的大事业才算承担责任，承担责任可以体现在我们日常的学习和生活中。

慎重许诺，坚决履行诺言。承诺就意味着责任，失信于人则是不负责任的表现。

学会调控自己的情绪，三思而后行。要增强辨别能力，认真思考自己言行的后果，对自己的言行负责。

多从别人的角度考虑问题，学会换位思考。

经常反省自身，勇担过错。

★ 衔接课程

经济管理思想史、思想道德修养与法律基础、商业伦理与社会责任等。

M-Ⅰ-06 人格品性

★ 内涵

人格是指个体在对人、对事、对己等方面的社会适应中行为上的内部倾向性和心理特征。表现为能力、气质、性格、需要、动机、兴趣、理想、价值观和体质等方面的整合，是具有动力一致性和连续性的自我，是个体在社会化过程中形成的独特的心身组织。品性指人的品质性格。

★场景

一个人的人格表现在知、情、意等心理活动的各个方面，包括个人的认知能力的特征、行为动机的特征、情绪反应的特征、人际关系协调的程度、态度和信仰的体系、道德价值的特征等。一般说来，一个人的人格是他过去的整个生活历程的反映。品性就是行为的准绳，即行为不偏离正道。人的品性可以从对他人的态度、对金钱名利的态度、对困难的态度、对爱好特长的态度等多方面体现。

★方法

完美的人格品性应当具备诚实守信、尊重、体贴、容忍、宽容等特质。

诚实守信：对人对事均应做到"言必行，行必果"，做人做事应恪守诚实守信，绝不弄虚作假、敷衍糊弄。

尊重：做到尊重自然、尊重生命、尊重他人、尊重自我。

体贴：体贴需建立在共情的基础上，只有站在他人的角度思考问题，才能够共情进而体贴。当他人需要关心与帮助时，能够"急人之所急，想人之所想"，适时适当地给予他人帮助。

容忍：加强自身文化素养和思想修养，努力提高自控能力，在面对冲突矛盾时稳定情绪，保持沉着冷静。同时，强化认识问题、思考问题的能力，正确处理矛盾。

宽容：客观看待他人的长处与短处，做到"严以律己、宽以待人"和学会取长补短。

★衔接课程

经济管理思想史、社会心理学、商业认知与领导力、商业伦理与社会责任等。

M-Ⅰ-07 心理素养

★内涵

心理素养是人的整体素养的组成部分。以自然素质为基础，在后天环境、教育、实践活动等因素的影响下逐步产生、发展起来的。心理素养是先天和后天的结合，是情绪内核的外在表现。

★场景

如乒乓球比赛时，一开始就全力以赴，认认真真地对付每一个球。赢了一个球就握紧拳头叫喊一下，振奋一下，多小跑一下；打失了一个球，让自己冷静一下，重新振作投入比赛。这些方法都可以很好的调节自己的精神状态。

★方法

具备良好的心理素养就要求我们能够适应复杂的环境，能够承受工作的压力，并能学会逆境管理与情绪管理，时刻保持自信。

适应复杂的环境：首先，要定期分析环境，洞察环境内发生的变化，以此才能够有时间做好充足的准备应对变化。其次，学会团结环境内的其他人，协同作战，可以尽快地适应环境，进入节奏。最后，需要经常排查分析风险所处的位置，唯有充分了解危机，方能巧妙化解。

承受工作的压力：保持信心和乐观的情绪，用正确的态度面对压力。当压力过大时，选择适合自己的方式方法放松和缓解压力，也可鼓励自己，使自己内心平静。

逆境管理：明确工作方法，摆正自身职场定位，将对的工作方法继续发扬坚持，改善低效和错误的方法。

情绪管理：首先正确面对和感受情绪，不逃避不良情绪；其次分析情绪，了解症结所在，对症下药；最后学会用理性思考，坚决不允许不良情绪影响自身决策。

保持自信：可以通过提升自我修养、保持积极的自我暗示、创造实践的机会、有意识地纠正不自信的细节表现等保持自信。

★衔接课程

社会心理学、大学生心理健康教育、商业认知与领导力等。

M-Ⅰ-08 美学素养

★内涵

美学素养指人所具备的审美经验、审美情趣、审美能力、审美理想等各种因素的总和。美学素养既体现为对美的接收和欣赏的能力，又转化为对审美文化的鉴别能力和审美文化的创造能力。

★场景

人生本来就是一种广泛的艺术，每个人的生命史都会化作一幅作品，但有的可以称为艺术品，有的便不能。二者的区别就在性情与素养上。懂得生活的人就是艺术家，他的生活自然会成为艺术作品。

★方法

一个人的美学素养可以涵盖多方面内容，例如绿化、色调、建筑、规划、设计、建设等。而培养美学素养则需要做到以下3点。

广泛阅读：多读书、读好书，从书中汲取知识与能量，不断提升自身知识储备和文化素养。

行万里路：在生活中、在旅途中，多观察、增长见识，养成注重细节的习惯。

积极思考：结合自身知识和丰富底蕴去消化生活中的所见所闻，在反复思考后得出自己对美的感悟。

★衔接课程

艺术导论、音乐鉴赏、美术鉴赏、影视鉴赏、戏剧鉴赏、舞蹈鉴赏、书法鉴赏、戏曲鉴赏。

M-Ⅰ-09 人文素养

★ 内涵

人文素养是一种普遍的人类自我关怀,表现为对人的尊严、价值、命运的维护、追求和关切,对人类遗留下来的各种精神文化现象的高度珍视,对一种全面发展的理想人格的肯定和塑造。

★ 场景

人本观念:即"人本位"。人是社会的中心,人是衡量社会的尺度,"本位"者,标准也,人是衡量一切的标准。从君王为标准,到人为标准,或者说,从"君本位"到"人本位"是人类社会的一次伟大革命,是人类价值观的一次伟大转变。

个人观念:承认和尊重个人的哲学观念,是保护个人、反对专制的,特别是反对专制主义利用"国家""集体""组织"的名义侵犯个人的权利。在这里,对于专制主义而言,个人是神圣的,是伟大的,是不容侵犯的。

自由观念:指"每个人"的自由,只有尊重他人的自由,才能有自己的自由,争取自己的自由,绝不损害他人的自由。

★ 方法

确立做人的基本品德。其核心是:知耻、守信和气节。

注重审美情趣与艺术精神的培养。艺术潜移默化地影响人,一个人的艺术审美情趣是很能体现他的品德高尚还是低下的。

注意涵养功夫和仪表风度,分为内、外两个方面:仪表是外在的,涵养是内在的。涵养功夫里最关键的就是谦虚,虚心地待人接物。

学会包容和欣赏他人。人与人间互相包容理解,社会才能和谐稳定;人与人间相互取长补短,才能促进个体向前发展。

人文素养要落实到对生命的意义和人生价值的认定中,这也是人文素养最后的落脚点。

★ 衔接课程

艺术导论、音乐鉴赏、美术鉴赏、影视鉴赏、戏剧鉴赏、舞蹈鉴赏、书法鉴赏、戏曲鉴赏。

M-Ⅰ-10 哲学素养

★ 内涵

哲学素养是指个体对世界及生活有怎样的理性把握，是对认识对象的一种哲性理解，是通过现象看本质，是特殊的规律。

★ 场景

例如：我持有 A 主张，是因为 B 理由。而你也支持 A 主张，但是因为 C 理由。而我认为 C 理由不对，或者 C 理由哪怕是对的，也不能支持 A 主张。那么我就会反驳你的论证过程。而你如果也注重论证过程的话，如果你认为 B 理由不对或者 B 理由不能支持 A 主张，那么哪怕我们都同意 A 主张，你也应该反驳我的论证过程。

★ 方法

培养思考习惯：一般人通常没有思考的习惯，因此发生事情时都凭着本能的感觉立即反应，并且很容易受到别人的影响。正因如此，这些反应往往缺乏一致性与连贯性。培养正确的思考习惯可以帮助我们用正确的态度和观点看待事物。

掌握整体观点：对任何事情都要从不同的角度思考，久而久之，就可以超越自己的成见，思想也将更为圆融。看待任何事物都要从整体出发，因为个体寓于整体中，如此可以用较高的站位对事物有全盘的认识。

确立价值取向：在这个世界上，虽然每个人都有自己的个性或为人处世的风格，不过，经由学习与成长，可以进行修正及调整（定位），然后选择自己要成为什么样的人（方向）。

力求知行合一：不断加强对事物的洞察力，时刻保持"归零"的心态，并在制订计划时必须可行，切勿好高骛远。

★衔接课程

马克思主义基本原理、毛泽东思想和中国特色社会主义理论体系概论、经济管理思想史等。

M-Ⅰ-11 职业素养

★内涵

职业素养是人类在社会活动中需要遵守的行为规范。职业素养是内涵,个体行为是外在表象。三大核心是职业信念、职业知识技能、职业行为习惯。

★场景

在工作的过程中,对于所属领域的专业知识技能和职业习惯,对自己的职业有着清晰的认知,明确了解自己工作的内容。对自己的工作要有责任心,认真,勤奋努力,踏实稳重,富有工作激情。

★方法

学生:培养职业意识,配合学校的培养任务,完成知识、技能等显性职业素养的培养,有意识地培养职业道德、职业态度、职业作风等方面的隐性素养,加强自我修养,在思想、情操、意志、体魄等方面进行自我锻炼。同时,还要培养良好的心理素质,增强应对压力和挫折的能力,善于从逆境中寻找转机。

员工:像领导一样专注,学会迅速适应环境,化工作压力为动力,低调做人,高调做事,设立工作目标,按计划执行,做一个时间管理高手,主动提高效率、勇于承担责任。

无论是学生还是员工,作为接受指令者,都应当具备认真负责、吃苦耐劳、踏实能干、主动积极的职业素养。

★衔接课程

物流管理专业实习、入学教育、军训等。

M-Ⅰ-12 行为习惯

★ 内涵

行为习惯,是行为和习惯的总称。行为是在人们认知、情感和意志支配下的活动,简单来说,就是一个人在日常生活中所表现出来的一切有目的的活动。习惯是一种定型的行为,是经过反复练习而形成的思维、语言、行为等生活方式,它的实质是建立在人们头脑中的一系列条件反射。

★ 场景

在工作的过程中,对所属领域的专业知识技能和职业习惯、对自己的职业有着清晰的认知,明确了解自己工作的内容。对自己的工作要做到日清日结、计划周密、以终为始、要事第一、不断更新,对自己的工作方式要循序渐进、积极主动、统合综效,时刻保持勤奋上进。

★ 方法

提高正确的分析和判断能力。良好的行为习惯来自对行为的正确认识。知道哪些是对的,哪些是错的,选择正确的行为方式,作为自己行为的准则。

对自己提出明确的要求。"没有规矩,不成方圆",事无巨细,都要对自己提出明确、具体而又严格的要求,并且认真依照要求去做,时间长了,自然就成为习惯了。

培养自己顽强的意志力。形成好的行为习惯要靠持之以恒的精神。意志力薄弱、控制能力差的人很难建立良好的行为习惯。

建立督导机制。良好行为的建立除靠自身努力还要靠周围其他人的监督与指导,内外部环境共同起作用,更有利于良好习惯的建立。

★ 衔接课程

物流管理专业实习、入学教育、军训等。

M-Ⅰ-13 礼仪礼节

★ **内涵**

礼仪礼节是礼仪和礼节的总称。礼仪是一种用来确定人与人或者人与事物关系的一种行为方式,往往传达一种情绪,如信任、尊重、臣服、祝贺等。礼节是人和人交往的礼仪规矩,是人对人表示尊重的各种形式,包括动作形式和语言形式。如握手、鞠躬、磕头等,是动作形式;问候、道谢等,是语言形式。

★ **场景**

概括来说,礼仪礼节是人们约定俗成、表示尊重的各种方式。这里的方式分行动型和非行动型,像给老人让座等,就是行动型的,也就是尊重的形式,这需要行动才有效果;而像庄严场合不嬉笑,别人睡觉不吵闹等,就是非行动型的,也就是行为规范,它不需要行动就有效果。

★ **方法**

自觉接受和学习礼仪教育,从思想上提高礼仪修养水平。人际交往中,礼仪不仅反映一个人的交际技巧和能力,更能够反映一个人的气质、风度与涵养。

通过学习礼仪,可以提高自身的道德修养和文明程度,更好地显示自身的优雅风度和良好形象。通过礼仪教育和培训,可以让个体明辨美丑、树立标准,为礼仪行为的形成创造外部条件,并为进一步的自我修养提供内在条件。

通过书籍、网络等途径广泛阅读艺术作品和科学文化知识,使自己博闻多识。加强文化艺术方面的修养,可以极大地提升礼仪品味,使礼仪水平不断提高,对提高礼仪礼节大有裨益。

积极参加社交实践活动,逐步提高礼仪修养。因为身处现代社会,人际交往越来越广泛,仅从理论上厘清礼仪的含义和内容,而不去实践是远远不够的。

★衔接课程

社会心理学、商业认知与领导力、礼仪与沟通等。

M－Ⅱ 基础能力

M－Ⅱ－01 情绪控制

★内涵

情绪控制是指用心理科学的方法有意识地调适、缓解、激发情绪，以保持适当的情绪体验与行为反应，避免或缓解不当情绪与行为反应的实践活动。包括认知调适、合理宣泄、积极防御、理智控制、及时求助等方式。常见的情绪有敬畏、平和、稳定、乐观、自律等。

★场景

情绪控制包含：处理人际关系的能力、情绪的自我觉察能力、情绪的自我调控能力、情绪的自我激励能力、对他人情绪的识别能力等。

★方法

心理暗示法：通过语言、形象、想象等方式，对自身施加影响的心理过程。积极的自我暗示可以在不知不觉之中对自己的意志、心理以至生理状态产生影响，令我们保持好的心情、乐观的情绪、自信心，从而调动人的内在因素，发挥主观能动性。

注意力转移法：把注意力从引起不良情绪反应的刺激情境，转移到其他事物上去或从事其他活动的自我调节方法。当出现情绪不佳的情况时，要把注意力转移到使自己感兴趣的事上去，有助于使情绪平静下来，在活动中寻找到新的快乐。

适度宣泄法：适度宣泄可以把不良情绪释放出来，从而使紧张情绪得以缓解、轻松。例如，向至亲好友倾诉自己认为的不平和委屈，通过体育运动和劳动等方式来发泄，等等。但务必要采取正确的方式，选择适当的场合和对象，以免引起意想不到的不良后果。

情绪升华法：情绪升华是改变不为社会所接受的动机和欲望，而使之符合社会规范和时代要求，是对消极情绪的一种高水平的宣泄，是将消极情感引导到对人、对己、对社会都有利的方向去，即所谓的情绪转移。

★衔接课程

社会心理学、大学生心理健康教育、礼仪与沟通等。

M-Ⅱ-02 沟通表达

★内涵

沟通表达能力是沟通者所具备的能胜任沟通工作的优良主观条件。简言之，人际沟通的能力指一个人与他人有效地进行沟通信息的能力，包括外在技巧和内在动因。一个良好的沟通者应当具有目标导向、简明扼要、层次清楚、有礼有节、言辞达意等特点。

★场景

管理工作需要70%的时间用于与他人沟通，剩下30%的时间用于分析问题和处理相关事务。与其他职业一样，物流管理不仅需要专业知识和技能，而且越来越需要与他人沟通的能力。

★方法

学会倾听：学会倾听别人说话，在沟通的过程中让别人多说一些，而后自己提出独特的见解，这样可以锻炼自己获取信息的能力，进而使自己能够更好地参与沟通。

锻炼思维能力：多思考问题，锻炼自己的思维能力，并培养从事物的多方面考虑问题的能力，将自己的沟通思维发展到极致。

锻炼交谈交流能力：在各种场合都要勇于主动沟通，因为不主动沟通，永远没有机会。当处于被动的状态时，沟通能力就会愈发下降。也可以在节假日的时候，多与亲朋好友聚聚，从而锻炼自己的社交能力。

★衔接课程

社会心理学、大学生心理健康教育、礼仪与沟通等。

M-Ⅱ-03 公开演讲

★内涵

演讲又叫讲演或演说，是指在公众场合，以有声语言为主要手段，以体态语言为辅助手段，针对某个具体问题，鲜明、完整地发表自己的见解和主张，阐明事理或抒发情感，进行宣传鼓动的一种语言交际活动。公开演讲时应具备准确、清楚、精练、有条理等基本素质。

★场景

公开演讲有4种形式。照读式演讲也称读稿式演讲：演讲者拿着事先写好的演讲稿，走上讲台，逐字逐句地向听众宣读一遍。背诵式演讲也称脱稿演讲：演讲者事先写好演讲稿，反复照背，背熟后上讲台，脱稿向听众演讲。提纲式演讲也称提示式演讲：演讲者只把演讲的主要内容和层次结构按照提纲形式写出来，借助它进行演讲，而不必一字一句写成演讲稿后进行演讲。即兴式演讲即演讲者预先没有充分准备而临场生情动意所发表的演讲，是难度最大的一种演讲形式。

★方法

多问：演讲是一门学问，有许多客观规律和成功的经验。一个人要想提高自己的演讲水平和口才，就必须多向有经验的演讲者和对口才有研究的专家虚心求教，不懂就问，这样就能使自己的演讲与口才能力发生质的变化，收到事半功倍的效果。

多写：多写发言稿、演讲稿。不管是什么规模和级别的会议或活动，只要认为自己有发言的可能，就应该争取机会并抓紧时间提前做好准备，认真写好文字稿，不断地修改、完善，并把稿子背熟，做到胸有成竹。

积极模仿：恰当地模仿是最好的学习方式，特别是语言。可以多看一些名人的演讲、讲座，试着进行语调语气神态等的模仿，慢慢就能形成自己的风格。

★衔接课程

社会心理学、礼仪与沟通等。

M-Ⅱ-04 说话艺术

★内涵

说话，是指用语言表达意思，发表见解。说话艺术则是指在不同场合能够用语言这一媒介达到既表达清楚自己的想法，又能够使双方心情愉悦、欣然接受的一种状态。说话艺术强调"对事强硬、对人温和、灵活变通"。

★场景

说话时要认清自己的身份。任何人，在任何场合说话，都有自己的特定身份。这种身份，也就是自己当时的"角色地位"。

说话要尽量客观。这里说的客观，就是尊重事实。事实是怎么样就怎么样，应该实事求是地反映客观实际。有些人喜欢主观臆测，信口开河，这样往往会把事情办糟。

说话要有善意。所谓善意，也就是与人为善。说话的目的，就是要让对方了解自己的思想和感情。俗话说："良言一句三冬暖，恶语伤人六月寒。"

★方法

准确流畅的语言：能够运用流畅的语言表达自己的想法，是说话艺术的基础。

去掉过多的口头禅。

要说对方能听得懂的语言。

非专业场合不要用过分专业的词汇，让人感到理解困难，没办法交流，不容易互动。

委婉表达自己的意思：话有三说，巧说为妙。有时心直口快会让听话者感到不适，委婉表达自己的意思更能够让对方接受。

避免使用主观武断的词语，要尽量采用与人商量的口气。

先肯定后否定，学会使用"是的……但是……"这个句式。

间接地提醒他人的错误或拒绝他人。

可以适度表现幽默，增加对方对自己说话内容的兴趣，便于双方更好沟通。

★衔接课程

社会心理学、大学语文、礼仪与沟通等。

M-Ⅱ-05 宣传报道

★内涵

宣传报道是指主体通过报纸、杂志、电视、广播、电影等媒介物向群众广为传播并达到所需效果。在印刷术、电话技术等的发达和大资本的确立、教育普及、生活水平提高等要素具备的现代社会中，传播手段急速发展起来。它的工作过程是由发送人、媒体、传达内容、受信人所组成。巨大的机构与组织、间接性和非人格性、内容划一化为特征的宣传报道是这样的情报化社会中必不可少的情报和知识的供给源。

★场景

宣传报道常见以下5种形式：①文字宣传，如报刊新闻、理论文章、宣言书、黑板宣传栏、传单、小册子等；②口头宣传，如座谈、谈心、讲演、文艺演出、报告游说等；③音像宣传，如音乐、歌曲、电视新闻、电视文艺、新闻电影、电视评论等；④实物宣传形式，如开展览会、开设陈列馆及各种现场会等；⑤集体活动形式，如组织庆典活动，职工读书活动，开展宣传周等。

★方法

更新观念、高度重视宣传报道工作：只一味埋头苦干不适应当今潮流发展，我们既要扎实工作，也要积极对外宣传，展示自身风采。

大胆探索、创新宣传报道模式：要努力创新宣传报道的形式，不断改进宣传报道的方法，贴近实际，贴近生活，贴近群众，积极扩大宣传报道动员的覆盖面。

严守宣传纪律，确保宣传报道的正确导向：要旗帜鲜明、立场坚定，做到积极主动、有声势、有力量、有效果；在舆论引导上要得当。宣传工作政治性、政策性很强，一定要增强政治意识、大局意识、责任意识，严守宣传纪律，确保正确导向。

★衔接课程

大学语文、礼仪与沟通等。

M－Ⅱ－06 谈判共赢

★内涵

谈判人员所具备的更好完成谈判工作的特殊能力，包括思维能力、观察能力、反映能力和表达能力。

谈判能力可以分为一般能力和特殊能力两大类，一般能力又称智力，是指多种活动所必需的能力，特殊能力是指在专业活动中所需要的能力，如数学能力、专业鉴赏能力、谈判沟通能力、组织管理能力等。

★场景

商业谈判时，谈判者需要运用自己的专业知识、谈判技能、经验及其良好的思维能力进行谈判。

★方法

谈判中最重要的是做好以下各方面充足的准备。

明确自己和对方的需求。谈判前必须要摸底，想清楚自己想从这次谈判中得到什么，同时对方的真正需求是什么。谈判的过程其实就是发现对方需求，通过交换获取到自己想要的，因此谈判本质上就是交换的艺术。

了解自己的开价和底价，以及对方的开价。这些内容是谈判的开始，提前了解到可以做好应对，并努力试探对方的底价。

对双方的力量有清晰的认识。这是最重要的，因为谈判的结果依赖于各方对双方力量的感知。在商业谈判中，如果自己的商品具有很强的竞争力，在谈判中就可以强势一些；假如处在同质化严重且竞争激烈的行业，那么话语权就会比较弱。国家的谈判也同样如此，谈判的结果是谈判桌下双方实力的较量。如果实力悬殊非常大的话，也没有资格上谈判桌。

★衔接课程

大学语文、礼仪与沟通等。

M-Ⅱ-07 逻辑分析

★内涵

逻辑分析能力指正确、合理思考的能力。即对事物进行观察、比较、分析、综合、抽象、概括、判断、推理的能力，采用科学的逻辑方法，准确而有条理地表达自己思维过程的能力。逻辑分析的过程强调以敏锐的思考分析后能够做出快捷的反应，并迅速地掌握问题的核心，最终在最短时间内做出合理正确的选择。

★场景

例如：企业一体化物流过程中存在多个环节，任何一个环节出现问题，轻则可能增加企业不必要的费用支出，造成企业的经济损失，重则可能导致物流服务中断，造成客户更大的损失，引起法律纠纷和大数额的索赔。

★方法

提高深刻理解与灵活运用基础知识的能力。逻辑推理需要雄厚的知识积累，这样才能为每一步推理提供充分的依据。理解与灵活运用基础知识的能力是学生逻辑推理能力的基础。

提高想象能力。因为逻辑思维有较强的灵活性和开发性，发挥想象力对逻辑推理能力的提高有很大的促进作用。知识基础越坚实，知识面越广，就越能发挥自己的想象力。需要养成从多角度认识事物的习惯，全面地认识事物的内部与外部之间、某事物同他事物之间的多种多样的联系，才能拓展自己的想象力。

提高语言能力。语言能力的好坏不仅直接影响想象力的发展，而且逻辑推理依赖于严谨的语言表达和正确的书面表达。

★衔接课程

英语翻译与写作和逻辑、思维与写作等。

M-Ⅱ-08 应用写作

★内涵

应用写作主要研究应用文体的写作规律和方法，包括公务文书、商务文书、法务文书、传播文书、礼仪文书等与人们生活、工作、学习、科研等直接相关的，为处理有关具体事务、解决实际问题而使用的文书。应用写作属于写作的应用性、实用性层次。

★场景

应用写作类的文章可以分为3类：①一般性应用文，包括会议纪要、读书笔记、感想体会、书信、启事、申请、便条、说明书等；②单位的公文，包括公告、通告、通知、批复、决定、请示等；③事务性应用文，包括调查报告、规章制度、祝词以及标书、证明、鉴定等。

★方法

加强自身修养，积极参加社会实践：应用写作以实际需要为出发点，以解决生活、学习、工作中出现的问题为目的，如果没有较强的责任心和实事求是的工作态度则是很难做好的。同时，只有积极参加社会实践活动，才能真正了解社会生活，才能正确地反映社会生活，写出合乎要求的应用文。

提高政治理论修养和法制观念：必须不断加强对政治理论和法治

观念的学习和修养，保证在撰写应用文时合乎党和国家的方针政策。

积累多方面知识：应用写作涉及社会生活的各个领域，与其他各学科知识密切相关，需要积累多方面的知识。

借鉴范文，加强实践：学习应用写作一定要与实践相结合。即既要把有关的写作理论应用到实际，用理论知识来分析具体文章，还要多写、多练，勤于动笔、勇于实践。

★衔接课程

大学语文，英语翻译与写作，逻辑、思维与写作，等等。

M-Ⅱ-09 外语运用

★内涵

熟练运用外语要求学生能够阅读理解外文的物流设备安装使用说明并能够掌握从事物流业务所必备的外语知识，且具备一定的专业外语口语、阅读和书写外贸函电的能力。

★场景

个体外语能力分为以下3个层次：

①应试外语能力层次。即学生应对考试的能力，通常从听力、阅读和写作三方面入手，追求"会听""会读""会写"。

②口语表述能力层次。学生能够用流利的外语与他人交流，对自己的想法有清楚的表达，注重"会说"。

③外语能力内化层次。当学生完全具备"听、说、读、写"四大能力时，可以视为能够熟练运用外语的人才。

★方法

听：听力是学外语中很重要的一部分，听懂了才能更好地说出来，才能更好地和对方交流。练习听力的素材很多，可以在网上寻找适合自己的素材。

说：学外语是为了交流，很多人听力好，但是不一定能流利清晰地用口语表达观点以及顺利沟通。所以学外语要多学以致用，多和外国友人互动，平时多在外语的环境里练习。

读：词汇量是学外语的地基，具备一定的词汇量，我们才能够更好地听懂以及表达。阅读原版的外语书籍和新闻报纸等是很好的提高词汇量的方式。

写：学外语除了说还有写，学习地道的外语表达方式，多练习写作，能有效地提高外语水平。

★衔接课程

英语阅读、英语听力、英语翻译与写作、国际物流管理（全英文）、国际货运代理与实务（全英文）等。

M-Ⅱ-10 知人识人

★内涵

通过平时的言行，真正了解人的内心，要有识人知人之明。或做人要知恩图报，要古道热肠。

★场景

例如：不管开什么样的会议，总会有一部分人心不在焉，而有一部分人特别严肃认真。在会场需要互动和回应的时候，就能够把一个人是性格内向，还是性格外向，工作积极还是不积极，看得清清楚楚，所以一个小小的会议就能把人区分出来。

★方法

不要看他怎么对你，而是要看他怎么对待他身边的人。

看一个人不要独立地看他，而要看他身边最亲密的朋友都是什么样的人。有人说过，"如果你想认识自己，你就看看你身边最亲密的5个朋友，他们的财富和智慧的平均值，就是你的财富和智慧的一个净值"。

所以当你去识人的时候，你也看一下他身边最亲近的几个朋友是什么样的人，有什么样的智慧，有什么样的财富水平。人和人之间如果能成为特别亲密的朋友，肯定是志同道合、旗鼓相当的，而不会是存在巨大的差距。

看他怎么去跟别人介绍你，或者说怎么把别人介绍给你。他怎么介绍这个人，就证明他最看重这个人的是什么。例如：他介绍一个人的时候会介绍这个人处于什么样的职位，或者是他有多少钱，那就证明他看中的是职位和财富；当他介绍另一个人的时候，他说的是这个人的性格人品怎么样，那就证明他更看重的是一个人的性格和人品；还有可能他介绍一个朋友，介绍这个朋友的人际关系网或者叫人脉资源，那就证明他最看重的是一个人的人脉资源。

★衔接课程

管理技能综合训练、物流管理专业实习等。

M-Ⅱ-11 人际交往

★内涵

人际关系是人们在活动过程中直接的心理关系，它是人们社会交往的基础，也是人们日常生活、社会活动所不可缺少的。人际关系是我们生活中的一个重要组成部分。

★场景

例如：同学之间，功利色彩是比较淡的。加上同学当中，不乏各个经济层面的人。可以说，一个班级，便是一个社会的浓缩。各种层面的人物，毫无掩饰也毫无顾忌地在这个浓缩了的小社会当中，尽情演绎自己的喜怒哀乐，一展令人终生难忘的世态炎凉！同学关系发展到后来，必然纯粹到只有社会观、世界观、人生观、价值观、道德观等充分吻合的同学，才能够安然相处，惺惺相惜。

★方法

凡事留后路，进退都有余地。例如，不要把人逼到墙角，得饶人处且饶人，等等，也是这个道理。

看人看优点，从不"横眉冷对"：人无完人，每个人都有缺点，起码有一点点瑕疵。如果你盯着一个人的缺点看，你肯定不想和对方交往，觉得对方很讨厌。如果你看到别人的优点，就希望交往。因此，要学会找别人的优点，然后把发现对方的闪光点告诉对方，人与人的关系也会因此变得融洽。

得意不忘形，懂得谦卑：聪明的人，从来不会得意扬扬，即便自己成功了，也会默不作声，让自己的成绩"埋没"。做人低调的人，总会有人愿意帮助他的，也不会把自己置于"被人嫉妒"的状态。

加入"目标群"，为共同的理想而奋斗。

人以群分，物以类聚。真正聪明的人会加入一些有共同目标的群体。那些拥有共同目标的人所具备的经验很有借鉴意义。在为相同的目标共同奋斗时，可以发现自己的长处，知道自己适合什么样的"线路"；同时也会发现别人的缺点，可以帮助其改正。

★衔接课程

管理技能综合训练、物流管理专业实习等。

M-Ⅱ-12 认同共情

★内涵

认同指个体或组织通过相互交往而在观念上对某一或某类价值的认可和共享。共情就是要与他人感同身受，在体会自己情绪变化的同时，亦能觉知他人的喜怒哀乐。觉知其情绪的复杂与情绪的变化，是为了缓解对方的压抑，消除对方的疑虑与打开对方的心结。

★场景

在人际交往中，若能感知别人的情绪，尊重别人的情绪与照顾别人的情绪，那就具备了体验他人内心世界的能力——共情能力。共情就是能设身处地地站在对方的角度去思考问题，用心体会对方的情绪，理解并认同对方的内心感受。

★方法

学会降低沟通成本，提高沟通效率，制造"一见如故"的感觉。我们首先应该说接受群体能够理解的话，其次再让自己说的话能够深入人心，这是一个好的沟通者所要做到的。

拥有共情的能力，学着去掌握有"眼力见儿"。有"眼力见儿"不能与阿谀奉承画等号，因为生活中有很多人拥有"眼力见儿"的同时也不会招来别人的厌恶和反感。这种恰到好处的"眼力见儿"才是我们所需要的。

学会消除认知偏差，和对方感同身受。在沟通交流的过程中，我们会遇到这样的情况：自己表达了许多看法和观点，但是对方却不理解、不接受。因为双方之间不仅在知识储备上有差距，更存在认知偏差。

学会"温柔坚定的拒绝"。提高沟通质量和共情能力最终是为提高沟通效率而服务的，不是说想要学会共情，就必须得一味地附和对方，而是在坚持自己原则和底线的同时能够共情。否则，会违背我们的初心。

★衔接课程

管理技能综合训练、物流管理专业实习等。

M-Ⅱ-13 自我管理

★内涵

个体对自己本身，对自己的目标、思想、心理和行为等表现进行的管理，即自己把自己组织起来、自己管理自己、自己约束自己、自己激励自己、自己管理自己的事务，最终实现自我奋斗目标的一个过程。

★场景

例如：对自己的时间进行管理和规划，如起床时间、学习时间、休息时间等，使自己做到自省、自律、自控、自乐、自信。

★方法

自觉适应外部环境：对学生来说，首先要自觉遵守国家的法律法规和学校的各项规章制度，做一个遵纪守法的社会公民。其次，要认清形势，分析社会发展趋势，并及时调整自己，使自己具有超前意识，做到积极适应社会、创造性地适应社会。这样就能做到自我利益和社会利益相一致。由于两者关系复杂，他们并不是在任何情况下都是一致的，当两者利益产生矛盾时，我们要优先考虑社会利益，有时甚至要以牺牲自我利益的代价来实现社会利益。

全面正确地认识自我：包括科学地认识自我、通过分析他人对自己的评价来认识自我、通过与他人的比较来认识自我等。

努力完善自我：即目标确定、自我调节。在确立了恰当的目标后，就应针对自己的不足，做必要的自我调节。所谓自我调节是指"个人有意识地控制自己的行为，抵制不良因素的影响或诱惑，预防越轨、过失、犯罪的发生，保证自我管理按照预定目标健康地进行"。

★衔接课程

管理技能综合训练、物流管理专业实习等。

M－Ⅱ-14 团队合作

★内涵

建立在团队的基础之上，发挥团队精神、互补互助以达到团队最大工作效率的能力。对于团队的成员来说，不仅要有个人能力，更需要有在不同的位置上各尽所能与其他成员协调合作的能力。具体包括团队意识、沟通交流能力、合作能力、团队管理能力。

★场景

在团队工作的时候，要协调团队成员之间的关系，不能以个体为中心，要将团体的利益放在最前面，协调整合团队工作，具有团队的意识。

★方法

在一个团队中，每个成员都有自己的优点缺点。作为团队的一员应该主动去寻找团队成员的优点和积极品质，如此团队的协作就会变得很顺畅，工作效率就会提高。

包容成员：团队的效率在于配合的默契，如果达不成这种默契，团队合作就不可能成功。为此，对待团队中其他成员时一定要抱着宽容的心态，讨论问题的时候对事不对人，即使他人犯了错误，也要本着大家共同进步的目的去帮对方改正，而不是一味斥责。同时也要经常检查自己的缺点、承认自己的缺点，让大家共同帮助你改进。

获得支持：要使自己的工作得到大家的支持和认可，除了在工作中互相支援、互相鼓励外，还应多和大家一起参加各种活动，或者礼貌地关心他人的生活。

保持谦虚：团队中的任何一位成员，都有自己的专长，所以必须保持足够的谦虚。

资源共享：资源共享作为团队工作中不可缺少的一部分，可以很好地评估团队的凝聚力和团队的协作能力，也是一个团队能力的客观体现。故提高团队的资源共享度是可以让团队健康发展、稳定发展的基础。

★衔接课程

管理技能综合训练、物流管理专业实习等。

M－Ⅱ－15 团队建设

★内涵

团队建设是指为了实现团队绩效及产出最大化而进行的一系列结构设计及人员激励等团队优化行为。团队建设主要是通过自我管理的小组形式进行，每个小组由一组员工组成，负责一个完整工作过程或其中一部分工作。

★场景

工作小组成员在一起工作以改进他们的操作或产品，计划和控制他们的工作并处理日常问题。他们甚至可以参与公司更广范围内的问题讨论。团队建设应该是一个有效的沟通过程。在该过程中，参与者和推进者都会彼此增进信任、坦诚相对，愿意探索影响工作小组发挥出色作用的核心问题。

★方法

懂人性：要想保证组织团队的有效有力，组织成员的组成非常关键，要求团队成员的个性互补、能力互补。

带队伍：优秀的组织领导，大到一个企业集体，小到一个职能部门，或者是一个工作小组，要想组织有力，使团队成员拥有较高的忠诚度，选拔出一个团队成员都认可的领导人至关重要。

可持续：往往团队合作并不是短期和一次性的，这就需要在选拔团队成员时遵循"可持续"的原则。据此可以保证团队的一致性和可持续性。

目标一致：一个组织能否一起走得更远、更久，归结于这个团队是否有着共同的愿景和目标。当团队成员怀揣相同的目标时，团队的存在才更有意义，团队的工作才更容易开展。

★衔接课程

管理技能综合训练、物流管理专业实习等。

M-Ⅱ-16 问题解决

★内涵

内涵是由一定的情景引起的，按照一定的目标，应用各种认知活动、技能等，经过一系列的思维操作，使问题得以解决的过程。异常事故的处理能力是衡量物流人才的重要指标之一。在市场瞬息万变的情况下，市场对物流服务的需求呈现出一定的波动性，同时物流作业环节多、程序杂、缺乏行业标准，意外事故时有发生。这就要求我们具备处理异常事故的能力、具备随时准备应急作业的意识以及对资源、时间的合理分配和充分使用的能力。

★场景

物流运输的过程中会出现各种紧急问题，配送、运输等环节出现差错，要及时地想出应对策略，确保整个过程的持续进行。

★ 方法

善于从苗头上抓,进而解决问题。对工作中出现的苗头性、倾向性和潜在性问题,要早察觉、早发现,及时把握事态发展的情况,分析事态发展的动向,做出及时准确的判断,拿出解决问题、化解矛盾的有效措施和方法,引导事态向有利的方向发展,避免事态的扩大和激化。特别是信访稳定、安全生产等工作,必须防患于未然,把工作做在前面。

善于从处理措施上抓,进而解决问题。要在准确把握问题实情的基础上,区分不同情况,有针对性地研究解决措施。一旦发生问题,要采取果断措施,迅速处理;在政策允许的范围内,能解决的尽量解决,不尽合理的要讲明情况,做好说服解释工作。

要善于从根本问题上抓,进而解决问题。面对纷繁复杂的问题,必须把主要精力放在事关全局的重点工作上,善于抓住根本问题,从源头上予以解决。

★ 衔接课程

管理技能综合训练、物流管理专业实习等。

M-Ⅱ-17 底线贯之

★ 内涵

底线,指最低的限度或能力范围的临界值。底线思维,是指一种思维技巧,拥有这种技巧的思想者会认真计算风险,估算可能出现的最坏情况,并且接受这种情况。

★ 场景

底线思维会影响我们的生活态度,能够提供继续前进时所必需的那份坦然。因为并不是所有人都能够轻易地做决定或担风险。有时可能苦苦思索几个星期,甚至几个月,但仍然无法得出结论,采取行动。这种情况的出现,常常是由于我们害怕跨入未知领域所带来的后果而引起的。拥有底线思维的人,会时刻守住内心的底线,不受外界的干扰；会守住做人的底线，不忘初心；会具有忧患意识，居安思危、未雨绸缪，把形势想得更复杂一点，把挑战看得更严峻一些，时刻做好应对最坏局面的准备。

★方法

牢固树立底线意识。树立底线意识，即要树立正确的成绩观，善于确立成绩底线。摒弃为了出成绩而不顾一切后果，只有前瞻没有后顾的错误思维方式。

系统排查全面防守。底线管理的排查和防范，关键在于全面系统。全面的排查大致涉及四个方面：安全的底线、秩序的底线、绩效的底线与利益的底线。

重视舆论的作用。社会成员的信心是固守底线、战胜风险的重要力量。可以通过有效的宣传、说服，建立全体社会成员的共同认同感和信任，这是守住底线最可贵的力量。

★衔接课程

管理技能综合训练、商业认知与领导力、礼仪与沟通、物流管理专业实习等。

M－Ⅱ－18 根除心魔

★内涵

心魔就是一个人的心里已经着了魔，即对某一件事或人的迷惑、颠倒，已经着魔到迷失自我。根除心魔就要求个体坚持去除不恰当的欲望和冲动，保证心态的平和稳定。

★场景

随着内心着"魔"的不断深入，那么你是着"魔"哪一方面，哪一方面的"魔"就真的来找你了，比方说一个人天天想钱想钱，那么管财的"魔"就会来找上你。

★方法

勇敢面对自己做过的错事。有心魔的人，一般都无法面对自己曾经做过的错事，越是不敢面对，越是心虚，越是痛苦。过去做过的事情不能改变，只有承认自己做过，勇敢面对才是去除心魔的第一步。

为自己做过的错事做出有效的弥补。当内心已敢于承认自己曾经做过的事情以后，才可能勇敢地去承担后果，才能去想办法弥补后果。

多接触积极乐观的人，积极面对以后的生活。想去除心魔，首先得让阳光照进自己的内心，如果身边的人都是一些阴暗悲观的人，肯定心魔会越来越重。所以，要接触积极乐观的人，并且要积极面对以后的生活，对自己的人生要有憧憬和规划。

养成良好的生活习惯，静下心生活。一个黑白颠倒生活的人，是颓废的，是无法去除心魔的。要想去除心魔，必须先养成良好的生活习惯，如早睡早起、清淡饮食，把自己生活节奏放慢，静下心生活，领悟生活中的真谛。

★衔接课程

管理技能综合训练、商业认知与领导力、礼仪与沟通、物流管理专业实习等。

M-Ⅱ-19 善求名利

★内涵

善求名利就是以平和的心态对待名利。拥有名利后也要有危机感，不断努力，学会珍惜，才不会失去，不自大也不畏惧。

★场景

在当今社会，人们总会受到许多诱惑，面对金钱、地位，人们常常迷失了自己，忘了最初设定的目标和自己所处的位置。善求名利就要求个体追求和获取的态度上不是搞急功近利、损人利己、损公肥私，而是讲顺势而为、公平竞争、取之有道、得而无愧；同时，严格恪守道德底线和法律底线——危害国家和人民利益的事情不为，损公肥私、害人害己的功利不取。

★方法

做到信仰至上。人生总会有所追求,一个人如果心中没有远大的目标,势必就会看重眼前的名利。要淡泊名利、无私奉献,总要有肯于为之奉献、为之牺牲的东西。

做到不盲目攀比。要想淡泊名利,就必须学会正确比较。要像雷锋同志那样,工作上向标准最高的同志看齐,生活上向标准最低的同志看齐。

做到控制物欲。名利本身并不是人生追求的最终目的,追求名利主要还是为了满足欲望。因此,要淡泊名利、无私奉献,必须从根本入手,控制自己的物欲。俗话说,"世上莫如人欲险",如果抵御不了这种诱惑,总想高消费,过上等人的生活,而靠现有条件又满足不了,那就必然会去争,甚至有可能造成无法承受的后果。

★衔接课程

管理技能综合训练、商业伦理与社会责任、商业认知与领导力、礼仪与沟通、物流管理专业实习等。

M-Ⅱ-20 管理达标

★内涵

管理是指一定组织中的管理者,通过实施计划、组织、领导、协调、控制等职能来协调他人的活动,使别人同自己一起实现既定目标的活动过程。管理是人类各种组织活动中最普通和最重要的一种活动。

★场景

管理的5项职能即计划、组织、领导、协调和控制。位于管理职位的领导者,通常要把这5项职能都做好。通过完成以上5项职能,可以提高组织的运行效率,增加组织的效益。

★方法

增强与时俱进的学习意识:管理者应把学习摆在重要地位,因为学习是提高管理者知识水平、理论素养的途径。管理者在工作中获得经验，而理论学习是可以赋予管理者进一步实践的有力武器。只有不断地学习和更新知识，不断地提高自身素质，才能适应工作的需要。

从实践中学习，从书本上学习，从自己和他人的经验教训中学习，把学习当作一种责任、一种素质、一种觉悟、一种修养，当作提高自身管理能力的现实需要和时代要求。同时，学习的根本目的在于运用，要做到学以致用，把学到的理论知识充分运用到工作中，提高分析和解决问题的能力，增强工作的预见性和创造性。通过不断地学习、不断地实践积累，从而不断地提高自身的管理能力。

★衔接课程

管理技能综合训练、商业伦理与社会责任、商业认知与领导力、礼仪与沟通、物流管理专业实习等。

M-Ⅱ-21 领导能力

★内涵

领导能力是一系列行为的组合。这些行为将会激励人们跟随领导去要去的地方，而不是简单的服从。领导能力在很多领域都有着极大的作用。根据领导能力的定义，会看到它存在于我们周围，在管理层、在课堂、在球场、在政府、在军队、在上市跨国公司、在小公司直到一个小家庭，我们可以在各个层次，各个领域看到领导能力，它是我们做好每一件事的核心。

★场景

作为一个领导者，要具有前瞻性，目光长远，不能只看眼前利益而不顾长远的利益，在面对重大决策的时候要有谋略、有凝聚力、有创新精神。同时，领导者必须具备长远的格局、宽阔的视野、广阔的胸怀、战略谋划的能力与运行管控的能力。

★ 方法

提高决策的谋略能力：深谋远虑属于谋略策划范畴，是对全局工作的长远规划。做到这一点要集思广益、注重调查、精通业务，提高对企业长远目标和近期目标的设计能力。

提高凝聚能力：凝聚能力是针对整个管理阶层的影响力、号召力，对决策能力有很大影响，可以有效提高决策效率。

提高工作创新能力：制订方案的目的是改变企业现状，这是一项创造性的活动，从这个意义上讲没有创新意识的领导者无法制订最为科学的方案。

★ 衔接课程

管理技能综合训练、商业伦理与社会责任、商业认知与领导力、礼仪与沟通、物流管理专业实习等。

M-Ⅲ 专业学习

M-Ⅲ-01 学习金字塔

★ 内涵

学习金字塔用数字形式形象地进行表示，在采用不同的学习方式时，学习者在两周以后还能记住多少学习内容，它是一种现代学习方式的理论。学习金字塔推崇小组讨论、实际演练、转教别人等主动式学习方法。

★ 场景

例如：大学内的日常教学、小组讨论、读书会等学习形式，以及利用头脑风暴等方法解决问题。

★ 方法

第一种通过"听讲"所学的内容，两周以后只能留下5%。第二种通过"阅读"方式学到的内容,可以保留10%。第三种用"声音、图片"的方式学习,可以达到20%。第四种是"示范",采用这种学习方式,可以记住30%。第五种是"小组讨论",可以记住50%的内容。第六种是"做中学"或"实际演练",可以达到75%。最后一种是在金字塔基座位置的学习方式,是"转教别人"或者"马上应用",可以记住90%的学习内容。

不同的学习方法在两周后给学习主体留下的知识也不同。根据学习金字塔理论,当我们能够学以致用,把知识内化后再传授给他人,这样的学习效果是最好的。

★衔接课程

管理技能综合训练、物流管理专业实习等。

M-Ⅲ-02 项目式学习

★内涵

项目式学习是一种以学生为中心的教学方法,它提供一些关键素材构建一个环境,学生组建团队通过在此环境下解决一个开放式问题的经历来学习。需要注意的是,项目式学习过程更强调学生们在试图解决问题的过程中发展出来的技巧和能力,包括如何获取知识、如何计划项目以及控制项目的实施和如何加强小组沟通和合作。

★场景

常见的项目式学习即通过完成项目和课题来学习,以此加强自身分析问题、解决问题的能力。

★方法

项目式学习通常是在一个小组中进行,学生们在这个小组中有各自的角色和分工。

在项目式学习中,学生们的学习是通过自己的思考、寻找和参考文献、完成资料整合、形成结论等步骤来实现的。通常采用七步法,包括弄清概念、定义问题、头脑风暴、构建和假设、拟定学习目标、独立学习和概括总结。简而言之，就是搞清楚他们已经知道的，他们需要知道的，去哪里以及如何获得新的有助于解决问题的信息。

在此过程中，导师的角色是通过支持、建议和指导来帮助学生更好地学习。老师必须要树立学生敢于接受难题的自信心，鼓励学生，并且在必要时拓展他们对问题的理解。

项目式学习代表了传统的基于论文的教学模式的转变。项目式教学和传统的照本宣科教学非常不同，它需要更多的准备时间和材料来指导各个小组的学习。

★衔接课程

管理技能综合训练、物流管理专业实习等。

M-Ⅲ-03 主动式学习

★内涵

主动式学习意指把学习当作一种发自内心的、反映个体需要的学习。它的对立面是被动学习，即把学习当作外来的、不得不接受的一项活动。主动式学习强调选读、扫读、印证、思考和取舍。在主动式学习中，学生应具备较强的独立思考和自主学习能力。

★场景

学生自身视学习为自己的迫切需要和愿望，坚持不懈地进行自主学习、自我评价、自我监督，必要的时候进行适当的调节，使自己学习效率更高、效果更好的过程就属于主动学习的范围。

★方法

培养主动学习的习惯：首先把学习当成自己的事情，认为学习是一种对自己未来发展有益的工作。只有具有主动精神，学习才不会懒惰懈怠。

对待学习如饥似渴：合理安排学习时间，不放过任何一个学习的机会，时刻保持随时随地只要有一点时间就要用来学习的劲头。只有充分积累、打好基础，才能够在未来的学习和工作中得心应手。

主动调节学习行为：在不同的环境下，应采用不同的学习方式。保持学习行为的动态调整可以适应不同的环境和需要。

正确对待别人的帮助：当他人对自己的学习提出意见和帮助时，应当虚心接受；对待老师提出的批评建议，应当做到"有则改之，无则加勉"。要时常保持谦虚、好学、严谨的治学态度，将别人的帮助转化为自己的能力。

★衔接课程

管理技能综合训练、物流管理专业实习等。

M-Ⅲ-04 整理学习法

★内涵

在一段时间的学习结束之后，把自己这段时间里的学习状况进行整理和归纳，整理学习的内容、方法、体会、收获以及不足、意见、建议、打算，整理学习的笔记，反思自己的不足，发现自己的优点。

★场景

在一段学习进程结束后自发进行整理归纳总结的过程即是整理式学习，要求学生把零散的知识关联成知识体系。整理学习法适合于各个学习阶段的人。

★方法

在学习过程中认真记录笔记：笔记的作用不仅是对学习过程和内容的详细记载，在学习后更是可以用来反思和回顾。将笔记整理保存得当，也可以为日后的学习打好基础，提供帮助。

巧用思维导图等形式：在完成一个阶段的学习后，可以利用思维导图、卡片记忆等形式具体详细地对学到的知识进行整理归纳。学习形式的创新可以极大地提高学习的效率。

及时整理、及时反思：在对学习资料、成果和本次学习过程中的心得体会整理归纳之后，应及时反思自身不足、调整学习方法，以此提高学习效率。

★衔接课程

管理技能综合训练、物流管理专业实习等。

M-Ⅲ-05 写作学习法

★内涵

运用语言文字符号反映客观事物、表达思想感情、传递知识信息的创造性脑力劳动过程。作为一个完整的系统过程，写作活动大致可分为"采集—构思—表述"三个阶段。

★场景

在撰写论文、科技类文章或者其他文章时，要懂得这类文章的专业知识术语，语言运用要巧妙，语句要通顺。写作学习法的另一作用是，学生可以通过写作发现自己的不足，并驱使自己快速学习。

★方法

养成阅读的习惯：平时多看一些与本学科和写作有关的书籍、报刊，学习别人是如何写作，阅读时应注重包括文章的结构和语句的应用等方面的内容，毕竟"他山之石，可以攻玉"。

养成积累的习惯：写作学习并非是可以短时间突击速成的学习，必须勤做笔记。日常生活中，可以随身带个小本子，把看到的好词好句及新颖的观点记录下来，争取在未来自己写作时能够活学活用。有时候自己脑子里突然出现好的材料或想法，也可以马上捕捉记录在笔记中。

养成细心观察的习惯：世事洞明皆学问，只有在日常生活中细心观察，做一个有心人，才能够经常发现很多素材与想法。

养成反复修改的习惯：一篇好的文章，不可能是一次写成的。就算是有经验的作家、学者，也是要对文章逐字逐句进行反复推敲和修改，如此方能完成一件作品。当作品首次完成后，要以一种挑刺的心态，自行通读几遍，逢不通顺或不满意之处便修改。重复这个过程，最终一定会形成一篇满意的文章。

养成思考的习惯：要学会思考，打破固有的思维模式。这就要求学生必须多思考，凡事不能只看表面，要学会深入探究以及思维扩散，能够透过现象抓住本质，并且进行相关的分析，这样完成的文章才会具有深度和广度。

★衔接课程

管理技能综合训练、物流管理专业实习等。

M-Ⅲ-06 框架学习法

★内涵

框架学习法是指融合记忆规律、认知规律、行为活动，形成的一套引导思维的学习方法；将某一方面的知识，根据其内容的特点和规律性，经过分析和归纳，形成一个个结构"框架"。

在学习方面，以记忆力、思维导图，结合认知规律为主，通过构建条理清晰的框架，提示记忆，并实现条理清晰地高效学习；在成长方面，以行为活动为主，以目标为导向，分设心理、思维、语言、才能、行动五大板块分项引导，进而完成适合自己的成长规划图，并以此图为框架，在生活中逐步完善。

★场景

框架学习法提倡建立框架，以快速学习某门学科和专题的知识，通常有以下3种应用场景：

①以思维训练为核心的"关联技术"解读与强化练习；

②根据以熟记新的特性，掌握构建记忆框架的技术；

③根据认知规律与思维的发散性，结合关联技术，通过以熟记新的形式实现条理清晰的高效学习。

★方法

在学习辅导方面，以记忆力、思维导图为基础，结合认知规律与学科特点，通过构建条理清晰的知识框架，轻松建立不同学科知识框架，进行知识梳理与巩固记忆，逐步实现条理清晰的高效学习。

在心智培养方面，以行为活动为主，以目标为导向，分设心理、思维、语言、才能、行动五大板块分项引导，进而完成适合自己的成长规划图，并以此图为框架，在生活中逐步完善。

在思维引导方面，以格物致知的思想，通过案例剖析，洞察事物发展规律，并将规律引入日常生活，进行思维梳理，解决现实问题。

★衔接课程

管理技能综合训练、物流管理专业实习等。

M-Ⅲ-07 纵横读书法

★内涵

纵横读书法是指把一本书按照横向特征和纵向演化规律进行阅读整理的过程。强调读书时需沿纵向细分分类，沿横向集成贯通，纵横二者相结合可以加深理解，提高阅读效率。

★场景

在读书时，在精读前，需要对每一本书和每一篇文章进行横向贯通和纵向分类的总体阅读。

★方法

先采用分块阅读了解每一个模块的知识基础，然后，选择一个特定的视角对已掌握的阅读内容模块进行横切和纵切。在这个视角之下，各个阅读模块呈现出什么"模样"，力图发现这些阅读模块之间的关联，抽取出它们的共性，区分出它们各自的特性。

★衔接课程

管理技能综合训练、物流管理专业实习等。

M-Ⅲ-08 问题读书法

★内涵

在读书过程中，或在阅读后进行精读前，自发地提出几个问题，在后续的读书过程中带着问题去阅读，引导个体有目的地去读书。问题读书法包括主题先行、系统拆分、深度认知、思想萃取、逻辑写作等步骤。

★场景

在读书过程中，对于感觉枯燥没有阅读目标的个体，可以先就书本或文章讲述的主题，自我提出若干个对于文章想要知道的问题，在读书过程中带着问题有目的性地去阅读。

★方法

问题读书法是在读书的过程中或读书之后必须提出问题，自己试着就所提的问题去寻找答案，在这个过程中学习读书，学习发现问题、分析问题、解决问题。

有了问题，就有了阅读的方向，有了阅读的兴趣，有了阅读的目标。带着问题去读书，知道要读什么，怎样读书，为什么读书，读后有什么体会。

读书后，对自己阅读的内容加以总结，回头审视自己提出的问题通过阅读是否解决。如果没有解决，则需要重复阅读，直至问题解决为止。

★衔接课程

管理技能综合训练、物流管理专业实习等。

M-Ⅲ-09 文献阅读法

★内涵

文献阅读法是指人们阅读文献并领会文献内容和思想的一种方法，是一种有较强实用价值的学习方法。文献阅读法侧重于从演变、分类、方法、工具、应用、前沿、难点7个维度掌握一个领域的前沿知识。

★场景

文献工作者用文献阅读法，便于正确标引文献，做好简介、摘要和著录编目工作；科研治学人员用文献阅读法，以最短时间，选择文献、捕捉信息，而后将更多的精力投入科学预测和研究工作。

★方法

从文献作者展开阅读文献：搜索该文献所有作者的类似文献，然后找出这些文献的所有相关参考文献，分析这个作者从这些参考文献中参考了什么，为什么要这样参考和引用。

从参考文献展开阅读文献：看到一篇好文献后，找出所有的参考文献，在阅读这些参考文献的同时，继续深挖他们的参考文献。

专题式阅读文献：在进行某一方面的研究时，将相关研究的论文和书籍都找来，然后逐篇阅读，以此掌握清楚研究的具体内容。

带着疑问阅读参考文献：当遇到某个疑难问题又无法解决的时候，去查阅相关或类似文献，查找有没有类似的解决的问题和方法，从中找到解决所思考问题的方法。

讨论式阅读文献：多人同时在做类似研究工作，可以定期组织讨论会，每个人讲自己最近阅读的文献和心得，以及总结文献后自己的发现，并进行讨论。通过这种碰撞，最终发现可以深入研究的问题越来越多，同时能够解决的问题也越来越多。

★衔接课程

管理技能综合训练、物流管理专业实习等。

M-Ⅳ 专业工具

M-Ⅳ-01 办公软件

★内涵

办公软件是指可以进行文字处理、表格制作、幻灯片制作、图形图像处理、简单数据库的处理等方面工作的软件。随着技术的发展，办公软件朝着操作简单化、功能细化等方向发展。

办公软件的应用范围很广,大到社会统计,小到会议记录,数字化办公,都离不开办公软件。另外,政府用的电子政务,税务部门用的税务系统,企业用的协同办公软件,这些都属于办公软件。工具有文档编辑、汇报幻灯片、表格处理。

★**场景**

办公软件,顾名思义,就是运用 Office 进行文字处理、表格制作、幻灯片制作、简单的数据库处理工作的软件。在社会各行各业的办公过程中,Office 作为一种简单化、功能细化的软件,应用于很多领域。数字化办公不仅为工作人员节约了时间,便于修改整合,便于电子保存,也减少了纸张浪费。在云时代,办公软件已经涉足网络办公、电子政务、协同商务等多个领域,办公软件走进了百姓的电脑,影响着千家万户的生活。

★**方法**

首先,可以通过自学或报班学习办公软件的基本知识,掌握一些基础性的操作;其次,在此基础上逐步探索办公软件的高级应用;最后,在形成一定的知识积累时,可以多找一些文档、表格、幻灯片等,做一些文档的整合、表格数据的计算、幻灯片的制作等的操作实践,加深对办公软件的理解和应用。

★**衔接课程**

多场景计算机综合技能、学术论文周等。

M-Ⅳ-02 数字媒体

★**内涵**

数字媒体属于工学学科门类,是指以二进制数的形式记录、处理、传播、获取过程的信息载体。这些载体包括数字化的文字、图形、图像、声音、视频影像和动画等感觉媒体和表示这些感觉媒体的表示媒体(编码)等,通称为逻辑媒体,以及存储、传输、显示逻辑媒体的实物媒体。常用的数字媒体软件包括 PS、AI、AE 等。

★ 场景

常见的数字媒体包括文本、图像、声音、视频等。

文本与文本处理：文字是一种书面语言，由一系列称为字符的书写符号构成。文本是计算机中最常见的一种数字媒体，其在计算机中的处理过程包括文本准备、文本编辑、文本处理、文本存储与传输、文本展现等。

图像与图形：图像是从现实世界中通过扫描仪、数码相机等设备获取的图像，图形是使用计算机制作或合成的图像。

数字声音：声音是传递信息的一种重要媒体，也是计算机信息处理的主要对象之一，它在多媒体技术中起着重要作用。

数字视频：视频是指内容随时间变化的一个图像序列，也称为活动图像或运动图像。常见的视频有电视和计算机动画。数字视频具有很多的优点，如复制和传输时不会造成质量下降，容易进行编辑和修改，有利于传输，可节省频率资源，等等。

★ 方法

首先，通过互联网等知识载体学好扎实的数字媒体基础知识。其次，个体需要确定一个大的学习方向，如三维动画、平面设计等，再进行深入学习。最后，需要在实践中对选定的学习方向勤加练习，保证熟练掌握。

★ 衔接课程

多场景计算机综合技能、学术论文周等。

M-Ⅳ-03 视觉传播

★ 内涵

视觉传播即视觉的传播活动，但狭义来看并不包含文字的传播，而仅是指利用图像的传播活动。包括组合有文字的图像，以及以文字为素材构成的图像等的传播。传统的视觉传播以印刷品、摄影、电影与电视等为媒体实现的。随着计算机技术与通信技术的发展，如邮件、电子读物与交互网络的出现，增添了新的媒体，改变了传播模式。

★场景

例如，视频/监控分析是人工智能视觉与图像领域中较为热门应用，已经广泛存在于人们的日常生活中。除此之外，视觉传达现在已经不再局限于平面设计范畴，它还涉及空间展示等三维领域，视觉传达最终要服务大众受体，这势必要求图像高度概括并凝练地运用视觉媒介载体，并利用视觉符号多元化传递传达信息，这样才能实现图形的三维展示。

★方法

在生活和学习中，着重提高自己的美术知识和美学鉴赏能力，因为美是视觉传播的基础。此外，还需掌握基本的设计软件，在自己构想的基础上创造作品，能独立制作视频并通过视频讲述故事。最后，重在坚持。在视觉传播的学习过程中，可能会面临知识瓶颈，且制作视频耗时耗力，一定要在合理安排好时间的前提下，把视觉传播学习持之以恒。

★衔接课程

多场景计算机综合技能、学术论文周等。

M-Ⅳ-04 融媒体制作

★内涵

融媒体是充分利用媒介载体，把广播、电视、报纸等既有共同点，又存在互补性的不同媒体，在人力、内容、宣传等方面进行全面整合，实现"资源通融、内容兼融、宣传互融、利益共融"的新型媒体宣传理念。

融媒体不是一个独立的实体媒体，而是一个把广播、电视、互联网的优势互为整合、互为利用，使其功能、手段、价值得以全面提升的一种运作模式，是一种实实在在的科学方法，是在具体实践中看得见、摸得着的具体行为。

★ 场景

融媒体是一个十分形象的说法。主要是指整合传统媒体和新媒体的各自优势，通过改变传统单一媒体的竞争力为多媒体共同竞争优势，以实现传播和效益的最大化。这是将纸媒、广播、电视、互联网的优势，相互融合、相互利用，使其功能和价值得以进一步提升的一种手段，是一种真正的科学性融合。在此环境下，虽然新闻本体上是同样的内容，但客户和受众却会对此的认知度大大提高，传播效果也大大加强。融媒体下的各大媒介形式已成为一个利益共同体。融媒体实现了资源的融合和利益的融合。

★ 方法

学习融媒体相关知识，掌握基本的融媒体制作技术软件，保持向融媒体前端看齐。

当具体从事某一融媒体工作时，应在事前精心谋划好人财物的整合工作，确保资源和利益的良性结合。

抓住每一个从事融媒体工作的机会，实践出真知，对于自己不熟悉的领域和行业，只有多去实践应用，才能使工作稳操胜券。

★ 衔接课程

多场景计算机综合技能、学术论文周等。

M-Ⅳ-05 经济分析

★ 内涵

经济分析是指以各种经济理论为基础，以各项基本资料为依据，运用各种指标和模式，对一定时期的经济动态及其产生的效果进行分析研究，从中找出规律，并指出发展方向的研究活动。经济分析可按分析对象的范围，分为宏观分析和微观分析。经济分析的评价指标包括经济净现值、经济内部收益率。它是企业经营决策的基础，是有效进行生产经营活动的保证，是评价企业经济效益的科学办法，是企业运用经济规律的情况显示。主要工具有 AD-AS 模型、宏观分析框架、区域宏观经济评价。

★场景

需要进行经济分析的具体项目类别通常有以下 5 种。

政府预算内投资用于关系国家安全、国土开发和市场不能有效配置资源的公益性项目和公共基础设施建设项目、保护和改善生态环境项目、重大战略性资源开发项目。

政府各类专项建设基金投资用于交通运输、农林水利等基础设施、基础产业项目。

利用国际金融组织和外国政府贷款，需要政府主权信用担保的建设项目。

法律、法规规定的其他政府性资金投资的项目。

企业投资建设的，涉及国家经济安全、影响环境资源、影响公共利益、可能出现垄断、涉及整体布局等问题的，需要政府核准的建设项目。

★方法

在广泛阅读书籍、理解经济学原理的基础上，掌握一定的分析方法，如实证分析法、边际分析法、均衡分析法等。

★衔接课程

当代世界经济与政治、国际贸易、金融学、会计学、经济管理思想史、经济学等。

M-Ⅳ-06 金融分析

★内涵

金融即货币的资金融通，是货币流通、信用活动及与之相关的经济行为的总称。包括货币的发行与回笼、银行的存款与贷款、有价证券的发行与流通、外汇买卖、保险与信托、货币支付与结算等。金融涉及金融主体、金融客体及其相互之间的关系。金融主体就是在金融活动中的人和单位，包括投资者和融资者；金融客体就是人们参加交易的金融商品，包括股票、债券、期货、期权等。常用工具有 FPP、DCF、存量—流量一致（SFC）模型。

★场景

金融分析系统可以将复杂的信息整合到易于理解的图表中。金融分析系统需要对影响广泛的数据，或者可能会对公司产生潜在影响的数据，进行整合和评估。金融分析系统可能会考虑哪些客户为公司带来最大利润，公司的客户群在地理上如何分布，以及哪种产品带来的利润最大。一旦收集到数据，它可以以图表或图形的形式显示，这样复杂多样的信息更容易可视化。除了获取大量相关的最新数据之外，金融分析系统还寻求分析这些数据并确定某些趋势发生的原因。这种分析可以帮助公司预测未来的金融环境。只有这样，才能在必要时采取行动，提高财务生产率。

★方法

通过互联网、书籍等多渠道，深入学习金融分析相关的基础知识，了解清楚金融相关法律和各种经济行为。

通过对案例进行思考分析后，再参考实际处理方式，找出自己的不足，据此锻炼自己的金融分析能力。

★衔接课程

当代世界经济与政治、国际贸易、金融学、会计学、经济管理思想史、经济学等。

M-Ⅳ-07 国际贸易

★内涵

国际贸易也称通商，是指跨越国境的货品和服务交易，一般由进口贸易和出口贸易所组成，因此也可称为进出口贸易。国际贸易也叫世界贸易。进出口贸易可以调节国内生产要素的利用率，改善国际的供求关系，调整经济结构，增加财政收入等。国际贸易专业的课程主要以经济学理论为依托，包括微观经济学、宏观经济学、国际经济学、计量经济学、世界经济学概论、政治经济学等，工具主要采用国际贸易分析框架、外汇交易模型等。

★场景

国际贸易可以根据货物移动方向、商品的形态和贸易过程进行分类。国际贸易按照货物移动方向可分为进口贸易、出口贸易和过境贸易；国际贸易按照商品的形态可以分为有形贸易和无形贸易；国际贸易按照贸易过程有无第三个国家参与，可以分为直接贸易、间接贸易和转口贸易。

★方法

具备一定的知识：要懂得贸易的相关知识，与外国人交流还需具备相当的外语能力，了解外国人的生活习惯。

细分自己的领域：必须确定好自己的贸易方向，如建材、服装、食品、电子产品等。同时，还需要对自己的贸易方向充分了解。

检查确保产品质量：产品必须质量过关，这是硬性要求。所以，无论是进口还是向外输出商品，都必须严把质量关。

时刻关注市场需求：为确保收益大于投入，无论是在做进口贸易还是在做出口贸易之前，一定要仔细调查研究、了解市场动向。

★衔接课程

当代世界经济与政治、国际贸易、金融学、会计学、经济管理思想史、经济学等。

M-Ⅳ-08 产业发展

★内涵

产业发展是指产业的产生、成长和进化过程，既包括单个产业的进化过程，又包括产业总体，即整个国民经济的进化过程。而进化过程既包括某一产业中企业数量、产品或者服务产量等数量上的变化，也包括产业结构的调整、变化、更替和产业主导位置等质量上的变化，而且主要以结构变化为核心，以产业结构优化为发展方向。因此，产业发展包括量的增加和质的飞跃，包括绝对的增长和相对的增长。研究产业发展常用雁阵模型、产业规划模型和SCP分析模型。

★场景

产业的发展包括4个时期：形成期、成长期、成熟期和衰退期。

形成期：产业的形成期指由于新技术、新业务的出现，由此而产生的具有某种同类属性的新企业出现，逐渐具备产业的基本特点的过程。

成长期：产业的成长期指产业形成后，随着生产实践的发展，产业技术水平不断完善、生产力水平提高、企业数量增加的阶段。产业的成长期是产业发展过程中非常重要的一个环节，此时产业已经渡过了幼年时的危险期，但能否进入成熟期是该时期产业发展面临的主要问题。

成熟期：产业在成长期生产能力扩张到一定阶段后，进入一个稳定发展的时期，此时生产规模、技术水平、市场供求都很稳定。

衰退期：产业从繁荣走向不景气，进而衰退的过程。

★方法

首先，加强领导，建立健全产业发展组织机构，明确发展重点。其次，明确各部门职责，形成产业发展的强大合力，政府出台保护产业发展的相关政策。同时，还需要加大对产业的宣传，营造产业发展的浓厚氛围。最后，大力支持企业自主创新，加大对企业的自主创新产业发展的引导与支持。

★衔接课程

当代世界经济与政治、经济学、物流产业经济学等。

M-Ⅳ-09 生产管理

★内涵

生产管理是计划、组织、协调、控制生产活动的综合管理活动。内容包括生产计划、生产组织及生产控制。通过合理组织生产过程，有效利用生产资源，经济合理地进行生产活动，以达到预期的生产目标。工具包括6S管理、OEC管理、借鉴丰田式生产管理等。

★场景

生产管理包括以下4个方面的内容。

生产组织工作。即选择厂址、布置工厂、组织生产线、实行劳动定额和劳动组织、设置生产管理系统等。

生产计划工作。即编制生产计划、生产技术准备计划和生产作业计划等。

生产控制工作。即控制生产进度、生产库存、生产质量和生产成本等。

保证按期交付正常。根据生产计划，保证客户产品交付正常。

★方法

明确目标、抓住关键：生产管理遵循目标导向，以目标成本控制管理为中心的系统运作过程。用系统化、透明化管理生产整合企业各项资源，使企业的资源利用达到最大化。

周密计划、统筹兼顾：企业生产管理是一个系统工程，从原辅料、零配件进厂，到各车间、各过程加工点的加工组装、装配、包装，工序烦琐，需要制定周密的计划与之适应。

妥善准备、周密部署：生产准备工作是确保后续生产顺利进行的非常重要的步骤。

严格执行、有效监管：执行力不足是目前企业的普遍现象，因此，确保计划有效执行是现代企业的重中之重。

认真总结、持续改善：在企业的产品生产中，从接单、供方评估、采购、生产、交付等各个环节，总有经验教训值得总结和提高。

★衔接课程

管理学、物流运作管理、运营与供应链管理等。

M-Ⅳ-10 质量管理

★ 内涵

质量管理是指确定质量方针、目标和职责,并通过质量体系中的质量策划、控制、保证和改进来使其实现的全部活动。常用工具有 TPM、PDCA、甘特图等。

★ 场景

质量管理主要工作内容包括：制定质量方针与目标、质量管理组织建设、质量监督控制、质量改进等。

★ 方法

建立一把手质量负责制：质量问题,说到底是一个关乎企业生死的战略问题。一家企业要长久生存下去,产品的质量可靠、有保证,是最基本的前提。

制定严格的质量管理标准：企业对质量管理的标准,应该宜高不宜低,宜严不宜松,即企业的质量标准,应该高于国家、行业所规定的标准。因为在标准定下来之后,企业的质量工作的开展,必须经历多个层级传递,如果最初的标准不高,在经历层层递减之后,最终达到的可能是一个很低的标准。

加强质量管理的过程控制：应重视质量管理过程中的控制,比如对员工进行质量知识的培训、原材料采购的把关、技术研发的把关、制造现场管理的把关等。

强化质量管理的执行力：质量管理工作牵涉的面广,要使其落到实处,除了要上级重视、严格标准、严厉处罚之外,还需要其他人维护执行。

★ 衔接课程

管理学、物流运作管理、运营与供应链管理等。

M-Ⅳ-11 市场营销

★内涵

市场营销既是一种职能，又是组织为了自身及利益相关者的利益而创造、沟通、传播和传递客户价值，为顾客、客户、合作伙伴以及整个社会带来经济价值的活动、过程和体系。主要是指营销人员针对市场开展经营活动、销售行为的过程。对企业来说，市场是营销活动的出发点和归宿。市场营销常用4Ps、产品生命周期、服务质量差距模型等工具进行研究。

★场景

市场营销的内容主要包括以下4个方面。

营销原理：包括市场分析、营销观念、市场营销信息系统与营销环境、消费者需要与购买行为、市场细分与目标市场选择等理论。

营销实务：由产品策略、定价策略、分销渠道策略、促销策略、市场营销组合策略等组成。

营销管理：包括营销战略、计划、组织和控制等。

特殊市场营销：由网络营销、服务市场营销和国际市场营销等组成。

★方法

建立科学、实战的营销组织框架，确立企业整体营销观念。

市场营销要突出品牌，使其具有特色。

发现、分析及评价市场机会，找准市场定位。

将产品策略、定价策略、分销策略以及促销策略进行合理化组合，促进市场营销。

★衔接课程

管理学、市场营销、运营与供应链管理等。

M-Ⅳ-12 人力资源

★ 内涵

人力资源指在一个国家或地区中，处于劳动年龄、未到劳动年龄和超过劳动年龄但具有劳动能力的人口之和。人力资源也指一定时期内组织中的人所拥有的能够被企业所用，且对价值创造起贡献作用的教育、能力、技能、经验、体力等的总称。研究人力资源的工具有平衡记分卡、KPI、360 度绩效考核等。

★ 场景

人力资源即人事，最广泛定义是指人力资源管理工作，包含六大模块：人力资源规划、招聘、培训、绩效管理、薪酬（包括福利）和劳动关系管理。多用于公司的人事部门。

人力资源管理六大模块之间相互衔接、相互作用、相互影响形成人力资源管理的有效体系。其中，人力资源规划是人力资源管理的起点，主要通过规划帮助组织预测未来的人员需求数量及基本素质构成；招聘、培训，以人力资源规划为输入之一，相当于组织的血液，为组织提供营养；绩效管理是六大模块的核心，是其他各模块的主要输入，主旨在于帮助人、提高人，解决组织如何用人的问题；薪酬（包括福利），旨在激励人，解决企业留人的问题；劳动关系管理，旨在帮助企业形成合理化人力资源配置的有效循环。

★ 方法

改善人力资源结构，提升人才战略优势。
科学进行岗位分析，优化组织职能结构。
扩大招聘引进渠道，健全人才储备机制。
加强后备人才管理，促进人力资源发展。

★ 衔接课程

管理学、运营与供应链管理等。

M-Ⅳ-13 财务管理

★ 内涵

财务管理指从业者在了解掌握一定的财务知识的基础上，通过自身的预测判断，能够在面临问题时，组织好企业财务活动，处理好财务关系中所具备的一项素质。它是根据财经法规制度，按照财务管理的原则，组织企业财务活动，处理财务关系的一项经济管理工作。简单地说，财务管理是组织企业财务活动、处理财务关系的一项经济管理工作。例如，能有效利用 ABC 成本法、杜邦分析、NPV、本量利分析等工具。

★ 场景

以费用控制为例，其主要内容包括以下 5 个方面。

制造成本：工业企业生产过程中实际消耗的直接材料、直接工资、制造费用等。

期间费用：企业为组织生产经营活动发生的、不能直接归属于某种产品的费用。

管理费用：企业行政管理部门为组织和管理生产经营活动而发生的各项费用。

财务费用：财务费用是企业为筹集资金而发生的各项费用。

销售费用：销售费用是指企业在销售产品、自制半成品和提供劳务等过程中发生的各项费用以及专设销售机构的各项经费。

★ 方法

制定财务决策：针对企业的各种财务问题制订行动方案，也就是制订项目计划。

制定预算和标准：针对计划期的各项生产经营活动拟定用具体数字表示的计划和标准，即制订期间计划。

记录实际数据：对企业实际的资本循环和周转进行记录。

计算应达标准：即根据变化了的实际情况计算应该达到的工作水平。

★衔接课程

管理学、会计学等。

M-Ⅳ-14 战略组织

★内涵

战略组织是指公司根据战略任务、战略目标和选择的战略决策，确定公司在执行战略过程中，组织公司各项活动的模式。战略组织以公司组织结构为核心，设计经营战略组织体系，其中包括分析目前组织体制的优点和弊端，选择适当的组织结构及相应的管理方法。并且根据公司外部环境变化情况，设计公司新战略组织模式，以适应生产力发展要求和市场竞争的需要。在此过程中，可使用SWOT、PEST、BCG、价值链、波特模型等工具。

★场景

企业在经营活动中经常会受到内部、外部的各种因素的影响。如外部的经济状况的变化、技术的突飞猛进、竞争对手的突然增多；又如内部财务状况的恶化、生产设备和能力的落后等，都会直接影响经营绩效，从而影响企业的战略形成。战略分析的目的是通过一定的手段和方法从复杂的信息与线索中，清理出重点影响企业战略形成的因素，以便下一步的战略选择和制定。

★方法

战略目标的实现和战略行动的顺利实行，必须要有组织保证。

为了保证战略目标的实现，要对企业的组织结构进行适当调整。

根据战略组织的目标，选择合适的战略组织结构，这是推进战略实施的需要。

★衔接课程

管理学、经济管理思想史等。

M–Ⅳ–15 目标管理

★ 内涵

目标管理是以目标为导向、以人为中心、以成果为标准，使组织和个人取得最佳业绩的现代管理方法。目标管理就是指组织的最高层领导根据组织面临的形势和社会需要，制定一定时期内组织经营活动所要达到的总目标，然后层层落实，要求下属各部门主管人员以至每个员工根据上级制定的目标和保证措施，形成一个目标体系，并把目标完成情况作为考核的依据。目标管理的过程包括：标杆管理、目标设定、目标激励、目标执行等步骤。

★ 场景

管理者应该通过目标对下级进行管理，当组织最高层管理者确定了组织目标后，必须对其进行有效分解，转变成各个部门以及各人的分目标，管理者根据分目标的完成情况对下级进行考核、评价和奖惩。目标管理的具体形式各种各样，但其基本内容是一样的。所谓目标管理乃是一种程序或过程，它使组织中的上级和下级一起协商，根据组织的使命确定一定时期内组织的总目标，由此决定上、下级的责任和分目标，并把这些目标作为组织经营、评估和奖励每个单位和个人贡献的标准。

★ 方法

重视管理中的人的因素，把个人需求与组织目标结合起来。

目标管理通过专门设计的过程，将组织的整体目标逐级分解，建立目标锁链与目标体系。

重视成果，目标管理以制定目标为起点，以目标完成情况的考核为终结。

在过程中实施管理，管理者进行定期检查，下级进行信息反馈，两者互相协调，解决困难。

适时总结与评估，即达到预定期限后进行自我评价，决定奖惩，改善不足。

★衔接课程

管理学、管理技能综合训练等。

M-Ⅳ-16 决策分析

★内涵

决策分析，一般指从若干可能的方案中通过决策分析技术，选择其一的决策过程的分析方法。其方法包括定性分析方法和定量分析方法两种类型，常见的定性分析方法有德尔菲法、头脑风暴法、5W2H（七问分析法）等；常见的定量分析法有期望值法、决策树法等。

★场景

大多数的决策理论是规范性的，即决策理论以假设一个具有完全信息的、可实现精度计算的并且完全理性的理想决策者的方式达到最优的决策（在实际中，某些所谓"最好"的情景并不是最大，最优也可能包含在一个具体的或近似的最大值）。这种规范模型的实际应用（人们应当如何决策）被称为决策分析，其目标旨在帮助人们进行进一步决策。

★方法

决策分析通常需要经过以下4个步骤。

形成决策问题，包括提出方案和确定目标。

判断自然状态及其概率。

拟定多个可行方案。

评价方案并做出选择。

★衔接课程

管理学、管理技能综合训练等。

M-Ⅳ-17 知识管理

★内涵

知识管理是对知识、知识创造过程和知识的应用进行规划和管理的活动。知识管理是知识经济时代涌现出来的一种新的管理思想与方法，融合了现代信息技术、知识经济理论、企业管理思想和现代管理理念，体现了以人为本的管理思想，是企业管理的一项重要内容。在此过程中可以使用 SECI 模型、APQC 知识管理模型、GEN 管理模型等工具。

★场景

组织对知识的管理通常包括：组织能够清楚地了解它已有的知识和所需的知识；组织知识一定要能够及时传递给那些日常工作中需要它们的人；不断生产新知识，并使整个组织的人能够获取它们；对可靠的、有生命力的知识引入进行控制；对组织知识进行定期的检测和合法化；通过企业文化的建立和激励措施使知识管理更容易进行等多个环节。

★方法

通过学习、实践，不断探索认识、掌握技能。

明白知识资产的重要性，进而学习无形资产管理。

遵循"知识积累→创造→应用→形成知识平台→再积累→再创造→再应用→形成新的知识平台"的循环过程。

以知识管理创新为直接目标，以建立知识创新平台为基本策略。

★衔接课程

管理学、管理技能综合训练等。

M-Ⅳ-18 仓库管理

★内涵

仓库管理是指运用所需的器具对仓储货物的收发、结存等活动的有效控制所具备的素质。通过这一素质保证仓储货物的完好无损，确保生产经营活动的正常进行，并在此基础上对各类货物的活动状况进行分类记录，以明确的图表方式表达仓储货物在数量、品质方面的状况，以及所在的地理位置、部门、订单归属和仓储分散程度等情况的综合管理能力。通常使用仓库审计和 WMS 工具进行仓库管理。

★ 场景

产品在仓储中的组合、妥善配载和流通包装、成组等活动就是为了提高装卸效率，充分利用运输工具，从而降低运输成本的支出。合理和准确的仓库管理会减少商品的换装、流动，减少作业次数，采取机械化和自动化的仓储作业，都有利于降低仓储作业成本。优良的仓库管理，能对商品实施有效的保管和养护，并进行准确的数量控制，从而大大减少仓储的风险。

★ 方法

制定仓库管理制度：任何企业的管理都离不开制度的约束，尤其是在仓库管理这方面，程序多，项目繁杂，小到货物的摆放，大到全部货物的采购，都应该有一个可以遵循的制度，这样才能井井有条地来做。井井有条就是仓库管理制度的核心内容，以条例管理、以制度执行，仓库管理才有效果。

选择仓库管理软件：伴随时代的发展，技术可以逐渐替代传统劳动力。选择适合于本企业的仓库管理软件可以减少仓库管理定员，减轻从事仓库管理的工作人员的工作量，符合当前形势。

强化仓库管理执行力：强化执行力对于仓库管理工作至关重要，毕竟制度实施和平台操作都是靠人来完成的，人不操作或者随意操作，一切都是徒劳。执行者根据仓库管理软件上的仓库信息，严格按制度执行，可以使仓库管理工作有条不紊。

★ 衔接课程

管理学、物流运作管理、物流运作管理课程设计等。

M-Ⅳ-19 运输管理

★ 内涵

运输管理素能指在运输管理过程中具备合理的利用相关管理工具的能力，比如TMS、运输审计、计算货运运输中的排放等工具，帮助其完成运输工作。运用工具来进行有目的、有意识的控制与协调，实现运输目标。运输管理作为物流管理的核心部分,旨在对物流活动进行计划、组织、指挥、协调、控制和监督,使各项物流活动主客体实现最佳的协调与配合,对降低物流成本,提高物流效率和经济效益具有重大的现实意义。

★场景

运输管理在物流体系中涉及面很广,大致涵盖托运单运输管理、安全车辆管理、安检项目管理、结算管理、承运商结算管理、客户服务管理、基础资料管理、报表管理8种情况。

★方法

通过多方渠道广泛了解物流运输的流程。

学习掌握并能在工作中使用运输管理的相关软件。

学会运用物流运输的相关工具来确定选择何种运输方式、制定满足要求的各种运输路线。

学会如何把运输成本控制在最低。

★衔接课程

管理学、物流运作管理、物流运作管理课程设计等。

M - Ⅳ - 20 库存管理

★内涵

库存管理工具的能力,是指在具备一些基本的工具,例如 ABC、EOQ、VMI、CMI 等应用的基础上,实施与库存物料的计划与控制有关的业务,并且能在物流过程中对商品数量实施有效管理所具备的一项素质。库存管理是生产、计划和控制的基础。通过对仓库、货位等账务管理及入/出库类型、入/出库单据的管理,及时反映各种物资的仓储、流向情况,为生产管理和成本核算提供依据。通过库存分析,为管理及决策人员提供库存资金占用情况、物资积压情况、短缺/超储情况、ABC 分类情况等不同的统计分析信息。通过对批号的跟踪,实现专批专管,保证质量跟踪的贯通。

★场景

库存管理工作贯穿于企业的整个生产销售环节，具体工作包括原材料的采购、原材料的出库、产成品验收与入库、销售产品的出库、产品调拨与形态转换、半成品的反冲、盘点等环节。

★方法

管理过程中需要考虑根据销售计划，按计划生产的商品在市场上流通时，"在什么地方、存放多少"的问题。

能够保证生产的计划性和平稳性，以消除或避免销售波动的影响。

保证供应商库存管理环节的信息沟通顺畅。

★衔接课程

管理学、物流运作管理、物流运作管理课程设计等。

M - Ⅳ - 21 供应链管理

★内涵

供应链管理就是协调企业内外资源来共同满足消费者需求，当我们把供应链上各环节的企业看作一个虚拟企业同盟，而把任一个企业看作这个虚拟企业同盟中的一个部门时，同盟的内部管理就是供应链管理。只不过同盟的组成是动态的，根据市场需要随时在发生变化。常用工具有 ERP、CPFR、SCRM、SCOR 等。

★场景

供应链管理主要涉及 5 个方面：需求、计划、订单交付、供应、回流。职能部分主要包括产品工程、产品技术保证、采购、生产控制、库存控制、仓储管理、分销管理。辅助部分主要包括客户服务、制造、设计工程、会计核算、人力资源、市场营销。

★方法

分析市场竞争环境，识别市场机会。

分析顾客价值。

确定竞争战略。

分析本企业的核心竞争力。

评估、选择合作伙伴。

★衔接课程

管理学、物流运作管理、运营与供应链管理、供应链仿真与决策实验、物流运作管理课程设计等。

M-Ⅳ-22 物流外包

★内涵

物流外包也称物流资源外包、资源外取、外源化，是指物流企业动态地配置自身和其他企业的功能和服务，并利用企业外部的资源为企业内部的生产和经营服务。对物流外包进行研究的时候可以采用外包决策模型。

★场景

物流外包根据供应商的地理分布状况划分为两种类型：境内外包和离岸外包。境内外包是指外包商与其供应商来自同一个国家，因而外包工作在国内完成。离岸外包则指外包商与其供应商来自不同国家，外包工作跨国完成。

★方法

对物流进行外包时，应注意以下4个方面：

确定外包单位资质条件务必合法、齐全；

制定严格的外包管理制度；

对外包单位制定KPI考核及惩罚制度；

有效控制成本支出提高物流配送力度，加强企业多元化经营。

★衔接课程

管理学、物流运作管理、运营与供应链管理、供应链仿真与决策实验、物流运作管理课程设计等。

M-Ⅳ-23 配送管理

★ 内涵

配送管理是指根据用户的订货要求和时间计划在配送中心或其他物流据点对商品进行集货、分货、配货作业,并按时将商品送交收货人的物流活动。这一过程由集货、分货、配货三部分有机组成。使用配送管理工具,可以实现从下单、调度、发单、退货到结算过程的数字化、智能化处理,实现货物运输路径规划,全面提高物流运输管理效率。常见的配送管理工具有路径优化和EIQ。

★ 场景

配送管理职能领域主要涉及地图定位、商家及配送员管理、智能调度、定时配送、定量配送、销售配送、供应配送、供应一体化配送、转运配送、延迟服务、集运配送等。

★ 方法

配送管理的方法和内容包括:
制定运输配送日常管理制度,并负责落实执行;
负责审批运输配送计划,并监督实施;
负责运输车辆的组织、调度及管理;
对运输过程中产生的单据及档案进行管理;
优化配送作业流程,提高配送效率。

★ 衔接课程

管理学、物流运作管理、运营与供应链管理、供应链仿真与决策实验、物流运作管理课程设计等。

M-Ⅳ-24 物流信息化

★ 内涵

物流信息化是物流管理的重要内容之一,物流系统只有具有良好的信息处理和传输系统，才能快速、准确地获取销售反馈信息和配送货物跟踪信息，从而大大提高物流企业的服务水平。在物流信息系统的建设中，一方面要重视新的信息技术（如仓库管理软件、运输管理软件、货代业务系统、港口管理软件、仓位管理软件等）的应用，提高信息技术的水平；另一方面要重视物流信息系统和物流管理的互动，既要根据自己的物流管理流程来选择适合的物流信息系统，也要通过物流信息系统来优化和再造自己的物流管理流程。

★场景

物流信息化管理主要涉及5个领域：采购、运输、销售、库存、财务。管理工作包括计划、组织、指挥、协调、控制等功能，是一项复杂的系统工程。通过建立人力资源、劳动工资、财务管理、成本核算、物耗能耗管理、技术管理等管理信息系统，使人流、财流、物流、技术流更加规范合理。

★方法

企业内部相关的信息实现无纸化，实现信息资源可实时共享。
企业内部管理的所有环节都体现出物流信息化管理的原则。
创建物流信息系统，配合企业物流管理。
对物流信息实行分类管理。

★衔接课程

管理学、物流运作管理、运营与供应链管理、现代物流技术与装备、物流信息系统、供应链仿真与决策实验、物流运作管理课程设计等。

M–Ⅳ–25 电子商务

★内涵

电子商务是以互联网等信息技术为依托，面向现代经济社会领域商务活动的新兴专业。电子商务可划分为两个基本方向：电子商务经济管理类方向和电子商务工程技术类方向。经管类方向要求侧重掌握互联网经济和商务管理相关的知识与技能，工程类方向要求侧重掌握互联网技术和商务信息相关知识与技能。电子商务研究工具和软件有店侦探、店查查、千里眼、淘客助手等。

★ 场景

中国电子商务可从20世纪90年代初EDI的应用开始，1993—1997年开展的"三金工程"为电子商务发展打下了基础，1998年则开始进入了基于互联网的发展阶段。随着中国经济活动电子商务化的不断加深，越来越多的行业加入电子商务的实践中。

随着电子商务的快速发展和电子商务人才需求的上升，以学院或高校为单位的电子商务教育陆续展开。

★ 方法

广泛阅读电子商务专业书籍，拓宽视野，积累知识。

能够熟练掌握并应用办公软件，在实践和具体工作中发挥优势。

可以采取实习的方式，去电子商务企业从事实践性工作，将理论与实践相结合。

★ 衔接课程

管理学、物流运作管理、运营与供应链管理、跨境电商物流、跨境电商物流课程设计、物流运作管理课程设计等。

M-Ⅳ-26 物流园区

★ 内涵

物流园区是指在物流作业集中的地区，在几种运输方式衔接地，将多种物流设施和不同类型的物流企业在空间上集中布局的场所，也是一个有一定规模的和具有多种服务功能的物流企业的集结点。

物流园区将众多物流企业聚集在一起，实行专业化和规模化经营，发挥整体优势，促进物流技术和服务水平的提高，共享相关设施，降低运营成本，提高规模效益。

★场景

物流园区是对物流组织管理节点进行相对集中建设与发展的、具有经济开发性质的城市物流功能区域；同时，也是依托相关物流服务设施降低物流成本、提高物流运作效率，改善企业服务有关的流通加工、原材料采购、便于与消费地直接联系的生产等活动，具有产业发展性质的经济功能区。此观点对物流园区的内涵和外延作了界定：作为城市物流功能区，物流园区包括物流中心、配送中心、运输枢纽设施、运输组织及管理中心和物流信息中心，以及适应城市物流管理与运作需要的物流基础设施；作为经济功能区，其主要作用是开展满足城市居民消费、就近生产、区域生产组织所需要的企业生产和经营活动。根据上述定义，现代物流园区主要具有两大功能，即物流组织管理功能和依托物流服务的经济开发功能。

★方法

广泛阅读物流专业书籍，拓宽视野，积累知识。

能够熟练掌握并应用办公软件，在实践和具体工作中发挥优势。

采用查找资料、实地调研等学习方法，了解物流园区确定规划依据和办法。

紧密关注与物流园区相关的时政新闻和行业动态。

★衔接课程

管理学、物流运作管理、物流园区设计与运营、跨境电商物流、物流园区课程设计、物流运作管理课程设计等。

M-Ⅳ-27 物流地产

★内涵

物流地产是经营专业现代化的物流设施的载体，是出于房地产开发企业对利润的追求，根据物流企业客户需要，选择一个合适的地点，投资和建设企业业务发展所需的现代物流设施。物流地产属于工业地产的范畴，指投资商投资开发的物流设施，比如物流仓库、配送中心、分拨中心等，这里的投资商可以是房地产开发商、物流商、专业投资商。同传统的物流地产相比，它更强调管理的现代化、规模效应、协同效应。从事物流地产研究工作的工具有物流地产投资测算模型、物流地产选址模型等。

★场景

根据国内外物流地产运营经验，物流地产商以物流平台提供商的身份，通过将地产资源与其他资源整合，通过带动人流、物流、信息流、资金流的全面汇集，实现资源价值的最大化。总的来说，物流园区的赢利主要来自5个方面：土地增值、出租收入、服务费用、项目投资收益以及其他收益。

★方法

从事物流地产工作研究，首先要求个体必须具有物流方面的专业知识，因为物流地产这一概念强调对资源和物流各环节的高度整合。

其次，物流地产开发商还需要拥有强大的招商能力、充沛的客户资源以及专业的服务品质。

★衔接课程

管理学、物流运作管理、物流园区设计与运营、跨境电商物流、物流园区课程设计、物流运作管理课程设计等。

M-Ⅳ-28 物流金融

★内涵

物流金融是指在面向物流业的运营过程时，能够通过应用和开发各种金融产品，有效地组织和调剂物流领域中货币资金的运动。这些资金运动包括发生在物流过程中的各种存款、贷款、投资、信托、租赁、抵押、贴现、保险、有价证券发行与交易，以及金融机构所办理的各类涉及物流业的中间业务。从事物流金融工作可以借助信用风险评估和仓单质押融资风险2种模型。

★ 场景

虽然物流金融在我国发展时间很短，但该业务的吸引力已经显现出来，加之我国将在上海建设国际金融中心和航运中心，物流金融将迎来发展的春天。作为商业银行，物流金融是决胜未来的秘密武器，是开辟中小企业融资天地的新渠道；对于物流行业来说，物流金融已经成为某些国际物流巨头的第一利润来源；作为物流企业，谁能够提供金融产品和金融服务，谁就能成为市场的主导者。物流金融已成为获得客户资源以及垄断资源的重要手段，在物流金融刚刚兴起的过程中，先介入物流金融者，就能够抢占先机。

★ 方法

从事物流金融方面工作的个体要具备以下 3 种能力：

了解金融方面的专业术语；

将物流与金融的专业知识相结合；

与第三方产业紧密结合。

★ 衔接课程

管理学、物流运作管理、金融学、供应链财务分析与绩效管理等。

M–Ⅳ–29 物流营销

★ 内涵

物流营销是在物流行业里的一种营销工作，其本质与传统的营销并无差别，只是需要在实践中结合物流发展的特点。科学、合理的物流活动是物流企业获得持续竞争优势的一个关键因素，预示着企业把握巨大的战略潜力。物流活动离不开营销策略的正确运用，只有把物流与营销结合成一个共同的竞争战略，物流系统才能成为一个有效的系统，有利于提高企业的竞争优势。在进行物流营销工作时，可以遵循 STP 理论、4P 营销理论、4C 营销理论，可以运用 AISAS 消费者行为分析模式和 3C 战略模型。

★ 场景

物流营销需要遵循以下3个方面的原则。

规模原则：物流企业产生效益取决于它的规模，所以进行营销时，首先要确定某个客户或某几个客户的物流需求是否具有一定的规模，即需求容量，然后再去为其设计有特色的物流服务。

合作原则：现代物流的特点要求在更大的范围内进行资源的合理配置，因此物流企业本身并不一定必须拥有完成物流业的所有功能。物流企业只有做好自身的核心物流业务，将其他业务外包，才能取得更大的物流服务效益。

回报原则：物流企业营销活动是要满足客户物流需求，为客户提供价值，其真正价值在于能为自身带来短期或长期利润的能力。

★ 方法

提供优质的顾客服务，提高销售额。

及时更新产品信息，挖掘购买者消费欲望。

提高企业品牌知名度，建立忠诚的消费群体。

★ 衔接课程

管理学、物流运作管理、市场营销等。

M-Ⅳ-30 应急物流

★ 内涵

应急物流是指为应对严重自然灾害、突发性公共卫生事件、公共安全事件及军事冲突等突发事件而对物资、人员、资金的需求进行紧急保障的一种特殊物流活动。应急物流与普通物流一样，由流体、载体、流向、流程、流量等要素构成，具有空间效用、时间效用和形质效用。应急物流多数情况下通过提高物流效率实现其物流效益，而普通物流既强调效率又强调效益。可选用的工具有应急物资储备库选址决策模型、应急物资需求预测模型、应急物资筹集问题决策模型等。

★ 场景

中国是世界上受自然灾害影响最为严重的国家之一,种类多、频度高、损失严重。根据相关分析,随着经济建设的发展灾害损失逐步增加,我国有70%以上的大城市、半数以上人口、75%以上工农业生产值分布在气象、海洋、洪水、地震等灾害严重的沿海及东部地区。❶诸如此类情况可能造成重大人员伤亡、财产损失、生态环境破坏和严重社会危害,危及公共安全的紧急事件都催生出巨大的应急物流需求。中国目前处在突发公共事件的高发时期,在未来一段时间内,我国或都将面临突发公共事件所带来的严峻考验。政府作为行政主导,使应急物流得到政府庞大的资金支持和政策鼓励。照此发展,应急物流必将带动一系列相关产业链的发展,市场前景广阔。

★ 方法

建立应急物流体系。

完善应急物流的相关知识。

建立应急物流指挥体系。

大力整合应急物流资源。

★ 衔接课程

管理学、物流运作管理、应急物流等。

M-Ⅳ-31 绩效评价

★ 内涵

绩效评价是指运用一定的评价方法、量化指标及评价标准,考察企业绩效目标的实现程度,以及为实现这一目标所安排预算的执行结果所进行的综合性评价。绩效评价的过程就是将企业内员工的实际工作绩效同要求其达到的工作绩效标准进行比对的过程。内容包括

---

❶ 中国的危机管理 [EB/OL]. (2005-09-23) [2021-06-29]. http://www.gov.cn/yjgl/2005-09/23/content_69182.htm.

SMART、绩效测量和质量改进。

★场景

进行工作绩效评价的原因有许多。首先，绩效评价所提供的信息有助于企业判断应当做出何种晋升或工资方面的决策。其次，它为企业管理者及其下属人员提供了一个机会，使大家能够对下属人员的工作行为进行一番审查。绩效评价系统是定期考察和评价个人或小组工作业绩的一种正式制度。实施绩效评价是人力资源管理领域里最棘手的任务。

★方法

绩效评价的常用方法有 8 种，即关键事件法、叙述法、硬性分布法、择业报告、考核报告、作业标准法、排列法和平行比较法。

★衔接课程

管理学、物流运作管理、供应链财务分析与绩效管理等。

M-Ⅳ-32 商业模式

★内涵

商业模式是管理学的重要研究对象之一，MBA、EMBA 等主流商业管理课程均对"商业模式"给予了不同程度的关注。在分析商业模式过程中，主要关注一类企业在市场中与用户、供应商、其他合作伙伴（营销任务环境中的各主体）的关系，尤其是彼此间的物流、信息流和资金流。企业与企业之间、企业的部门之间乃至与顾客之间、与渠道之间都存在各种各样的交易关系和联结方式被称为商业模式。对商业模式进行研究时可以采用商业模式画布（BMC）、7S 理论、BCG 的商业模式设计方法、IBM 的 CMB 商业模式设计工具等作为工具和理论支撑。

★场景

在综合各种概念共性的基础上，存在一个包含 9 个要素的商业模式参考模型。这些要素包括价值主张、消费者目标群体、分销渠道、客户关系、价值配置、核心能力、成本结构、收入模式和裂变模式。

★ 方法

商业模式包括：

店铺模式；

"饵与钩"模式；

"硬件+软件"模式；

其他模式。

★ 衔接课程

管理学、物流运作管理、物流项目创新研讨课等。

M-Ⅳ-33 人工智能

★ 内涵

人工智能是研究、开发用于模拟、延伸和扩展人的智能的理论、方法、技术及应用系统的一门新的技术科学。人工智能是计算机科学的一个分支，它试图了解智能的实质，并生产出一种新的能以人类智能相似的方式做出反应的智能机器，该领域的研究包括机器人、语言识别、图像识别、自然语言处理和专家系统等。人工智能从诞生以来，理论和技术日益成熟，应用领域也不断扩大。可以设想，未来人工智能带来的科技产品，将会是人类智慧的"容器"。人工智能可以对人的意识、思维的信息过程进行模拟。人工智能领域常用的研究工具为关系型数据库、MapReduce、Hadoop、MongoDB等。

★ 场景

人工智能的实际应用有机器视觉、指纹识别、人脸识别、视网膜识别、虹膜识别、掌纹识别、专家系统、自动规划、智能搜索、定理证明、博弈、自动程序设计、智能控制、机器人学、语言和图像理解、遗传编程等。

★方法

人工智能作为一门新兴学科，在对其进行研究时，需要对学科前沿动态保持关注，以及时获取最新信息。同时，加大对国内外该研究领域文献的阅读，也可以保证自身具备一定的理论水平。

★衔接课程

统计学、Python 编程与运用、数据库与数据仓库、人工智能数学导读、信息技术与人工智能概论、人工智能模型与算法、智慧物流概论、数据经营与决策、智慧物流技术等。

M－Ⅳ－34 数据分析模型

★内涵

数据模型就是对现实世界抽象化的数据展示，一种数据模型往往是为一种需求服务的。而数据分析模型基于数学建模。数据建模指的是对现实世界各类数据的抽象组织，确定数据库需管辖的范围、数据的组织形式等直至转化成现实的数据库；将经过系统分析后抽象出来的概念模型转化为物理模型后，再利用工具建立数据库实体以及各实体之间关系的过程（实体一般是表）。工具有用户模型、AARRR 模型、5W2H、漏斗模型。

★场景

近年来，数据分析已逐步应用到医疗、物流、人脸识别、无人驾驶等生活、生产的各个领域。例如，依托大量的临床数据的收集、实验和分析，在医疗保健方面已经取得了实质性的进步，这使得普通人的寿命得以延长。

★方法

立足实际，多渠道、多层面培养应用意识。数学建模问题源于现实生活，是从生活、生产实际问题中抽象而来。因而，在数学知识、数学方法、数学思想的培养中，应尽可能地联系生活、生产实际。

扩大阅读范围，为更好培养建模能力夯实基础。要提高数学建模能力，除注重培养数学应用意识外，还需要进行延伸阅读，配合数学教材夯实所学基础知识。

抓住实践的机会，尽快突破自我。各级学术机构每年都会举办数学建模大赛，在具备一定基础和能力的前提下，要抓准这些机会，在实践中锻炼自己的能力。

★衔接课程

统计学、Python 编程与运用、数据库与数据仓库、人工智能数学导读、信息技术与人工智能概论、人工智能模型与算法、智慧物流概论、数据经营与决策、智慧物流技术等。

M-Ⅳ-35 跨境电子商务

★内涵

跨境电子商务是指分属不同关境的交易主体，通过电子商务平台达成交易、进行电子支付结算，并通过跨境电商物流及异地仓储送达商品，从而完成交易的一种国际商业活动。跨境电子商务是基于网络发展起来的，网络空间相对于物理空间来说是一个新空间，是一个由网址和密码组成的虚拟但客观存在的世界。网络空间独特的价值标准和行为模式深刻地影响着跨境电子商务，使其不同于传统的交易方式而呈现出自己的特点。

★场景

我国跨境电子商务主要分为企业对企业（B2B）和企业对消费者（B2C）的贸易模式。B2B 模式下，企业运用电子商务以广告和信息发布为主，成交和通关流程基本在线下完成，本质上仍属传统贸易，已纳入海关一般贸易统计。B2C 模式下，我国企业直接面对国外消费者，以销售个人消费品为主，物流方面主要采用航空小包、邮寄、快递等方式，其报关主体是邮政或快递公司，目前大多未纳入海关统计。

★方法

从事跨境电子商务工作首先要确定自己的业务方向是进口还是出口，并了解该项业务的全部流程及资金情况。其次需要做好充分的市场调研，了解国家相关法律法规和政策，明确业务的合法性。再次可以寻找合作伙伴，便于跨境电子商务各项工作分工协作。最后需要确定相关的产品标准、市场情况以及国内竞争企业价格，并明确相关的运输方式和销售方式。

★衔接课程

国际物流管理、国际货运代理与实务、集装箱与港口物流、跨境电商物流、全球产业链管理、国际货运代理综合实验、国际物流课程设计、跨境电商物流课程设计等。

M－Ⅳ－36 国际货运代理

★内涵

国际货运代理是指国际货运代理组织接受进出口货物收货人、发货人的委托，以委托人或自己的名义，为委托人办理国际货物运输及相关业务，并收取一定劳务报酬的工作。

★场景

国际货运代理常见以下四种运输方式：

水运代理：提供水上货物运输服务及相关服务的国际货运代理。可以具体划分为海运代理和河运代理 2 种类型。

空运代理：提供航空货物运输及相关服务的国际货运代理。

陆运代理：提供公路、铁路、管道运输等货物运输服务及相关服务的货运代理。

联运代理：该方式可以具体分为海空联运代理、海铁联运代理、空铁联运代理等类型。

★方法

积极寻找潜在客户：在国际货运代理工作起步初期，需要耐心寻找潜在客户，完成一单生意后应想办法留住客户，形成长期合作关系。

报价时讲究技巧：在与客户商讨价格时，既不能低于市场行情做亏本买卖，也不能高于市场平均价格，而是应让顾客做出更优选择。应讲究报价技巧，逐步试探，最终敲定符合双方心里预期的价格。

做到一诺千金：参与物流行业的企业非常看重价格和时效，与对方合作时应严格遵照合同要求去履行承诺。

有问必答、及时回复：当客户询盘时，应当及时予以回应，体现出对客户的足够尊重。

★衔接课程

国际物流管理、国际货运代理与实务、集装箱与港口物流、跨境电商物流、全球产业链管理、国际货运代理综合实验、国际物流课程设计、跨境电商物流课程设计等。

M－V 专业技能

M－V－01 市场开发

★内涵

市场开发就是企业把现有产品销售到新的市场，以求市场范围不断扩大，增加销售量。市场开发的形式主要有两种：一是开发新的目标市场，为新的顾客群提供服务；二是扩展市场区域，即从一个区域市场扩展到另一个区域市场，如从城市市场扩展到农村市场、从国内市场扩展到国外市场等。通过市场调研与开发，可以推广现代物流管理技术，促进企业内部物流社会化，实现企业物资采购、生产组织、产品销售和再生资源回收的系列化运作。还可以建立起物流标准化体系，加强物流新技术开发利用，推进物流信息化。市场开发需要个体具备制定和实施调研方案、数据统计和分析、市场预测、市场开发、

SPSS软件应用、客户关系管理等多方面的能力。

★ 场景

物流行业的市场开发需要经过以下4个步骤：

物流供需调研；

物流供给预测；

物流市场综合分析；

产品开发。

★ 方法

目标市场法：根据公司性质和市场的特点，选择目标，让它立足于适合公司可持续发展的一个独特方法。比如说在某一个区域，或某个行业里面拥有自己独特的客户源。

猎犬计划法：通过寻找帮手，找顾问来开发市场。所谓孔明"草船借箭""借东风"也是这个意思。

客户网络法：把一群人联合起来、互相帮助，以使每个人都尽可能迅速、容易而有效地达到资讯共享、联合互补等互利的目的。

★ 衔接课程

现代物流学、物流运作管理、系统工程、运营与供应链管理、物流系统仿真、物流园区设计与运营、物流产业经济学、现代物流技术与装备、物流标准与法律法规、包装技术与工程等。

M-V-02 信息处理

★ 内涵

信息处理就是对信息的接收、存储、转化、传送和发布等。信息处理能力是在对物流信息进行收集、整理、加工、存储中形成的一种能力。对物流信息资源进行统一规划和组织，并对物流信息的收集、加工、存储、检索、传递和应用的全过程进行合理控制，从而使物流供应链各环节协调一致，实现信息共享和互动，减少信息冗余和错误，辅助决策支持，改善客户关系，最终实现信息流、资金流、商流、物流的高度统一,达到提高物流供应链竞争力的目的。在信息处理时,应当注意条码的应用、无线射频技术应用、POS 系统设备选用、全球定位系统设备选用、地理信息系统在物流系统中的应用、电子数据交换等物流信息技术的应用。

★场景

物流行业的信息处理需要经过以下 3 个步骤。

应用各种手段、通过各种渠道进行物流信息的采集。

对信息资源的管理、开发进行长期规划。

对收集到的物流信息进行筛选、分类、加工。

★方法

明确待收集信息的内容和渠道。

对收集到的信息进行认真整理和分析。

将整理好的信息进行归档保存,以备下次使用。

充分利用现代高科技手段,实现物流信息化、自动化、网络化。

加强员工智能培训,提高信息处理效率。

★衔接课程

现代物流学、物流运作管理、系统工程、运营与供应链管理、物流系统仿真、物流园区设计与运营、物流产业经济学、现代物流技术与装备、物流标准与法律法规、包装技术与工程等。

M – V –03 运输管理

★内涵

充分利用现有的公路、水路、铁路、航空等运输工具的装载能力和环境资源,促进各种运输工具的合理分工,提高运输效率,以最小的社会运输劳动耗费,及时满足国民经济的运输需要。在培养运输管理的能力时,应着重学习航空运输的运单填制、国际多式联运的运作流程、运输企业的组织与管理绩效的评价等三方面内容。

★ 场景

一次完整的运输管理应当包括以下 3 个步骤：

根据货物的特性选择运输方式；

做好运输前的准备；

商品运输后做好售后服务。

★ 方法

培养个体运输管理能力应做到以下 5 点：

掌握物流运输的基本理论、方法和技能；

掌握各种运输方式的作业流程；

掌握运输费用的计算方法，具备相应的经营管理和操作能力；

合理选择运输方式和运输工具，正确挑选运输路线；

发展社会运输系统。

★ 衔接课程

现代物流学、物流运作管理、系统工程、运营与供应链管理、物流系统仿真、物流园区设计与运营、物流产业经济学、现代物流技术与装备、物流标准与法律法规、包装技术与工程等。

M-Ⅴ-04 仓储管理

★ 内涵

仓储管理是指通过仓库对商品进行储存和保管。仓储管理能力指具备可以合理选择仓库的地址、有效管理仓库的出入库、控制物品在库状况，以及对仓储设备进行熟练操作与信息化管理等素质，这些素质均可以提高个体仓储能力。

★ 场景

对库存商品进行定位管理；储存商品不可直接与地面接触；要注意仓储区的温湿度，保持通风良好、干燥、不潮湿；商品储存货架应设置存货卡，商品进出要注意先进后出的原则；商品进出库要做好登记工作，以便明确保管责任。

★方法

采用信息化作业，提高工作效率。确保物资在进入仓库前做好准备工作，利用现代化计算机信息技术和数据管理系统，规范物资的入库作业流程，协调好各个部门，分工明确，尽力保证出入库作业的精准高效和规范有序。

合理布局货架，优化分拣流程。把货架按照类别、编号或者名称进行合理摆放，实行科学化货架编码，以利于提高进出库效率和分拣速度。

加强盘点培训，提高准确率。对涉及盘点作业的工作人员加强管理培训，使其充分熟悉盘点的整个过程和方法，以及盘点系统的操作使用，这样可以提高盘点人员对物资的识别效率，促进盘点工作效率的提升。

提升仓库的基础设施，加大技术投入力度，提升工作人员素质。

★衔接课程

现代物流学、物流运作管理、系统工程、运营与供应链管理、物流系统仿真、物流园区设计与运营、物流产业经济学、现代物流技术与装备、物流标准与法律法规、包装技术与工程等。

M-V-05 配送管理

★内涵

配送是物流中一种特殊的、综合的活动形式，是商流与物流紧密结合，既包含了商流活动和物流活动，也包含了物流中若干功能要素的一种形式。配送管理能力旨在强调主体在配送的过程中面临发生的问题，通过自身的组织管理技能，完成集装卸、包装、保管、运输等任务，根据用户要求，对物品进行拣选、加工、包装、分割、组配等作业，通过这一系列活动完成将货物送达的目的。

★ 场景

常见的配送管理场景有2种：

货物入库；

运输配送。

★ 方法

了解配送系统的组成、学习配送基本运作、掌握配送运作的流程。

做好配送人员的绩效评价，对配送人员采用计件制计算薪酬和绩效，发挥绩效的激励作用。

增强员工服务意识，规范员工职业行为。物流中的配送人员和客服人员需要每天面对不同的客户，在客户提出要求和不满时，应能够及时回应诉求、解决问题，努力提高客户满意度。

构建网络化物流配送体系。网络化配送体系可以极大地提高时效和配送效率。

★ 衔接课程

现代物流学、物流运作管理、系统工程、运营与供应链管理、物流系统仿真、物流园区设计与运营、物流产业经济学、现代物流技术与装备、物流标准与法律法规、包装技术与工程等。

M－Ⅴ－06 包装管理

★ 内涵

包装管理将包装和物流两个不同的学科联系起来，将包装作为物流系统的动态部分来考察。其内容涵盖了常见的物流包装技术与方法、包装标准化与法规、物流系统中与包装密切相关的流通加工及管理、包装废弃物的综合利用及管理等。包装管理能力，指从对产品的包装进行计划、组织、指挥、监督和协调工作出发，保证产品的包装质量，降低产品的包装成本，促进产品的销售，从而提高企业的组织效率、经济效益的一项素质。具体包括包装的作用、包装的材料选择、包装的形式设计、包装成本的计算等。

★场景

包装管理的过程包括以下5个方面：

包装目标；

包装战略；

包装设计；

包装构成；

包装样品。

★方法

从做好包装管理问题分析入手，形成正确的决策。

系统地推进物流企业包装管理改革和发展。

应用先进的科学技术提高企业包装管理绩效。

强化员工的质量意识，提高各工序一次性合格率。

★衔接课程

现代物流学、物流运作管理、系统工程、运营与供应链管理、物流系统仿真、物流园区设计与运营、物流产业经济学、现代物流技术与装备、物流标准与法律法规、包装技术与工程等。

M-Ⅴ-07 供应链管理

★内涵

供应链是围绕核心企业，通过对信息流、物流、资金流的控制，从采购原材料开始到制成中间产品及最终产品，并最后由销售网络把产品送到消费者手中的一个由供应商、制造商、分销商、零售商直到最终用户所连成的整体功能网链结构。供应链管理就是指在满足一定的客户服务水平的条件下，为了使整个供应链系统成本达到最小而把供应商、制造商、仓库、配送中心和渠道商等有效地组织在一起进行的产品制造、转运、分销及销售的管理方法。

供应链管理的内容包括供应链设计、协调和风险管理以及供应链金融。

★ 场景

供应链管理的过程和场景包括以下 3 个方面。

交付：包括订单管理、仓储/执行、定制化/延迟、交付设施、运输、电子商务交付、管理客户/客户伙伴关系、售后技术支持、客户数据管理。

退货：包括收货和仓储、运输、修理和翻新、沟通、管理客户预期。

执行：包括战略和领导、竞争力标杆、产品/服务创新、产品/服务数据管理、流程设计和控制、测量、技术、商务管理、质量、安全、行业标准。

★ 方法

开发库存管理秩序网的信息系统，优化供应链。

在生产上把所有供应厂家的制造资源作为一个整体来运作。

在地理上重新规划企业的供销厂家分布，以充分满足客户需要、降低经营成本。

基于分类的细化，采用分类的方法，与供应链运作的具体情况相适应，详细分类并采取有针对性的策略可以实现供应链的显著优化。

★ 衔接课程

现代物流学、物流运作管理、系统工程、运营与供应链管理、物流系统仿真、物流园区设计与运营、物流产业经济学、现代物流技术与装备、物流标准与法律法规、包装技术与工程等。

M－Ⅴ－08 国际物流

★ 内涵

在现代信息技术基础上，合理、高效地组织国际货物流动，以最小的成本、最优的服务质量保证国际贸易和国际化生产高效、有序地进行，最大限度地在供应链中创造价值，以顾客满意的价格提供优质的产品和服务，同时运用各种管理职能，对物的流动过程进行系统的统一管理，以降低国际物流成本。

在从事国际物流的工作和研究时，应当加强对国际物流运输单证及进出口贸易管理、国际货物运输管理、口岸与海关通关、国际物流保险、商品检验检疫和国际物流信息系统的重视。

★场景

国际物流通常包含以下4方面的内容：

明确国际物流为国际贸易和跨国经营服务；

对物的国际化生产、分配、交换、流通整个过程的计划管理；

对国际物流全过程中经济活动的数量进行研究；

对国际物流总成本和企业的利润、税金进行核算。

★方法

优化国际物流运输管理，根据不同的产品特性，选取合适的国际运输方式。

降低工厂库存成本，提高企业在海外的竞争力。

优化改善企业内部物流进出口操作流程，提高运作效率和准确性。

★衔接课程

现代物流学、物流运作管理、系统工程、运营与供应链管理、物流系统仿真、物流园区设计与运营、物流产业经济学、现代物流技术与装备、物流标准与法律法规、包装技术与工程等。

M-V-09 数据运营

★内涵

数据运营即用数据指导运营决策、驱动业务增长，属于运营的一个分支，从事数据采集、整理、分析、策略等工作，支撑整个运营体系朝精细化方向发展。数据经营的主要职责就是数据分析。数据分析就是从庞大的、杂乱无章的数据中分析有价值的数据规律及产品问题，从而帮助决策与优化。数据经营的工具主要是杜邦分析法、漏斗模型分析法、四象限/矩阵分析法等。

★ 场景

数据经营的内容包括数据分析的受众、针对产品的优化、日常数据汇报等。同时，还需要根据需求厘清思路、了解需要哪些数据支撑、数据怎么呈现、数据背后反映的真相以及怎样做达到分析的目的。数据的来源主要有产品分析及同行分析、平台数据查询、互联网，大数据分析平台等。

★ 方法

优化国际物流运输管理，根据不同的产品特性，选取合适的国际运输方式。

降低工厂库存成本，提高企业在海外的竞争力。

优化改善企业内部物流进出口操作流程，提高运作效率和准确性。

★ 衔接课程

现代物流学、物流运作管理、系统工程、运营与供应链管理、物流系统仿真、物流园区设计与运营、物流产业经济学、现代物流技术与装备、物流标准与法律法规、包装技术与工程等。

M-Ⅵ专业集成

M-Ⅵ-01 企业业务架构

★ 内涵

业务架构是以企业战略为基石，结合业务流程，组织架构的一种表达方式，是技术架构的驱动力。企业通过构建业务架构来缓解企业压力与转型的不适。业务架构搭建要从顶层结构即企业战略开始，通过梳理企业目标，发掘企业能力需求。而后再通过价值链分析方式，构建企业整体能力布局（业务架构），并在分析过程中，将能力需求放入能力布局中，并以此在业务层面落地战略、检验战略的可行性，甚至调整战略。

★ 场景

例如，提升学生的需求分析能力；学会用列图或者用列表等整理并画出模型图，包括所有业务模型，并且能够描述其中业务组件负责完成的功能，描述业务组件和其他业务组件之间的关系，会分析为何这样设计业务组件的原因。

★ 方法

站在业务的角度，分析业务与业务之间的关联性，如优惠券业务，它就涉及人群选择、风控、活动、会场、优惠、交易、凭证等，思考系统之间的交互和依赖关系，以及依赖系统要提供哪些能力。

从整体上考虑整个业务的运转。

分析业务是由哪些主要的流程组成的，每个流程又能往下继续分解出哪些细的流程，找出业务的要素，这些要素经过一定的抽象形成我们的领域对象。

通过业务架构的特性，按照场景层、产品功能层、领域模型层、依赖层等画出业务架构图。

★ 衔接课程

管理学、现代物流学、物流运作管理、系统工程、运营与供应链管理、物流系统仿真、物流园区设计与运营、物流产业经济学、现代物流技术与装备、物流标准与法律法规等。

M-Ⅵ-02 运营与管理架构

★ 内涵

物流运营与管理架构设计能力是指能够结合物流公司的物流管理现状及未来发展要求，具备制定符合公司生产运营需要的物流管理改进及研究方案的能力。具体表现在物流管理模式的选择能力、组织架构设计能力、岗位职责划分能力。

★场景

运营与管理架构强调以高盈利为核心，搭建一套可以从战略到目标、目标到计划、计划到执行的运营管控系统，建立一套标准的执行机制、一套标准的协作系统以及一个以结果为导向的企业文化系统。企业运营管理是企业生存盈利的关键要素和要素之间的逻辑关系，决定着一个企业的市场经营成果。

★方法

广泛阅读物流管理学相关书籍，分析具体企业在实际生产活动中的运营情况与管理架构的设计。

广泛阅读人力资源管理学相关书籍，了解组织架构设计和岗位职责的基本内容，并对一些企业进行分析，也可自己尝试入手设计组织架构和岗位职责。

认识评价各活动的财务指标，增强财务知识学习。

搜集企业案例并学习，进一步了解多种环境下企业管理方式以及生产经营过程，从而在实际操作中能够灵活运用运营与管理的知识。

★衔接课程

管理学、现代物流学、物流运作管理、系统工程、运营与供应链管理、物流系统仿真、物流园区设计与运营、物流产业经济学、现代物流技术与装备、物流标准与法律法规等。

M-Ⅵ-03 物流与供应链系统架构

★内涵

物流与供应链系统架构指能从物流服务供应链的系统视角出发，进行总体的构思和局部项目的设计，能够厘清服务供应链中物流、商流、资金流和信息流的相互作用和影响关系。具体表现在物流系统目标确定的能力以及物流系统建模能力。同时，需要了解物流系统中流体、载体、流速、流程等构成要素的相互作用关系，能够对物流系统进行合理的规划，对物流系统存在的问题做出准确的诊断，并能进行简单的物流系统设计。具体包括物流专业知识应用能力、跨学科知识应用能力、物流系统诊断能力、物流系统综合设计能力。

★场景

物流系统构想能力的提升主要体现在学科内容对专业思维能力的要求，也是物流系统分析框架的第一步，系统的构想是物流系统分析、物流系统设计的基础。对这个能力的锻炼，主要体现在针对具体项目的整体框架的构思，以及能够清楚地了解框架内如物流、商流、信息流等的相互之间的关系，从而为解决专业问题提供一个具体的框架和方向。

★方法

系统学习物流服务供应链以及物流系统建模的相关知识，在扎实理论知识的基础之上思考如何贯彻好物流系统的能力。

梳理总体与局部的构思设计框架，利用框架填充物流系统中所需的物流、商流、资金流和信息流等知识。

查找与系统构想能力相关的书籍，利用已有的经验来满足实际需要。

★衔接课程

管理学、现代物流学、物流运作管理、系统工程、运营与供应链管理、物流系统仿真、物流园区设计与运营、物流产业经济学、现代物流技术与装备、物流标准与法律法规等。

M-Ⅵ-04 物流与供应链系统实施

★内涵

物流与供应链系统实施指随时根据客户的需求进行系统的改进和调整。具体包括物流系统软硬件整合能力、物流系统调试能力、设计实施过程管理。

★场景

培养物流系统实施的能力是要求学生在掌握专业知识的前提下，

具有物流系统构思能力、分析能力、设计能力。综合运用各项能力到实施的过程中，有利于制定出合理实施方案，解决物流系统在实施中的实际问题。

★方法

学习物流与供应链系统实施方面的书籍，学习已有的经验，有针对性地满足客户实际的需要。

搜集相关学习方法，利用有效的途径学习物流与供应链系统软硬件的整合、物流系统的调试以及设计实施过程的管理。寻找实践案例，进行方法的运用。

主动找寻并浏览物流企业案例。了解案例里的基本流程和方法，针对已有的信息和资料结合知识体系进行整理，从而达到提升物流系统实施能力的目的。

★衔接课程

管理学、现代物流学、物流运作管理、系统工程、运营与供应链管理、物流系统仿真、物流园区设计与运营、物流产业经济学、现代物流技术与装备、物流标准与法律法规等。

M-Ⅵ-05 物流与供应链系统运营

★内涵

物流与供应链系统运营需要了解物流企业诊断和调查的基本流程和方法，针对所收集的信息和资料进行讨论与整理，掌握特征分析、趋势分析、假设检验等定性和定量分析方法，并能对具有相似性的系统案例进行归纳和分类。具体包括定性分析能力和定量分析能力；需要专业技术人员具有与时俱进的学习能力和为客户提供基于产品生命周期服务的职业素养和意识。具备物流与供应链系统运营的能力，包括物流系统优化能力、物流系统交付及培训能力、基于物流系统服务生命周期的客户服务意识。

★ 场景

物流与供应链系统运行能力要求学生发挥自身的创造力以及实践能力，要在具备物流系统实施能力的前提下，将物流系统的实施方案进行具体的运行，考验的是一种实战能力。

★ 方法

系统学习物流与供应链系统优化的方法以及交付和培训的相关知识，在扎实理论知识的基础之上思考如何贯彻好物流与供应链系统运行的能力，最终运用到实践中。

梳理总体与局部的构思设计框架，利用框架填充物流系统中所需的物流、商流、资金流和信息流等知识。

查找并阅读能够锻炼系统运行能力的书籍，找寻具体的案例来锻炼物流系统运行的能力，并通过学习已有的经验来满足实际需要。

★ 衔接课程

管理学、现代物流学、物流运作管理、系统工程、运营与供应链管理、物流系统仿真、物流园区设计与运营、物流产业经济学、现代物流技术与装备、物流标准与法律法规等。

M-Ⅵ-06 物流与供应链经营

★ 内涵

物流与供应链经营是指能够围绕核心企业，对供应链的物流、资金流、信息流进行分析和控制，主要体现在培养流程管理能力、沟通协作能力、信息技术能力等多方面的能力。

★ 场景

物流与供应链经营主要包括企业平面布局、采购与供应物流管理、生产物流管理、销售物流管理、回收物流管理、企业物流规划与设计、成本控制、员工管理、绩效评价等组成部分。

★ 方法

熟悉供应链的概念和流程，并结合实例进行具体分析。

进行ERP运营沙盘演练，熟悉供应链各部门的角色和职责。

学习数据处理方法、ERP系统运用的方法。

★ 衔接课程

管理学、现代物流学、物流运作管理、系统工程、运营与供应链管理、物流系统仿真、物流园区设计与运营、物流产业经济学、现代物流技术与装备、物流标准与法律法规等。

M-Ⅵ-07 多链集成

★ 内涵

多链集成是提高数据链体系运行效能的有效手段，基于物流，耦合产业链、供应链、资金链、信息链、创新链、政策链、人才链、工作链。

★ 场景

多链集成管理能力主要提升学生协同计划和处理业务流程的能力，具体包括以下3个方面的内容：

合理调配各链条之间的关系；

学会分析顾客消费需求；

能够借助大数据分析整理技术，形成高效的运行体系的能力。

★ 方法

对各种数据链进行了解，掌握其基本内涵和作用。

熟悉供应链的概念和流程，并结合实例进行具体分析。

提升计算机使用的能力，学习大数据分析相关的知识与操作。

学习数据处理、ERP系统运用的方法。

★ 衔接课程

管理学、现代物流学、物流运作管理、系统工程、运营与供应链管理、物流系统仿真、物流园区设计与运营、物流产业经济学、现代物流技术与装备、物流标准与法律法规等。

M-Ⅶ 创新创业

M-Ⅶ-01 商业前瞻

★ 内涵

前瞻性思维,其实质是一种理性思维,是在深入调查研究、统筹兼顾基础上超前预见、超前谋划、超前决断的一种科学思维,是能在顺应潮流、了解国情的基础上形成对当前及今后一个时期的变化格局和发展态势的深邃洞察和科学预测的思维过程。商业前瞻能力要求有良好的市场意识和敏锐的商业眼光。市场意识方面的前瞻性,简言之就是按市场需求变化谋生产,按市场经济规律谋发展的意识,商业眼光方面的前瞻性就是说可以看到未来的商业发展趋势。

★ 场景

商业前瞻能力主要需要紧跟社会发展潮流,明白在互联网的大数据技术支撑起全球基础设施的大背景下,必须利用互联网以及电商平台建立物流的基础设施以及在未来的发展变革中顺应潮流,把握市场需求。

★ 方法

经常思考过去、现在和未来。也就是经常反思昨天、过好今天和规划明天。特别是对未来的环境、格局要经常思考。这里需要强调的是,经常思考过去,不是停留在过去无法自拔,更重要的是反思成败及总结教训。

常做趋势分析,即明确事物从过去到未来的走向如何,对研判趋势有很大帮助。

善于总结,即善于把握常识和总结规律,用策划的思维思考每一件事,让它们条理清晰地呈现在面前。

及时纠偏,即需要时常对正在做的事情是否与目标及方向一致进行判断，如果偏离目标和方向要及时纠正。

★衔接课程

管理学、创新创业基础、创造性思维与创新方法、物流项目创新研讨课、商业认知与领导等。

M-Ⅶ-02 市场洞察

★内涵

市场由需要产品与服务并能够为之付费的个人和组织构成。洞察也称预见，指一个人多方面观察事物，从多种问题中把握其核心的一种能力。它迫使人们抓住问题的实质，而不只是看到外表现象。市场和洞察力合在一起，就是一个人对市场的敏感程度。所以，市场洞察是一种重要的营销决策工具。

★场景

市场洞察实际是一种机会能力，包括识别机会、问题确认与解决。具备市场洞察力的人，常常能敏锐地发现别人尚未意识到的问题，然后迅速而又准确地找到问题的本质。

★方法

强化洞察力可以采取以下2种方法。

感觉敏锐训练法。这种训练方法要求学生善于清除大脑中各种无用信息，使大脑中存贮的信息条理化。

羁绊解脱法。由于学生活动非常复杂，因此学生的思维常常被来自学校、社会的种种羁绊所束缚，在这种情况下，学生应尽可能地实现自我转移和解脱。

★衔接课程

管理学、创新创业基础、创造性思维与创新方法、物流项目创新研讨课、商业认知与领导等。

M-Ⅶ-03 专题研究

★ 内涵

专题研究能力是一种主动的探究能力，包含两层含义：在学习的时候为了学得更好而主动进入对你自身来讲属于全新的领域；研究不是单纯地吸收信息。专题研究能力最关键的是指面对一个新事物、新课题的时候能够快速入手，并掌握概况的能力。

★ 场景

研究能力要求学生通过阅读前沿文献、收集整理资料并归纳，从中研究本领域来的发展趋势，以及为了更好地应对此趋势应该怎么做。例如，在物流全球化趋势的发展情况下，如何应对其国际性、复杂性、风险性。

★ 方法

在物流管理中，提高个体专题研究能力有以下 2 种常用的方法。

通过近期的资料和文献，研究发达国家的物流发展程度，从中发现我国的差距与问题。

研究如何通过信息技术与标准化两大关键技术的系统化集成应用降低物流成本，并不断创新。

★ 衔接课程

管理学、创新创业基础、创造性思维与创新方法、物流项目创新研讨课、物流产业经济学、商业认知与领导等。

M-Ⅶ-04 创意构想

★ 内涵

创意构想能力是在技术和各种实践活动领域中不断提供具有经济价值、社会价值、生态价值的新思想、新理论、新方法和新发明的能力。创意构想的能力是如今经济竞争的核心。当今社会的竞争，与其说是人才的竞争，不如说是人的创造力的竞争。创新能力具体表现在自由能力和认知能力上，自由能力是人脑在进行加工、储存和提取信息，知觉、记忆、注意、思维和想象的能力被认为是认知能力。

★场景

我国运输企业目前存在系统效率低、运输成本高等问题，创意构想能力就要求学生思考如何能够利用所学知识并融入自己的新思想对低效率、高成本问题提出新的解决方案，缩短我国与发达国家在运输成本、周转速度、服务水平等方面的差距。

★方法

开发悟性：通过对生活和工作中所面临的各种问题的构思和解决，逐渐挖掘自身创意构想的潜能，开发自身对于解决实际问题的悟性。

注重积累：只有创意构想但不能使想法落地，一切都只是天马行空。要想将想法和创意付诸实践，还需要日常对知识和能力的积累。

讲究技巧：通过每一次提出创意并解决实际问题，开发一套属于自己的技巧。没有技巧，创意构想便很难表述出来。

强调责任：加强责任心和事业感，遇到问题学会从多方面考虑。

★衔接课程

管理学、创新创业基础、创造性思维与创新方法、物流项目创新研讨课、商业认知与领导等。

M-Ⅶ-05 产业再造

★内涵

产业再造从宏观来讲，是指一个国家或地区在一定历史时期内，根据国际和国内经济、科技等发展现状和趋势，通过特定的产业、财政、金融等政策措施，对其现存产业结构的各个方面进行直接或间接的调整。对于一个企业而言，产业再造即对已经进入成熟期或衰退期的企业，为实现转变和突破，向陌生领域探索和进军的过程。企业的产业再造通常会包括辨认市场、进入市场、维持及增加市场三个阶段。从这一角度说，产业再造是一个综合性的过程，包括了产业在结构、组织和技术等多方面的再造。

★场景

产业再造是大多数企业都需要经历的过程。当企业已经很难在所处的行业和领域继续发展时便会考虑产业转化。利用现有的技术和力量，对相近但又陌生的领域进行开发，以避免企业衰退造成利润下降等局面。

★方法

辨认市场：在进入一个对于自身十分陌生的全新市场前，应当对该市场目前的状况进行分析研判，这是产业转化的前提和保障。

进入市场：当对市场已经足够熟悉和了解时，可以逐渐开始结构、组织和技术的转化，进而在市场提供产品和服务，形成一定的影响力。

维持及增加市场：在新市场拥有稳定份额后，需要尽全力先维持局面而后进行扩张，以谋求更大的利润。

★衔接课程

管理学、创新创业基础、创造性思维与创新方法、物流项目创新研讨课、商业认知与领导等。

M-Ⅶ-06 资源整合

★内涵

整合就是要优化资源配置，就是要有进有退、有取有舍，就是要获得整体的最优。资源整合是系统论的思维方式。就是要通过组织和协调，整合彼此相关但彼此分离的知识，把所学知识与课外实践课程相结合，取得"1+1>2"的效果。创业过程中的资源整合要求首先组建一支创业团队，其次具备一定的营销和创业融资能力。在融资过程中，应当决定现金需求，且能够准确辨认资金来源和种类。

★场景

随着互联网技术和现代科技的高速发展，大学生有了更多获取信息的方式，从而能够获得更多的知识，这些知识既有学生需要的，也有其他一些无用信息，这就需要提升大学生资源整合的能力，将自己所需知识串联整理，从而转化为自己所能利用的信息。

★方法

资源分类。对自己的资源进行一个合理的分类，从而对自己的资源需求与实际资源有非常清晰的判定。

需求与付出。要与别人进行资源的交换就必须要确定自己的方向，也有必要进行一定的付出。

合理分工。对团队内成员各自的工作需要进行明确分工，同时清理阻碍资源整合的一些桎梏。

降低成本。明确资源整合的目标，降低成本和促成增长速度的提升。

信息共享。充分运用一些现代的技术手段进行信息方面的共享，可以极大地提升资源利用的有效性。

★衔接课程

管理学、创新创业基础、创造性思维与创新方法、物流项目创新研讨课、商业认知与领导等。

M-Ⅶ-07 模式创新

★内涵

模式创新旨在要求大学生打破固定思维，在创新中提升发展自己。

★场景

在模式创新中，个人的思维能力起着决定性的作用。这其中包括客观地评价自己、正确地认识工作及他人的评价、积极的思维模式、科学的决策等。

★ 方法

客观认知是基础：正视自我，理解他人，明确工作。

突破以往造成的思维定式，才能解放思想，进行模式创新，树立长远目光。

★ 衔接课程

管理学、创新创业基础、创造性思维与创新方法、物流项目创新研讨课、商业认知与领导等。

M－Ⅶ－08 风险管控

★ 内涵

风险管控是指风险管理者采取各种措施和方法，消灭或减少风险事件发生的各种可能性，或减少风险事件发生时造成的损失。风险管控要求创业者对价格功能、利润及风险有足够清楚的辨识。

★ 场景

风险回避：是指企业有意识地放弃风险行为，完全避免特定的损失风险。简单的风险回避是一种最消极的风险处理办法。

损失控制：损失控制不是放弃风险，而是制订计划和采取措施降低损失的可能性或者是减少实际损失。控制的阶段包括事前、事中和事后三个阶段。事前控制的目的主要是降低损失的概率，事中和事后的控制主要是为了减少实际发生的损失。

风险转移：指通过契约，将让渡人的风险转移给受让人承担的行为。通过风险转移过程有时可大大降低经济主体的风险程度。风险转移的主要形式是合同和保险。

风险自留：即风险承担。也就是说，如果损失发生，经济主体将以当时可利用的任何资金进行支付。风险自留包括无计划自留、有计划自我保险。

★方法

首先，将风险管控文化建设作为企业发展战略的组成部分，培育和塑造良好的风险管控文化，营造合规经营的制度文化环境，将风险管控文化融于文化建设的全过程中。其次，在相关政策和制度文件中明确规定风险管控文化的建设要求和内容，在各层面营造风险管控文化的氛围，促进全面风险管控目标的实现。

★衔接课程

管理学、创新创业基础、创造性思维与创新方法、物流项目创新研讨课、商业认知与领导等。

M-Ⅶ-09 危机处理

★内涵

危机处理是越来越重要的管理职责和生存策略。特别是在全球化加剧的今天，企业或组织一个小小的意外或者事故就会被扩大到全国甚至更大的范围内，产生严重后果。

★场景

在新时代，企业或组织更应该建立起完备的危机紧急处理系统，并懂得如何运用新的技术，全方位地有效传播和收集信息，使损失降至最低限度。危机处理包括两个方面的涵义：一是处理"公共关系危机"，二是用公共关系的策略和方法来处理危机。

★方法

危机处理通常包含以下3个过程：

认识辨识危机；

掌握危机处理的趋势与结构；

正确处理危机。

处理危机事件、实施危机管理时，绝对不能随心所欲，必须按照一定的原则，妥善地加以处理，用稳妥的方法赢得公众的谅解和信任，尽快恢复组织的信誉和形象。

★衔接课程

管理学、创新创业基础、创造性思维与创新方法、物流项目创新研讨课、商业认知与领导等。

M-Ⅶ-10 进程管控

★内涵

进程管控，是指采用科学的方法确定进度目标、编制进度计划和资源供应计划并进行进度控制，在与质量、费用目标协调的基础上，实现工期目标。项目进度管理的主要目标是要在规定的时间内，制定出合理、经济的进度计划，然后在该计划的执行过程中，检查实际进度是否与计划进度相一致，保证项目按时完成。进程管控注重管理成长中企业的能力，包括建立企业愿景、招募人才、组织与监控实施、处理危机等。

★场景

根据项目的进度目标，编制经济合理的进度计划，并据此以检查项目进度计划的执行情况。若发现实际执行情况与计划进度不一致，就及时分析原因，并采取必要的措施对原工程进度计划进行调整或修正。进程管控的目的就是实现最优工期，多快好省地完成任务。

★方法

时间表是进程管控的工具。在制订项目计划时，必须以项目范围管理为基础，针对项目范围的内容要求，有针对性地安排项目活动。

★衔接课程

管理学、创新创业基础、创造性思维与创新方法、物流项目创新研讨课、商业认知与领导等。

M-Ⅶ-11 公共关系

★ 内涵

公共关系是指某一组织为改善与社会公众的关系，促进公众对组织的认识、理解及支持，达到树立良好组织形象、促进商品销售的目的的一系列公共活动。它本义是社会组织、集体或个人与其周围的各种内部、外部公众建立的良好关系。

★ 场景

我们生活的社会之所以丰富多彩、不断发展，就是因为各种组织之间在不停地相互影响和作用，新的组织不断产生并努力壮大，已有的组织竭力维护自己的利益以实现扩张。

组织的生存和发展与很多因素有关，自身的实力、良好的管理、适宜的环境是组织成功的基础，公共关系作为一种管理职能，则是从如何建立和维护组织与公众之间的互利互惠关系、树立组织良好形象的角度来促进组织的发展。

★ 方法

形象至上。在公众中塑造、建立和维护组织的良好形象是公共关系活动的根本目的。

沟通为本。在现代社会，社会组织与公众打交道，实际上是通过信息双向交流和沟通来实现的。

互惠互利。组织的公共关系工作之所以有成效、之所以必要，恰恰在于它能协调双方的利益。通过公共关系，可以实现双方利益的最大化，这也是具备公关意识的组织和不具备公关意识的组织的最大区别。

真实真诚。追求真实是现代公共关系工作的基本原则。

长远观点。由于公共关系是通过协调沟通、树立组织形象、建立互惠互利关系的过程，这个过程既包括向公众传递信息的过程，也包括影响并改变公众态度的过程。良好的公共关系不是一朝一夕就能实现的，必须经过长期、艰苦的努力。

★衔接课程

管理学、创新创业基础、创造性思维与创新方法、物流项目创新研讨课、商业认知与领导等。

M-Ⅶ-12 商业引领

★内涵

商业引领取决于创新，只有不断创新发展，才能长立行业发展潮头，引领行业发展。

★场景

"大众创业、万众创新"是富国强民之策，只有不断创新，才能驱动经济社会发展。创新主要包括产品创新、技术创新、方法创新等。

★方法

树立创新意识，积极参与各类科创竞赛。
打破思维定式、思维惯性以及思维封闭，培养逆向思维能力。
保持良好的心态，主动交流信息，充分发挥自己的创新力。

★衔接课程

管理学、创新创业基础、创造性思维与创新方法、物流项目创新研讨课、商业认知与领导等。

M-Ⅶ-13 回报社会

★内涵

强调个人、员工、社会与环境的协同发展，做更多有意义的事，做合格的社会公民。

★场景

保护环境、承担社会责任、捐赠扶贫等。

★ 方法

自身发展与社区公众利益协调一致。

定期发布社会责任报告。

尽量多做社会公益活动。

做合格社会公民。

★ 衔接课程

企业伦理学、社会责任报告编写、企业文化等。

参考文献

邹绍辉．基于素能的物流管理人才培养模式［M］．北京：知识产权出版社，2019．

惠朝阳．从美国高校看"四个回归"［N］．中国教育报，2018－05－07．

邹绍辉，李强林．陕北矿业3F精细化管理［M］．北京：知识产权出版社，2015．

邹绍辉，李强林．陕北矿业基本建设管理方式变革［M］．北京：知识产权出版社，2016．

马士华，林勇．供应链管理［M］．3版．北京：机械工业出版社，2010．

苏尼尔·乔普拉，彼得·迈因德尔．供应链管理［M］．6版．北京：中国人民大学出版社，2017．